車

経済思想入門

松原隆一郎

筑摩書房

目次

経済思想入門

はしがき

経済思想とは、社会における諸方面の人間の営みに配慮しつつ描いた経済理論のことである。

J・A・シュンペーターは大著『経済分析の歴史』で、経済思想とは「一般に経済問題に関し、とくに一定の時と所において公衆の心に浮かび上がっているような、経済問題についての公共政策に関する一切の意見と願望の総称にほかならない」と述べている。彼は続けて、この「公衆の心」は属する階級や集団によって異なっており、それぞれの立場に愛着を持つ著作家によって「政治経済学」として表現される、とする。つまり経済思想にせよ政治経済学にせよ、著者が属する集団の利害を反映したイデオロギーにすぎない、というのである。そこで彼は、経済思想や政治経済学を脱し「経済分析」に達することで、「科学的な進歩」を果たさねばならないと唱える。

シュンペーターにとって過去の経済思想や政治経済学は、経済分析の端緒となる原初的な認識活動（彼はそれを「ヴィジョン」と呼ぶ）である。さまざまな事実に照らし、また諸概念や諸理論との整合性を図ることで、イデオロギー性を摘み取り科学性を高めていく素材にすぎない。

けれども現在の経済分析は、シュンペーターの想定をおそらくは遥かに越えて、専門化・断片化している。諸概念・諸理論との整合性といっても、経済学者が勝手に枠を引いた「経済理論」の内部でのみ検討されるにすぎない。シュンペーターが『資本主義・社会主義・民主主義』において示したような、経済活動とその外にある官僚組織、政治権力との相関関係などは分析の対象とはされなくなった。あるとしても経済内部、すなわち、「経済活動としての」行政や政治の分析があるだけである。また消費といえば効用関数の数式として形式的に抽象化されたものだけが議論の対象とされ、流行や社会的価値観との関係は見過ごされている。そうした趨勢から、規制を緩和したりリストラしたり、貨幣供給が増えさえすれば景気が回復するといった、形式論理的もしくは経済分析的には正しくとも現実的には誤った議論が横行している。

たとえばさまざまな調査が幾度も明らかにしているように、日本では一九九〇年代から、戦後では前例のない消費や投資の落ち込みと高水準の失業が生じている。消費支出の減退については、アンケートに対し「将来の雇用不安」を原因として挙げる人が多いが、長期的な総需要不足という現実は、「長期的には市場は均衡する」とか、「経済人は合理的である」といった経済分析の定説からは起こりえない現象であるために、無視されている。シュンペーター風に言えば、公衆の心に巣くう無定見な「経済思想」にすぎないとされているのである。だが長期的な市場均衡や合理的な経済人という仮説は、理論の要請ではあっても現実そのものではない。理論より重要なのは現実であって、ここでは経済分析こそが自家中毒を起こしている。いまこそ経済分析を人々の日常の営みやそこから生まれる社会心理、社会におけるその他分野との連関のうちに定位する新たな「経済思想」が求められているのである。

本書は、もともとは経済学の入門書の中の学説史編として企画されたものにもとづいている（第I部）。後にその部分をふくらませて一書とするように企画を変更したために、テーマ別に経済思想を論じる第II部を付け加えることとした。あらゆる社会科学説はシュンペーターの言う「ヴィジョン」に発しているのだから、思想に関して由来を語ってもその現在を描いても、筆者の主観が色濃く残りはする。事実や理論との整合性を検討することも重要ではあるが、筆者の検討が足りない部分もあるだろう。読者諸賢の「ヴィジョン」にもとづく批判を期待するゆえんである。

執筆に当たっては、多くの方の助言を仰いだ。全員のお名前は尽くせないが、同僚である山脇直司教授、ゼミ生である中野剛充・井上彰・湯浅創の各氏からは貴重な指摘を受けた。原谷直樹・権田容子両氏は、データ調べを手伝ってくださった。新世社の御園生晴彦氏には、面倒な編集作業に情熱をもって取り組んでいただいた。家族の幸子と息吹にも仕事時間を融通してもらった。以上、記して謝したい。

二〇〇一年六月

松原隆一郎

I 経済思想の歴史

（出典表記について）

ＷＮ1-2は、『国富論』第一部第二章を指す。同様に、ＴＭＳ4-1は『道徳感情論』第四部第一章、ＬＬＬ-Ｉは『法と立法と自由』第一巻、ＧＴ4-18は『貨幣・雇用・利子の一般理論』第四編第十八章を指す。

I

第１章
市場社会の成立

（David Hume　1711-1776）

（François Quesnay　1694-1774）

【ヒュームとケネー】

ヒュームはスコットランド生まれ。十二歳にしてエディンバラ大学に入学、哲学から物理学、近代自然法学まで広く修める。経験主義哲学を極限まで追求した英国哲学史上の最重要作『人間本性論』（一七三九―四〇）を出版するが反響はなきに等しく、その体験からわかりやすい文体を志し、『道徳・政治論集』（一七四一―四二）、『人間知性研究』（一七四八）、『道徳原理研究』（一七五一）、『政治経済論集』（一七五二）を出版、ヨーロッパを代表する思想家との評価を得る。『イングランド史』全六巻（一七五四―六一）では歴史家としての名声も確立した。一七六三年に渡仏、啓蒙哲学者たちと親交を持った。

ケネーはパリ郊外の裕福な農家に生まれるが教育を受ける機会を持たず、独学する。二十四歳で外科医として開業、一七三七年に外科医学会の常任書記に任命され、地位を確かなものとする。一七四九年より、国王ルイ十五世の寵姫ポンパドゥール夫人の侍医となってヴェルサイユ宮殿に出仕。居室「中二階の部屋」に著名な思想家・官吏を招き、時局を論じた。ディドロ（Denis Didelot 一七一三―八四）の求めで『百科全書』（一七五一―七二）に「借地農」（一七五六）、「穀物」（一七五七）の各項目を執筆。『経済表』は一七五八、五九、六六年に宮殿内で印刷された。

❖時代背景──国民国家と市場社会の成立

市場の歴史は相当に古く、古代文明にまで遡ることができると言われている。エジプトで発見された粘土板文書（アマルナ文書）には、紀元前一四〇〇年、ファラオの国王とレバントの国王の間で活発な交易があり、金や戦車と奴隷や馬とが交換された旨が記されている。けれども中世以前の市場は、文化人類学者マリノフスキー（Bronislaw Kasper Malinowski）がトロブリアンド諸島を調査し見出した儀礼的交易（「クラ」交換）をともなう交易網にせよ、中世における活気に溢れた都市間の市場にせよ、近代から現代に至る「市場社会」のそれと同一視することはできない。「市場社会」における市場とは、単に余った財を交換する場ではなく、社会の全体に及ぶ物的な循環を調整する点に特徴を持つ制度だからである。つまり、自給自足の共同体から放出された余剰物資を交換するためだけに社会の周縁に置かれた機構ではなく、社会の中心において、個々の経済主体が営む生産から消費までという暮らし全般の過程を調整するのである。

私有財産のなかでも土地、労働、資本といった生産要素は、消費財などとは異なり、近代になって初めて自由に売買や賃貸がなされるようになった。もちろん土壌や人間、道具が生産活動に用いられるという意味での土地、労働、資本は有史以来常に存在していた。

しかしそれらは「市場」と呼びうる場で売買されてはいなかった。たとえばヨーロッパ中世の封建時代においては、領主と隷属農民との間に支配・被支配関係が存在していた。領主制である。農民の多くは大土地所有者である領主に従属し、その土地を借りて耕作する隷属農民（農奴）であった。支配の内容には時代と地域により大きな違いがあるが、彼らは合理的な理由や合意、契約なしに自由を制限され、報酬を支払われることなく生産物を領主に収奪されていた。生まれながらの身分に応じ、人身もまた領主によって支配・拘束されることを原則としていたのである。その活動は「義務」であって、自由契約を結んだ者の「労働」ではなかった。農奴や徒弟、熟練職人が入り交って大所帯で労働することはあっても、労働が売買の対象として市場に入ってくることはまずなかったのである。土地も中世末までは自由に売買できて地代を生む財産ではありえず、地所、荘園、領地も、必要に応じて売買されるという意味での私有地ではなかった。私有地に近いものがあったとしても、それは専制君主および教会の所有地に限られていた。

だが封建時代末期から近世初期における商工業者や金融業者の勃興は、ギルドや都市の閉鎖性を打ち壊し、生産要素の所有に変化をもたらした。私有財産制が次第に確立し、生産要素についても交換が活発化してゆくのである。商人の活躍とともに封建制度が崩壊する過程は、十六世紀から十八世紀末に至る絶対王政のもと、国王による中央集権化と歩みを共にしていた。市場社会が成立するには、私有財産制が定着していなければならない。

財産が私有され市場で自由に売買されるには、所有物が他人に強奪されてはならない。その移転は合意(契約)にのみもとづき、約束の履行が保障されねばならない。そしてこれらの保障を現実のものとするために、司法や警察がしっかりと機能していなければならない。それには国家の保護が必要であり、商人たちは国王を支持したのである。

ヨーロッパの国際社会においては、十五世紀に神聖ローマ帝国およびローマ・カトリック教会という超国家的権威が衰退し始め、それとともに多数の国民国家が独立を主張していた。こうした趨勢を決定付けたのが一六四八年のウェストファリア条約である。この条約によって三十年の長きに渡った宗教戦争は終結し、神聖ローマ帝国を構成していた各国の主権と独立は完全に承認されて、神聖ローマ皇帝は有名無実の存在となった。条約はドイツでの宗教的迫害を禁止し、同地の諸侯国はそれぞれの侯の宗教に応じてカトリック、ルター派、カルヴァン派に分かれ、宗教改革の拡大がおさえられることになった。ここに宗教の権威を後ろ盾とした異教徒との戦いやキリスト教内部の宗教戦争の時代は終わり、以後二十世紀に至るまで、ヨーロッパでの戦争は宗教によっては正当性が問われなくなり(無差別戦争論)、独立国家間の紛争を解決するための外交上の一手段として制限をもって行われるようになる。とりわけ十七世紀には戦争が頻繁に起き、「戦争の世紀」と呼ばれた。国家間の戦争では、財貨と人手の多い方が有利である。そこで人口の増加と、富および生産力の増大が要請された。富国強兵が国策とされたのである。

絶対君主は権力を確保し戦争に備えるために軍を常備し、行政を行うために官僚を養った。さらに国内においては経済の建設に力を注ぎ、法律を整え、私有財産権を定着させた。農奴の人身は次第に解放され、移動や婚姻の自由が認められていった。取引を円滑にするよう、地方によって無数といってよいほど存在した度量衡を統一し、通貨制度も標準化した。市場を支える諸制度は、絶対王政下の国家によって整備されていったのである。

そうしたなか、イギリスにおいて十六世紀には牧羊にもとづく毛織物工業が盛んになり、農奴のうち富農となった人々は囲い込みにより土地を私有化、自由に売買して地代を生む生産要素とみなすようになった。荘園の入会地や開放耕地が私有地となったのである。それにともない、荘園や領地においてそれなりに庇護のもとにあった農奴たちは明日をも知れぬ賃金労働者となっていた。極貧状態に追い込まれる者も多くあり、囲い込みに反対する暴動はいくつも記録されている（ただし、一部の農民が地代を納めて土地保有することはイギリスでは十二世紀に始まったとされ、私有財産制は十三世紀に国王が認めた憲章マグナ・カルタに由来している。つまり中世に確立された伝統に立って近代の市場制度が形成されてゆくのである）。一方、「地理上の発見」による商業の世界的な展開にともない、商人は資本を蓄えて手工業者に道具や原料を前貸しして注文生産を行い、製品を支配するようになった。野心的な企業家が登場して労働者を集め、工場で分業を始めたりもした。国内の生産制度は貿易を原動力として発展し始めたのである。当然、国王は貿易の振興を図るようになる。

ブローデル（Fernand Braudel）やウォーラーステイン（Immanuel Wallerstein）が述べるように、すでに中世末期、ヨーロッパには地域経済圏を越える交易網が存在していた。地中海においてはヴェネチア・ジェノヴァなどの商人を中心とする地中海交易圏があり、バルト海からドイツ・中欧にはハンザ同盟の都市商人が活躍する交易圏があった。それを基盤として、大航海時代が幕を開けた。当時、外洋を航行する戦艦や商船が建造され、商業活動は急速に拡大してゆく。地中海交易圏はイタリア商人に占められており、これを避けるため、ポルトガルから派遣されたヴァスコ・ダ・ガマは喜望峰を経て、一四九八年にカリカットに到着する。「地理上の発見」である。これにより、ヨーロッパの各交易圏は中国・インド・東アフリカの三大大陸を海洋で結ぶ壮大な交易網に結び付けられることとなった。

こうして十六世紀、ヨーロッパ経済は外部の世界とも交流し始めることとなった。貿易の振興は、国家に金銀をもたらす。そこから、貿易を通じ単純に貴金属を溜め込むことをもってよしとする国策が生じた。なかでもイギリスは、主に毛織物をヨーロッパ諸国に輸出し、貴金属を得ていた。銀などはスペインが虐殺によって支配した南米アンデスの銀山でインディオに採掘させており、ヨーロッパに流入していた。十七世紀になると銀は東インド会社を通じ、中世において文化的先進地域であった東方の物産である生糸や香辛料を輸入するのに当てられた。ところがヨーロッパ諸国は、貴金属を減らさないよう毛織物の輸入を渋るようになる。それを受けてイギリスでも、東インド会社への貴金属の持ち出しを禁止しようとする主張が現れた。こうした国策上の思潮は、重金主義（bullionism）と呼ばれる。こうした過程を経て、近代の幕開けとともに、主権国家と市場社会がヨーロッパを取り仕切る基本原理として確立していったのである。

❖市場社会の「起源」をめぐる論争

このような市場社会と主権国家の胎動期において、経済は二つの相反する動きをはらんでいた。産業化を通じた物づくりの方向と、市場交換を通じた貨幣利得の方向とである。これらのいずれに注目するかで、経済はまったく異なった様相として理解されることとなる。二十世紀初頭、重工業化という第二次産業革命を目のあたりにしたウェーバーとゾンバルトが市場社会の「起源」をめぐって交えた論争や、さらに遡って十八世紀後半、軽工業が機械化される第一次産業革命の入り口におけるスミスと重商主義との対立は、初期近代からすでに物づくりと貨幣利得がともに経済の目標として始動していたことを示唆している。

市場社会の起源をめぐる論争は、商品の生産と自由な売買を促進する精神的な動機付けに関するものであった。利得を罪悪とみなす中世キリスト教が衰退し、逆に神の栄光を高めるために授かった才能を日々の経済活動に生かすことを認めるプロテスタンティズムが台頭すると、現世の生活を享受しようとするルネッサンスの影響もあり、商業による利益追求に対する内面的な制約は弱まっていた。そうしたなかでどのような精神的態度が市場社会を確立したのかについて、後世において論争が持たれたのである。

ウェーバー（Max Weber 一八六四―一九二〇）は『プロテスタンティズムの倫理と資本主義の精神』（一九〇四―〇五）で、近代において経済は市場社会に向かい、国家は官僚制に支配されると予想した。そしてその予想を確認するため、西ヨーロッパに現れアメリカにも及んだ市場社会（近代資本主義）の定着に必要とされる諸制度を点検した。彼が注目するのは、資本家的経営を行うための合理的な会計や利益計算、合理的に制定された法にもとづく司法、合理的な規則にのっとった行政などである。それらが、政治における近代化である民主化（議会による行政への監督）とともに確立されたというのである。そしてウェーバーはこれら諸制度に共通するものとして「合理性」があるとし、合理的な精神が文化の近代化によって形成されたとみなして、その担い手が誰であるのかを探究した。こうしてウェーバーが探り当てたのが、伝統宗教を改革し合理化した禁欲的プロテスタンティズムであった。それは近代資本主義に必要な精神的態度を提供した、すなわち、人々を伝統や因習などの呪縛や神秘主義から解放し、合理的な精神を植え付けて諸制度を合理化し、ひいては資本主義と官僚化を展開させたというのである。

なかでもカルヴァン派は、誰が救われるかはあらかじめ決まっているとする「予定説」を掲げ、現世においても自分がのちに救われると確信したければ禁欲的に職業労働に従事し成功しなければならないと訴えた。彼らは、神は勤勉に働き合理的に利潤追求するという形の禁欲を求めると説く。それが新興市民層の日常倫理となり、市場社会を担う合理的精神の準備に貢献したというのである。これをウェーバーは、「市民的資本主義」と呼ぶ。

イギリスではこのように勤勉に生産活動に従事する新興市民が勢力を増しつつあったが、市場社会の大勢を支配していたのは依然として金融業や商業に従事する人々、土地所有者たちの活動であり、彼らの唱える重金主義であった。ウェーバーはこちらを古代より世界中に見られる「冒険的資本主義」の一変種とみなし、なかでもヨーロッパでユダヤ人によって展開されたものを「賤民資本主義」と呼んで区別すべきだと強調した。これに対してゾンバルト（Werner Sombart 一八六三—一九四一）は一連の著作で、ユダヤ教こそが世俗的な合理的禁欲の精神にもとづき近代的な合理性と計算の精神を生み出したこと、また物づくりだけでなく贅沢にもとづく需要が市場にとって欠かせないことを主張して、ウェーバーに論争を挑んだ（『ユダヤ人と経済生活』一九一一、『恋愛と贅沢と資本主義』一九一三）。

ゾンバルトは十五世紀から十七世紀の西ヨーロッパにおいて、スペイン・イタリア・ドイツそしてオランダが次々に勃興しては衰退するという重心移動が生じたのは、ユダヤ人の移動によるものだと見る。ユダヤ人がいなくなった地域は衰退し、移ってきた地域は繁栄したというのである。ユダヤ人を受け入れたのはドイツではフランクフルトとハンブルク、十七世紀のフランスではマルセイユやボルドー、オランダでは十六世紀末のアムステルダムであった。イギリスも経済が伸長したのはユダヤ人の到来以降のことだったという。

中世のキリスト教においては、商売上の競争は固く禁止されていた。道行く客を呼び込んではならず、店舗を奇麗に飾るのも広告を打つのも禁止された。商品には「適正価格」があり、安売りは卑しいこととされた。これらの商業倫理をことごとく足蹴にしたのがユダヤ人であった。彼らは利益獲得を最優先することを、法律違反どころか正当な権利の行使と考えた。国際商品取引の活性化も彼らが担い、近代の国家や植民地の形成に当たっても大いに関与したという。

ゾンバルトによれば、資本主義において経済組織を支配するのは「営利」の理念であり、それは長期的展望の下に事物を管理しようとする「企業家」と、有利な営利活動を心がける「商人」の「二つの魂」から成る。それは経済を工業技術と商業に二分し、工業の上位に商業を置くものである。経済過程の「証券取引所」への隷属、すなわち工業の商業化こそが資本主義であるのに、ウェーバーは工業面だけしか見ていない、というのである。一方ユダヤ教には、資本主義の精神との共通項として、合理主義や主知主義、形式的な合法性の尊重（内面的な信心ではなく神の律法の完全履行）などがある。ゾンバルトは、生活態度の合理化、世俗内禁欲、宗教と利益の結合、罪の数量的扱い、性愛への態度からいって、カルヴァン派のプロテスタントとはそもそもユダヤ教ではないのかとまで指摘するのである。ウェーバーも当然これには反論しているが、その論点は、近代経済組織を率いる大企業家にはユダヤ人はほとんどいないといったことであった。

彼らの論争は、ゾンバルトの論証に不備が見られることなどから、ウェーバーの有利に推移したとされている。けれども勤勉な生産活動と営利目的の商業のいずれをもって市場社会の中核と見るかという彼らの対立にまで決着がついたとはいえない。それよりも市場社会を考察の対象とする近代の経済思想において、その端緒からすでにこれら二つの立場のいずれを重視するかで対立が現れ、それが経済思想史を貫くものとして受けつがれたという点が重要である。この対立は、方法論における経験論と合理論の対立などとともに、経済思想の骨格をかたどっているのである。

❖重商主義

一方、「重商主義」（mercantilism）は、近代の経済思想史においてまず現れた思潮であるが、特定の個人が唱えた学説ではない。スミスが多くの人々の主張を批判するために一括して名付けた呼称（「商業の体系」（commercial or mercantile system））を、さらにのちの学説史家が呼び変えたものである。十六世紀から十八世紀にかけて、イギリスでは著述家やジャーナリスト、官吏、実業家たちが経済の時論をめぐって膨大な数にのぼるパンフレットを書き著した。これらの文献は質量ともにまちまちであったが、一定の傾向を持っていた。それが経済政策としての重商主義である。先に挙げた重金主義は、この重商主義の初期の形態であった。それはゾンバルトの語った市場社会観、すなわち商業や金融業といった営利活動を通じて保有貨幣の増殖を図るというものの最初期の形態でもあった。代表的な論者には、重金主義者のグレシャム(Sir Thomas Gresham 一五一九?―七九)、東インド会社のトーマス・マン(Thomas Mun 一五七一―一六四一)、ロビンソン・クルーソーの物語の作者デフォー(Daniel Defoe 一六六〇―一七三一)、フランスの財務総監のコルベール(Jean-Baptiste Colbert 一六一九―八三)らがいる。

重商主義の特徴は、まとめて言うと次のようなものになろう。①経済の繁栄には国家による積極的な干渉が必要である。②貴金属の蓄積をもって国富とみなし、その増加を政策目標とする。③そのためには貿易差額を増やさねばならない。④輸出を奨励し、輸入を抑制する。それゆえ保護主義的な政策をとる。

しかしその内容には、時により強調点に変化が見られた。まず、東インド貿易において貴金属をイギリスから流出させるべきでないとする重金主義に対して、マンが反論した。彼は、インドから香辛料を輸入することでいかにイギリスの貴金属が減るにせよ、その香辛料をヨーロッパにおいて輸出すればその分は取り返せるのだから、東インド貿易をインドに対するイギリスの貿易赤字だけからとらえてはならない、と主張した。このマンの立場は、重金主義が個々の貿易相手との関係だけに目を奪われるのに対し、貿易をすべての相手との関係からとらえようとするもので、「(全般的) 貿易差額主義」と呼ばれる。

貿易差額主義は、重金主義に比べると、経済の循環の全体を鳥瞰しているという点で、一歩の前進を示している。けれども貿易差額主義は、貨幣としての貴金属を富とみなすという重商主義の主張と矛盾を来たす可能性をはらんでいた。この点を指摘し、貴金属をもって富とみなす立場を批判したのが、ヒュームであった。ヒュームは「貨幣について」(一七五二)と題する論文において、まず、貨幣は交換の媒体にすぎず、貨幣の流通量が増えても生産量が増大することはない、と主張する。これは貨幣が増えればそれだけ物価が上がるということであり、貨幣量が生産を刺激するという(カンティロン (Richard Cantillon 一六八〇/九〇頃―一七三四) の唱えた) 説を批判するものであった。この立場は後に「貨幣数量説」として定式化されるが、貨幣数量説が成り立つとすると、貿易を通じてより多くの貴金属を保有しようとする貿易差額主義は、国内物価の上昇をもたらすことになる。そうすると輸出品の価格も上がり、輸出量が減るだろう。やがて貿易が赤字に転じるなら、貴金属は流出してゆき、物価は下落に向かい、輸出は容易になってゆく。貨幣と物価のこうした関係は、「正貨配分の自動調節理論」と呼ばれる。要するに、貿易によっては貴金属としての富をため込むことができない、というのである。こう指摘したのが

「貿易差額について」(一七五二)であった。

もちろん重商主義者はこうした指摘を基本的に受け入れず、その結果、彼らは貨幣数量説を認めないこととなった。つまり貨幣供給の増加は生産を刺激するという方向に議論を展開することとなったのである。そう主張するには、財市場の需給は均衡しており貨幣は物価水準を決めるだけという、ヒューム的な市場観を否定しなければならない。のちにケインズはこの課題に挑み、財市場で需給に不均衡が生じうることを貨幣経済の特質とみなした。ここで重商主義とそれへの批判者の対立、つまり貨幣利得の増大を目指す立場と生産力の増進を図る立場の相克は、貨幣観の対立でもあることが明らかになったのである。

❖文明社会の形成

ヒュームの貨幣論は、市場社会を物的生産の機構とみなす立場に与するものであった。そしてその点では同列にあるはずのウェーバーがのちに解釈したように、市場社会が新興の市民層によってのみもたらされたのだと考えるならば、十七世紀のイギリスでは政治的な諸革命に関してもその担い手は同じ人々だったということになるはずである。実際、ピューリタンたちは国王の専制に反発し、一六四九年には王を処刑して共和制をうち立てた(ピューリタン革命)。さらに一六八八年の名誉革命を経ると、国民の生命・財産の保護や言論の自由が権利の章典によって定められ、議会を中心とする立憲政治が確立した。とすると、一連の革命が封建制の遺制や国王による専制を一掃し、階級の拘束から自由になった個人が私有財産制のもと分業によって民主的な市民社会・市場社会を形成した、という図式が得られそうである。市民革命を起点とする市場社会は十八世紀後半から本格化する産業革命を待って高度な生産体制を完成させ、一気に成長過程に突入して、豊かな消費社会の到来を迎えるということである。

けれども慣習を重視するイギリスの現実社会においては、革命を経たのちも社会階級や王制が消滅したわけではない。イギリス人の象徴のごとく言われるジェントルマンにしても、多くは既得権益を持つ金融業者や商人、地主であった。また製造業の多様化や農業における技術革新は革命以前から起きていたし、消費ブームなどは産業革命後どころか早くも十六世紀に記録されている。なにより国王の貿易振興策は、すでに国内産業を育成しつつあった。

ヒュームは『道徳・政治論集』から『イングランド史』において、革命以前の国王の政策が、国民に勤労や知識、自由の精神を定着させ、生活様式を奢侈的・生産的なものに変革したという解釈を打ち出している。ヒュームの見方に従うならば、名誉革命は、絶対王政を廃止し民主主義にもとづく市民社会を準備したというよりも、法の支配と正規の政府の樹立を通して王政を修正し、自由主義にもとづく「文明社会（civilized society）」への道を開くものだった。市民革命により過去の（絶対王政下の階級社会の）伝統が廃棄され、合理的な個人の社会契約によって近代的な市場社会が現れたという近代自然法的な図式に対抗して、ヒュームは市場社会が国王の貿易および国内産業振興策によって勃興し、資本家ら中産階級が経済力を付けるなかで諸革命が断行され、法の支配と正規の政府が確立した、という漸進的な歴史観を提出したのである。なるほどイギリス史を見るかぎり、社会は革命により断絶を重ねて飛躍するのではなく、旧来の慣行を保持しつつ漸進的に進歩する、というべきであろう。

ヒュームの主張は、原理的には自然状態およびそこにおける社会契約という概念を否定するものであった。彼は合理論に対して、知覚においても社会においても経験や慣習が重要な働きをなすという経験論を唱えている。社会が自然状態に置かれた個人に還元されるというのは、合理論の哲学的な虚構にすぎない。人間はどこまでも歴史的な存在なのであり、他者との交通関係の中で人間性を成長させる。そこでヒュームは「共感（sympathy）」を社会秩序の基礎に置く。そして誰が管理するわけでもないのに自然に協調しあうボート漕ぎのように、長期に渡る試行錯誤の末に結ばれる「黙約（convention）」こそが社会制度を形成するのだと主張する。言語や貨幣、なかんずく「所有の安定、同意による所有の移転、約束の履行」という三つの自然法は、黙約によって成立した例である。ハイエクによれば、ヒュームにおいてこれらが重要なのは、「人の統治から法の統治への転成」がなされたからである。ヒュームは自然状態と社会契約によって合理的に構成されるという社会観を退け、黙約として成立する法の支配と自由な市場を支持したのである。

ヒュームによると、商業は古代においても盛んだったように見えるが、それは単に風土の多様性に依存して特産物が交換されたのにすぎず、風土の制約を越えて多様な商品が生み出されるのは、製造業が成立する近代になってからである。また彼は、製造業やそれを維持発展させる市場は、当時懸念されたように農業を衰退させるのではなく、ともども繁栄させる、とも述べる。農業は生存を求める自然な欲望を満たすだけの穀物のみを生産するが、製造業なかでも精巧な手工業は、生存の必要にはとらわれない奢侈品をも生み出し、人々の欲求を多様化させる。ヒュームは、市場のもたらした製造業の進展や消費における欲求の多様化と奢侈の洗練をもって、文明社会の進歩とみなしたのである。

❖重農主義

ヒュームは貿易黒字によって貴金属を蓄積することの無理を理論的に指摘したが、そうだとすると富とは貴金属のストックだという考え方までが疑義にさらされることになる。ヒュームはこのことを貿易に即して論証したのだが、富の定義に関しても重商主義を批判する思潮が現れた。それがフィジオクラシー（physiocracy 直訳すれば「自然の支配」）である。彼らもスミスが「農業の体系」と一括したために、後に重農主義と呼ばれることになった。ペティ（William Petty 一六二三—八七）、カンティロン、ケネーが代表的な論客である。

重農主義は十八世紀の半ば過ぎにフランスで展開された学説であるが、それは直接には、十七世紀のコルベールの重商主義政策に反対するものとして提起された。コルベールは輸出用の奢侈品産業を保護し、一方で農業に対しては価格を低く抑えるために輸出を禁止し、また農産物のフランス国内での移動も規制していた。輸出品の競争力を維持するために生産コストとしての賃金の引き下げをもくろみ、それを可能にするために賃金労働者が消費する穀物価格を安く抑えようとしたのである。その結果、一部の特権的な輸出産業は繁栄し、王室の財政も潤ったが、農業部門は資本不足ゆえに土地の改良もままならず、荒廃を重ねていた。こうした農業の危機は、フランス経済の全体を沈滞させる原因となっていた。

貨幣利得を重視して農業をおざなりにするコルベール主義を批判し、農業生産こそが「真の価値」を生むこと、そして農業への規制を撤廃せねばならないことを経済の循環表（「経済表」）を用いて説明してみせたのが、ケネーであった。ケネーは、階級を三つに分ける。生産階級と不生産階級（不妊階級）、そして地主である。生産階級は農業に従事する人々で、農業労働者と、彼らを雇い地主から土地を借りて生産する農業資本家が含まれる。不生産階級とは商工業者だが、工業も不生産的とされた。というのも工業は、原材料

図2　経済表の「範式」(2)

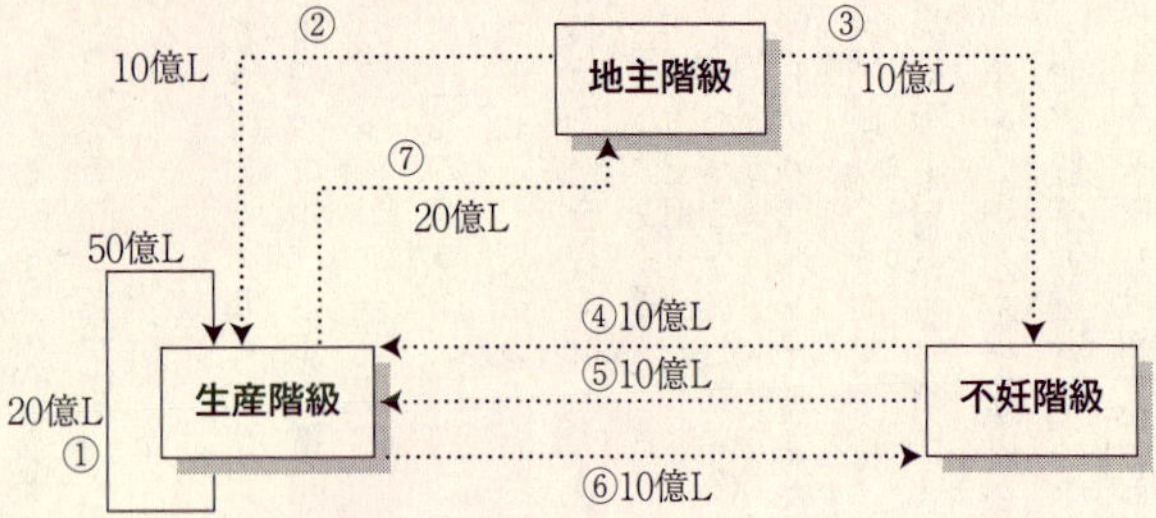

20億Lが純生産物で、これが地代として地主に支払われる。地主は20億Lを農産物と製造品に半分ずつ消費する。不妊階級は地主と生産階級に20億Lの製造品を売るが、それは10億Lの原料と10億Lの生活資糧とからなる農産物とをもとにして作ったものである。

範式（図1）には、階級間の取引の流れが示されている。時間の順を追って説明すると、生産階級はまず農業労働に対して20億Lを年前払いし（①)、一年かけて農産物を生産する。地主階級は手持ちの20億Lの貨幣のうち、10億Lで農産物を生産階級から購入し（②)、10億Lで不妊階級から衣料品や調度品などを買って（③）消費しようとする。不妊階級は貨幣10億Lを年前払いし（④)、農産物を生産階級から買い、これを製造物に加工して地主階級に売る（③）のである。さらに不妊階級は10億Lの貨幣で生産階級から農産物を買い（⑤、これで生産階級は期首の実物50億Lをすべてなくす)、加工して道具類などとし、それを原前払いの補填として生産階級に売り、年前払いを回収する（⑥)。結局、生産階級の手元に20億Lの貨幣と新たな収穫物として50億L分の実物農産物が残る。そして20億Lの貨幣が地代として年度末に地主に支払われる（図2の⑦）のである。不妊階級にも10億Lの貨幣が残る。こうして各階級は次期には今期の期首と同じ状態となるのである。

以上をケネーは図1のような図に描いた。それをさらに整理したのが図2である。

図1　経済表の「範式」(1)

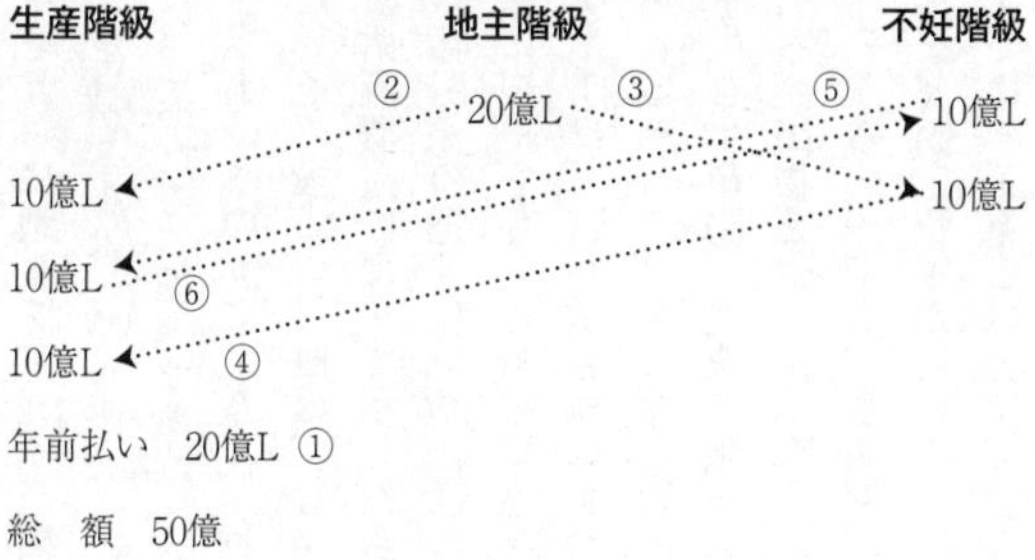

ケネーは十八世紀中頃のフランス経済が行っていた再生産の状況を、図のような「範式」で表現した。ここでは、純粋な生産物を生み出すのは「生産階級」だけである。「生産階級」とは借地農のことであり、地主から賃借した土地で、前払いをなして農業活動を営み、得られた農産物を販売し、前払いに地代を加えた額を回収する。前払いは主に耕作労働に対して支払われ全額の回収が求められる「年前払い」と、事業創設のための基金で一年では全額回収を要しない「原前払い」から成っている。ただし「原前払い」は日々減耗するので、その部分は「原前払いの利子」として年々回収されねばならない。「地主階級」とは王や領主など土地所有者であり、土地を賃貸している。「不妊階級」は商人や製造業者であり、彼らも年前払いで原材料や生活資料を購入するが、その製造物は原料を変形したり場所を移動させたりするだけなので純粋な収穫は上げていないとされ、年前払い分だけが回収される。

ここで、期首には、生産階級は前年度から50億リーブル（以下、L）の農産物を実物で持ち越しているとしよう。地主階級は、前年度に生産階級から支払われた地代20億Lを貨幣で所持している。不妊階級は前年度に生産階級から支払われた原前払い10億Lを貨幣で保有している。次年度の期首にもこれと同じ状態にあるとすれば、この経済は「単純再生産」の状態にあることになる。

借地農の年間総生産は50億Lで、そのうち20億Lは農業労働に対して年前払いされる。10億Lも原前払いの利子として不妊階級に前払いされる。残りの

を組み立てて製品を作るだけで、新たな価値を生まないと考えられたからである。経済表は、それらに地主を加えた三階級の間で、貨幣があたかも人体を流れる血液のごとく（医者であるケネーは、ハーヴェイ（William Harvey 一五七八―一六五七）の血液循環図を参考にしたといわれる）循環するうちに富を再生産するありさまを表示したものであった。

ケネーはこの表により、無数の人々の間の経済取引を単純化し、図式で示すことに成功した。その最大の貢献は、経済における生産のありさまを、部分によってではなくその全体の循環構造によって示した点にある。おおまかにではあるが、ケネーは経済における相互依存関係の把握に成功したのである。しかもそれは、自然が秩序をもたらすという彼の認識に根拠を与えるものでもあった。

ケネーは、富が貴金属によってではなく年々作り出されてゆくフローの生産物によって測られるべきことを提案した。これはスミスも高く評価する点である。ところがケネーは、富を生む生産物が農業に限られるとも主張した。自然の恵みにより、農業だけが投入物を上回る産出物を生み出すからだ、というのがその理由である。けれども、ケネー自身が描いた表からいっても、農業部門は農産物だけを投入物としているのではない。そこでは農機具など固定資本が用いられており、しかもそれは毎年補塡されるものでもあった。農業はすでに、工業とは分離できないものとなっていたのである。この点に注目し、富が工業によっても生み出されることを論じたのが、スミスであった。

I

第2章
古典派の成立
——アダム・スミス

(Adam Smith　1723-1790)

【アダム・スミス】

一七二三年、スコットランド、エディンバラ対岸の港町・カーコールディに税関吏の次男として生まれる。誕生前に父は亡くなり、母の愛情に包まれて育ったスミスは生涯を独身で通した。十四歳でグラスゴー大学に入学、道徳哲学教授ハチスン（Francis Hutcheson 一六九四―一七四六）の影響を受ける。スコットランドは一七〇七年にイングランドと合併後、経済が活発化し、とりわけグラスゴーはアメリカ植民地との貿易で繁栄、学芸の中心地でもあった。スミスは十七歳でイングランドに渡り、オックスフォード大学で六年を過ごすが、沈滞した雰囲気に不満を持ち、図書館で広い分野の独学に没頭した。無神論を説いたとして禁書だった『人間本性論』を読み、著者ヒュームを親友とする。修辞学・文学に関する講演が好評を呼び、一七五一年にグラスゴー大学の論理学教授に任命され、のちに道徳哲学教授に転ずる。一七五九年、『道徳感情論』を出版、好評を呼ぶ。一七六四年に渡仏、ケネーと出会う。三年後に帰国、執筆に専念し、一七七六年に『国富論』を出版、名声を確たるものとした。一七七七年から税関委員に就任、一七九〇年に没するまでその職にありつつ著書の改訂に励むが、法論は講義録を残しただけだった。

❖時代背景――重商主義の支配と産業資本家の勃興

十八世紀後半のイギリスは、大量生産を可能にする技術革新を推し進めた。紡績・織布・動力などに（第一次）産業革命が起き、イングランド北西部では従来の毛織物に代わり木綿工業が興隆していた。資本家は工場において労働者を雇用し、機械によって生産するようになった。それにともない、機械を製造する機械工業、機械の原材料である鉄を精錬する鉄工業など、近代的な工業部門も形を整えつつあった。スミスが活躍した一七六〇年代から八〇年代にかけては、蒸気機関が動力として採用され始めた頃であった。

こうした産業の進展は、国家権力が主導したものではない。それを推進した新興産業家たちは、むしろ国家が国内市場において干渉してくることを嫌っていた。国内の市場がまだ成熟していなかった十七世紀、国家は外国との貿易に目を奪われていた。そして貿易促進のため、国内で煩雑な規制を敷いていた。イギリスの一部商人や製造業者はアメリカの植民地やインドとの独占的貿易から利益を得ていた。けれどもイギリス以外の国との原材料の輸出や工業製品の輸入を禁じられていたアメリカの英領植民地には不満が溜まっていたし、イギリスにおいても植民地を監督するための行政費・軍事費の負担は重荷になりつつあった。さらに十八世紀になると、国内市場が拡大の兆しを見せつつあった。時代は経済思想に、重商主義政策を放棄しても国内産業が市場の導きにより自律的に発展しうることを論証するよう求めていた。

けれども規制は、既得権益を持つ富者のみに利していたわけではない。市場から規制を撤廃するならば、社会が不安定化するほどの貧富の差が生じるのではないか。そうした疑問もまた生じていた。当時、農業においても、大地主が中小農民の土地や村の共同地を囲い込み（第二次囲い込み）、これを賃借した資本家が改良された耕作技術を用いて大規模な農場を営むという、「農業革命」が展開されていた。四年周期で毎年の植え付け作物を替える「ノーフォーク農法」により休耕地がなくなり、牧草栽培により家畜も飼育するようになって、工業のみならず農業でも生産力は向上していたのだが、同時に職人や小農民の一部は都市に追いやられ、景気しだいでは下層階級として貧困にあえぐことになった。下層階級の貧困が社会問題とみなされつつあったのである。こうした事態にルソー（Jean-Jacques Rousseau 一七一二―七八）などは、私有財産制にともなう階級的な収奪こそが貧困の原因だと論じていた（『人間不平等起源論』一七五五）。つまりルソーは市場社会そのものを批判したのだが、これに対してスミスは、階級的な支配の下にない未開人よりも、市場社会の不平等にさらされている下層の人々の方がより多くの必需品・便益品を得ていると主張する。

スミスは市場社会を擁護するため、一方では重商主義を論駁し、他方では自由な市場が万人に富をもたらすことを論証すべく、貿易により蓄積された貴金属に代わる「富」とは何か、規制を解除したとして最下層の人々にまで富を行き渡らせるほどの生産力を市場社会が増進させうる理由は何か、市場が「自然的自由」によってもたらす経済秩序とはどのようなものか、といった問題に答えてゆくのである。

❖労働と価値、富、分業そして市場

スミスは市場における自由な交換を正当化し、国家による規制を論駁した人と言われている。だがそうした見方では、スミスの批判した重商主義が単なる規制の論理にすぎなかったことになり、それに抵抗する自由な商業活動をスミスが支持したかのように思えてしまう。だが重商主義とはあくまで「商業を重んじ」、富としての貨幣を増殖させようと図る思潮であった。これに抗してスミスは、生産活動を通じて物的な豊かさを実現しようとした。

スミスは『国富論』で、人が所有物を交換するのは「社会全般の富裕を予見し意図するような人間の知恵の所産」(WN1-2)ではない、と述べている。社会全体が富むという政策判断ゆえにではなく、人間が「交換するという直接的な性向」を持つがゆえに交換は行われるというのである。人はまずもって「交換性向」を持つ。だが交換が実現されるに

は、所有物の価値を測る尺度がなければならない。その尺度は、貨幣すなわち貴金属によって与えられるのが当然と思われるかもしれない。貴金属は重商主義者にとっては、富そのものでもあった。ところがスミスはそう考えない。新たに鉱山が発見されるならば金銀は大量に出回り、その価値は貶価することになる。貴金属は価値尺度としては不安定なのだ。そこでスミスがより耐久性を持つ尺度として提案したのが、「労働」であった。

　スミスは商品の価値が労働によって測られるという。こうした立場は一般に「労働価値説」と呼ばれているが、スミスのそれは、ある商品の価値はそれでもって購入もしくは支配しうる他人の労働量に等しいという「支配労働価値説」で、ここで解釈に混乱が生じる。スミスは別な箇所で、労働にはそれによって犠牲にされる肉体的・精神的な「辛苦と煩労(toil and trouble)」(WN1-5)がともなうと述べている。他人の提供する商品に投じられた犠牲がどれほどであるかは、同業者であれば立場を交換して想像することは容易だろう[1]から、もし投下労働時間に差のある比率で商品が交換されたならば、有利な商品の生産により多くの労働が投下されるはずであろう。そして結局は投下労働時間が等しくなるように商品交換がなされるはずだ、というのである。これは、ある商品の価値がそれを生産するのに費やされた労働量に等しいとみなす「投下労働価値説」である。もしも経済が独立の生産者のみから成っており、他人を雇うことはないとしよう。このとき「他人の労働を購入する」というのは、他人の労働の成果物である商品を購入することを意味している。

この場合、ある商品を別の商品と交換すると、たとえば八時間労働によって作られた商品は別人の八時間労働の成果と交換されるだろう。つまりビーバーを獲るのに三時間、鹿を撃つのに二時間かかる猟師の間ではビーバーと鹿が二頭対三頭の比率で交換されるといった具合に、商品の均衡価格は投下労働量に比例するだろう。

スミスは、等しい投下労働量の商品同士の交換は、「資本の蓄積と土地の占有との双方に先行する初期未開の社会状態のもとで」(WN1-6)のみ成り立つとしている。つまり彼は、独立生産者のケースにおいてのみこの投下労働価値説が有効とみなしているのである。

けれども問題は、「他人の労働を購入する」というのが他人の労働そのものを購入する(働かせる)ことに当たっているような、つまりは資本や土地を有する資本家が他人を雇って生産するような、複雑化した経済の場合である。マルクスなどはこの場合にも投下労働価値説が有効だとして(資本への支払いを労働からの搾取とみなす)、その死後に議論は袋小路に陥ることとなった。けれどもスミスは市場社会に関してそうは考えず、別途、労働や資本、土地に関する「自然な」報酬がどの水準に決まるかを論じている。「どんな商品の全価格も……土地の地代を支払い、また商品を産出し製造し、市場にもたらすのに用いられた全労働の価格を支払ったあとになにほどか残る部分があるなら、それは、必然的にだれかの利潤である」(WN1-6)。ここでは、商品価値によって購入しうる支配労働量は、利潤や地代も含む分だけ投下労働量を上回っているのである。

次にスミスは、貴金属を価値尺度と認めないのみならず、国富とみなす考えも否定した。重商主義においては、輸出入によって生じる貿易差額がイギリスにもたらす金銀こそが国富（wealth of nations）だとされていた。そして貿易差額という国富を増やすためにこそ、貿易への政府の干渉が必要だと信じられていた。これに対して国民の富は貨幣ではない、とスミスはいう。貨幣は消費できないからだ。国富は、社会において労働により年々再生産される消費財（「生活の必需品と便益品」）でなければならない。「富は貨幣すなわち金と銀からなるのではなくて、貨幣で買えるものからなり、貨幣はものを買う力があるからこそ価値があるということを、まじめに証明しようとするのは、あまりにもばかげている」（WN4-1）。スミスの考える富とは、毎年に消費しうる生産物のことであった。物的な生産こそが市場社会の基礎だとみなしたのである。そして国富たる消費財としては、農産物を挙げたケネーの重農主義を受け継ぎ、そこに工業製品を付け加えた。彼の経済学は、資本も土地も生産要素とされるような、農業を中心とする段階を脱し工業段階に達した複雑な市場社会を解明の対象とするものであった。

スミスはさらに労働者について、「生産的労働者」と「不生産的労働者」とを区別している。前者は、資本家に雇用され、「生活の必需品と便益品」を、すなわち富を生産する賃金労働者である。その労働は、働きかけた材料の価値を増加させ、商品の形で固定され、物としてしばらくは存続する。それに対し後者は、家事使用人の労働のように、その場で消滅する。つまり形ある商品として固定されない。こちらには、軍人や「聖職者、法律家、医師、あらゆる種類の文人、俳優、道化師、音楽家、オペラ歌手、オペラ・ダンサー」(WN2-3) などのサービスが含まれるという。同じ労働とはいえ、物として形を残さずサービスそのものとして消費されるものは、不生産的だと見る。スミスは貨幣ではなく、労働と物的な富の生産を基軸に経済を見直したのである。

これらのことを前提にしたうえで、スミスは複雑な市場社会において、独立生産者の集まりである単純な社会よりも大きな富が生み出されることを説明する。その理由は、労働に関するもう一つの論点、「分業」(division of labor) に求められる。スミスによれば、分業こそが富の生産性を増進させる原因である。『国富論』の冒頭にピン工場の様子が描かれている。ピン工場では、ある者は針金を引き伸ばし、ある者は切断し、ある者は尖らせる。そのように工程を分割することによって、一人ですべての作業を行う何倍もの作業効率を得ることができる、という。これは生産工程の分化、すなわち技術的分業である。けれども分業にはもう一つ、企業間もしくは産業間における生産物の分化すなわち社会的分業がある。後者においては、生産物は市場で交換されねばならない。交換性向は社会的分業を要請し、技術的分業はさらに仕事を細分化して、「天分の差異」が生産性を上昇させる。市場交換は分業と生産性をますます発展させるであろう。重農主義者にとっては、原材料（種子）が増殖するのは農業に限られ、モノとしての形を変えても量を増やさない工業は不生産的であった。一方スミスは、工場内での労働も生産的とみなした。工業の初期形態を時代の趨勢として肯定したのだが、それは分業により生産性が高まると気づいたことの反映とも言える。

では経済の発展は、どのような過程をたどるのか。具体的には、次のような説明がなされる。まず、商品には「自然価格」と「市場価格」とがある。自然価格は、賃金・利潤・地代の自然率すなわち商品の生産に要した要素価格の総和に等しい。賃金・利潤・地代のそれぞれは、労働・資本・土地の需給によって決まる。一方、市場価格は商品に対する供給と需要によって変動するが、長期的には自然価格に収斂してゆくものである。そして両者が乖離しておれば、商品の部門間で生産要素がより有利な方に移動する。これは後世の「価格理論」、すなわち価格による資源配分メカニズムを記述したものに似ている。「自然価格」は長期の均衡価格に、「市場価格」は短期の均衡価格に相当すると理解されうるだろう。

分業によって作りうる生産物には上限がある。需要が少なければわざわざ生産しても引き合わないからだ。つまり、分業には市場の大きさという制約がある。そして市場の大きさはおおよそ人口によって定められる。そこでスミスは、長期においては市場が経済発展を導くと考えた。こちらはのちの言い方では経済成長の理論である。人口の増大↓市場の拡大→分業の進展→生産力の上昇→国民の所得の向上→人口の増大というサイクルが市場に牽引されて現れるとみなしたのである。ただしこれには機械を購入するという資本蓄積が必要になるが、それは貯蓄によってまかなわれるとした。生産要素が価格差に応じて移動しつつ市場を拡大させ、それが生産力も増大させるという理解である。この図式は、古典派からマーシャルまでの経済発展論で受け継がれることになった。

スミスがここで示したのは、市場社会において階級的な不平等が存在するにもかかわらず、生産性が向上し国民が総体として富んでいくプロセスであった。分業によってより多くの生産物が作られ、交換されて需要が満たされる。生産物に余剰ができるようになるならば、人は利己心を持つようになる。そうすれば、利己心が商品交換の動機となって、市場は国家の干渉などなくとも自主的に秩序を形成する。「われわれが自分たちの食事を期待するのは、肉屋やパン屋の仁愛にではなくて、かれら自身の利益に対するかれらの顧慮に期待してのことなのである」（WN1-2）。スミスは人々が、自分の利益しか顧慮しないのに複雑な経済秩序を全体として築き上げるありさまを、「見えざる手（invisible hand）」の働きと呼んだ。

❖「自然的自由の体系」と重商主義批判

こうして、正義の法の下で資本家は資本を、労働者は労働力を自由に移動させ、競って自己の利益を追求するべきだということ、すなわち平等・自由・正義の原則からなる経済的自由主義(「自然的自由の制度」)が唱えられることとなる。スミスは述べる。「特恵あるいは制限を行ういっさいの制度がこうして完全に撤廃されれば、簡明な自然的自由の制度がおのずからできあがってくる。そうなれば、各人は正義の法を侵さないかぎりは、完全に自由に自分がやりたいようにして自分の利益を追求し、自分の勤労と資本をもって、他の誰とでも、他のどの階級とでも、競争することができる」(WN4-9)。そこで、労働の移動を禁じる同職組合、徒弟制度、定住法などが批判されることになった。国家が携わるべき公共事業は、交通・通信・教育などの公共財に限られるとされた。

ところが十八世紀イギリスの経済政策は、輸入には様々な制限を設け、輸出は逆に奨励するというものであって、国内で消費される外国商品の量を切りつめ、国内産業の生産物はできるだけ多く輸出しようとしていた。そうした経済政策は、必然的に一部の国内製造業者、特定の階級だけを有利にする。外国に高額で売れる贅沢品が多く生産され、国内の労働や資本もそれに回される。その一方で安い外国製品が十分には輸入されない。「重商主義にあっては、貧しい者、困窮している者のために営まれる産業は、まったく無視されるか、あるいは抑圧されるかしていることがあまりにも多い」（WN4-8）。「消費こそが、あらゆる生産活動の唯一無二の目標であり、目的である。……重商主義は、消費ではなくして生産を、全商工業の究極の目標とみなし、目的と考えている」（WN4-8）。富とは日常的な「生活の必需品と便益品」であり、国民全体によるその消費こそが生産の目的であるというのに、重商主義は一部の利益しか満たしていないというのである。

けれども自由な市場が自生的な秩序とより多くの国富をもたらすというだけなら、スミスが行ったのは規制緩和と自由貿易を唱える現代の新保守主義の先取りだったということに尽きてしまう。スミスの議論にそうした面が色濃いのは事実だが、死の直前まで『道徳感情論』の改訂に努めたことにも象徴されるように、彼の論述には倫理的な臭いがたえず付きまとっていた。そのことは、さしずめ価格に冠された「自然」という用語に表れている。「自然」は経済的自由主義がもたらす「自然の成り行き」や「自然な分配」といった表現において頻出する、彼独自の鍵概念である。そしてその意味合いが集約的に込められたのが、「自然的自由の制度」であった。

スミスは資本の使い道として、「利潤が同等ないしほぼ同等ならば、製造業よりも当然農業が選ばれるのとまったく同じ理由で、外国貿易よりは製造業が当然選ばれる」（WN3-1）と断定する。というのもスミスによると、資本が投下されたとして、外国貿易よりも製造業、製造業よりも農業の方がよりよく監督支配されるからである。その方が「いっそう安全」、つまりリスクが小さいからだという。それゆえ「事の自然な成り行き」として、資本はまず農業に、次に製造業に、最後に外国貿易に投下されるはずである。ところが実はこの順は、等量の資本投下により活用される生産的労働の大きい順でもある（第Ⅱ部第7章参照）。それゆえ自然に任せ余計な規制など行わないならば、リスクの小ささに即して資本が農業・製造業・外国貿易の順で投下されることにより、より多くの生産的労働を働かせることとなって、その結果としてより大きい国富を得ることになる。自由な市場はリスクを小さくとどめ、富を拡大するのである。スミスの考える「自然」さとは、このように着実かつ安全に展開される社会の発展のことなのであった。それは、より安全に資本が投下されることで実現する。そして重商主義は、そうした「自然」な社会の発展を妨げるものとして否定された。

では資本が投下されたとして、外国貿易よりも製造業、製造業よりも農業の方がよりよく監督支配されるというのはなぜだろうか。これは、スミスにとっての「自然」とは何か、という問題である。スミスは『国富論』でこれについて突っ込んだ説明をしているわけではない。詳細な検討がなされたのは『道徳感情論』においてであった。「自然」といえば連想されるのが、ギリシア以来の自然観念であろう。ヒュームは経験論の立場からそれを拒否したが、スミスもストア派における「自然本性」の概念を批判している。ストア派は、宇宙の自然本性への合致を求め、「完全な自己規制」を徳目として課していた。それをスミスは「ストア的無感動」と評している。スミスにとっての「自然」は、感情を理性によって押さえ込むようなものではなかった。

十八世紀は啓蒙の時代といわれるように、理性の働きが高く評価されていた。対照的に感情は特殊なものであり、普遍的な理性こそが感情を押さえねばならないとみなされた。ホッブズ（Thomas Hobbes 一五八八―一六七九）は、各人が自らの生存のために「何でも思うままに行使しうる自由」としての「自然権（right of nature）」を持つとすれば、社会は「万人が万人に対して狼である」ような戦争状態になると想定した。そうした利己的な個人の集まりとしての社会に平和をもたらすには、人々が理性によって全員一致し、社会契約を行って自然権を制限しなければならない、と。ところがスミスは、社会秩序はこうした理性によっては導かれないとみなしたのである。『道徳感情論』は、ヒュームの考え方を継承し、ホッブズの自然状態および社会契約説を批判して、社会秩序が感情を基盤として形成されることを説いた書であった(2)。

ホッブズ的な社会契約説には、理論上の無理がある（それは社会学の分野において「ホッブズ問題」と呼ばれる）。というのも、合理的でしかも利己的であるような個人は、他のすべての人もまた自分と同様に自然権の行使を自制するとは信じないだろうからである。それにもかかわらず自然権の制限が同意されるというのならば、それは人々が無条件に利己的なのではなく、すでに社会秩序を保障する規範を持っているからである。スミスがヒュームの哲学からヒントを得たのは、そうした規範が感情を基盤とし他人との交流の中で生々しく生成するものだという視点であった。

❖市場社会における同感と徳

スミスは、道徳の諸原理に関し考察すべき問題として、称賛され是認されるべき徳はどこに存するのか、そしてそれはどのようにして是認されるのか、という二つを挙げている（TMS1-6）。人は何らかの被害に遇った他人に対して、想像力により自分の身を置き換えてみるとスミスはいう。そうした「立場の交換」によって共感（sympathy）が得られるならば、彼はその手続きを繰り返し、最終的には特定の当事者にも自分にも偏らない「公平な観察者（impartial spectator）」の共感に達するという。スミスにとって、ある事柄を正しいものとして是認したり間違っているとして否認したりすることの、すなわち正義の根拠は、この「公平な観察者」の同意と自己規制によって与えられるのである。つまり正義やそれを成り立たせる自己規制とは、ストア派や後の自然法論者のいうように宇宙や個人の理性に導かれるものではなく、個人が他人との交流のうちに体感するような規範なのだ。

ではその「自己規制」は、具体的にはどのようなものとして表れるのだろうか。スミスは「慎慮と呼ばれる徳性の本来の業務」は、自らの「安全保障」にある、としている。『道徳感情論』では、それはすなわち、「彼自身の幸福について、彼の家族、彼の友人たち、彼の国の幸福についての配慮」である。一方、『国富論』では、ある資本家が自分の資本を農業、製造業、卸売業などのいずれに投下するかの決定を行うとき、「唯一の動機となるものは、自分自身の私的利潤に対する配慮である」とする。つまり、個人が家族から国家に至る他人との交流の中で自然に身に付ける徳である慎慮は、同時に資本をより適切に配分させる動機となっているのである。さらに、そうした慎慮は、生産的労働をより多く雇用しようとする配慮にもつながる。

結局のところスミスにとっての自然的な自由は、人をして他人との交流のうちに自身や家族・友人や祖国の安全を願わせ、慎慮の徳を備えることで節約させ、資本を生産的労働の雇用に向けさせるものであった。つまり是認—共感—徳という一連のつながりが「自然」なのである。市場は外部の世界との交換すなわち外国貿易をも可能にする。しかし立場の交換は身近なところから行われるから、当然、外国貿易の重要度はもっとも低くなる。市場のリスクを引き下げるのは身近な人々との交流にもとづく徳だというのだ。公債を発行しつつ軍備を増強し重商主義を手放しで推し進めるイングランドに対し徳の重要性を説いて牽制した点では、スミスはJ・ハリントン以来のスコットランド人であった。このようにスミスの外国貿易観は、リカード以降の自由貿易論とは一線を画するものなのであった。

スミスはヒュームにならい、市場社会こそが未開社会の貧困から人々を救うと唱えた。しかしその理由は、国富が増進するから、というだけではない。正義の法と経済的自由のもと、狩猟採集段階・牧畜段階・農耕段階そして商業段階と人類の歴史が進展し、それにつれて、政治制度、国民の自由、技芸、科学、言語までが進歩する。そうするうちに、勤勉・節約・思慮といった道徳心、すなわち「徳（virtue）」もまた向上するというのである。こうした表現に注目するならば、スミスはいかにもオプティミストに見える。しかし彼は、その著述の内にいくつもの懸念を表明してもいた。つまり市場と徳が両立しなくなる可能性を見出していた。

スミスの「自然的自由の体系」では、私企業の経営の自由や受益者負担など、市場の自由が是とされる。これに対して国家が行うべきなのは、防衛・司法と一部の公共事業に限られる。軍事は、民間部門の富の追求に優先する（航海条例の擁護など）。民兵では国は守れず、常備軍が必要になるともいう。司法についても、少なくとも一部は国庫負担（残りが当事者負担）にすべきだという。公共事業については公益性の高い公道・橋・運河などを挙げている。一見しただけでは、後世に言われたように「市場の失敗」のみが国家によって補正されれば市場は徳に富み、豊かな社会を作るとスミスが主張したかに思えるかもしれないが、そうではない。

そもそも妻子もなく、書物以外には贅沢にふけることもなかったスミスは、私生活においては物的な富を必ずしも重視していなかった。ときに「富と地位は取るに足らない効用をもつ愛玩物にすぎず」（TMS4-1）、肉体の安楽と精神の平静を保つのに適してはいないと書くのがスミスであった。富や地位は優れたものに見えるから、人々はその追求に生涯を捧げるであろう。「自然がわれわれをだます」からで、それゆえ人は富と地位の追求が実は空しいことだとは、晩年まで気づかない。しかしそれはそれで「いいこと」なのだ。なぜなら、それゆえに人々は土地を耕し、家屋を建築し、都市を建設し、科学技術を進歩させたのだから。こう書くときスミスは、物的な国富の多寡によってではなく、ヒュームのいう「文明」によって市場社会の進歩を評価している。

分業についても、スミスは無条件に賛美していない。ピン工場の労働者のごとく「一生涯少数の単純作業を繰り返している人は、人間として可能なかぎり、愚かで無知になり、感情も荒れ、私生活上の日常の義務や国の利害についても正しい判断が持てなくなる」（WN5-1）。こうした傾向は、文明化が進むほどに顕著になる。徳の一種である尚武の精神が廃れ、無知ゆえに無秩序や熱狂、迷信に囚われやすくなる。そこで教育の必要が説かれるのである。

さらに、スミスは一気に制度改革を進めようとするような、単純な規制緩和論者ではない。貿易への政策的干渉の撤廃は、徐々に段階を追って慎重かつ控えめに行わねばならない、と彼は述べる。高い関税や輸入禁止措置が一挙に取り除かれるならば、安い外国製品が国内に殺到し、幾千の国民が生計の手段を奪われるだろう。そこで引き起こされる混乱は重大だ。

こうした配慮は、物欲に関する利己心と合理的な判断だけから自分の経済行動を決断するという、のちの新古典派の想定する経済人のみから成る経済においては余計であろう。合理的個人から成る新古典派の市場経済観は、公共財のみを提供する「小さな政府」をよしとする点でこそスミスと同様だが、国富は多ければ多いほど望ましく、職業の専門化が労働者を非合理的にすることなどなく、社会制度が急激に変化しようとも混乱が生じたりはしない、としている。これはまったく非スミス的な市場観である。スミスは身近な他人つまり家族との交流から遠い他人つまり国民の全体に想像を及ぼすことで、自らの安全保障（「自愛」）を心がけ、それがより安全な資本投下をもたらすと見る。しかし市場の拡大は、この自然さを危機に陥れもしていた。

ヒュームとスミスは、一方では重商主義の推奨する貴金属の蓄積や営利的な商業活動を批判したが、他方ではのちに新古典派に結実することになる、合理的な個人や契約された社会制度を想定する近代自然法思想をも否認した。現代の経済学は生産を重視するというスミスの視点に連なっているが、そこに社会契約論という合理論を付け加えている。その点で切り捨てられたのは、ヒュームやスミスの市場社会観の方であった。しかし、学問がそうした方向に向かったにせよ、人間の経済はいまだに共感や徳から自由になりえたわけではない。スミスが今なお光彩を放つのは、商業社会の発展が自然な共感や徳に支えられているという、洞察の鋭さゆえだといえよう。

I

第3章
古典派の展開
——リカードとマルサス

(David Ricardo 1772-1823)

(Thomas Robert Malthus 1766-1834)

【リカードとマルサス】

ユダヤ系の裕福な家系で商人・仲買人の父を持つリカードは、アムステルダムの商業学校を卒業後、十四歳で家業の証券取引に携わった。二十一歳で結婚、宗教上の理由で父とは断絶したが事業は早くから順調で、余暇を数学・地質学・鉱物学の独学に当てた。二十七歳のとき、温泉地で手にしたスミスの『国富論』に触発を受け、以降、経済学への関心を深めた。一八〇九年、地金論争に火を付けた処女作「金の価格」以来、いくつかの小冊子で反穀物法、管理通貨論の論陣を張る。一八一七年には主著『経済学および課税の原理』を出版する。二年後に実業界から引退、広大な地所を買い、下院議員として在職中に亡くなるまで論戦と主著の改訂に励んだ。

マルサスは裕福な地方地主で教養人の父を有し、ケンブリッジ大学を卒業後、国教会の牧師およびジーザス・カレッジの非居住のフェローとなった。一七九八年に『人口論』を出版、騒然たる反響を巻き起こす。東インド会社の歴史・経済学の教授に就任したが、これはイギリスで初めての経済学専門のポストとされる。穀物法つまり地主階級を擁護する論文を次々に発表した。産業資本家の側についたリカードと多くの論点で対立し、口頭および書簡で論争を続けた。一八二〇年に『経済学原理』を出版。二人はライバルであったが、無二の親友でもあった。リカードは死の直前、「あなたが私の説に賛成してくれても、それであなたを今以上に好きになることはありませんでした」という手紙をマルサスに書き送っている。

❖時代背景——経済の停滞と階級対立の予感

イギリスの工場における紡績機や蒸気機関などを生んだ（第一次）産業革命は一七六〇年代に始まり一八三〇年代まで継続されたが、なかでもフランス革命以降、ナポレオンの退位までヨーロッパの混乱の震源地となったフランスとの戦争期（一七九二―一八一五）、イギリス経済は激動した。

対仏戦争により金保有残高が減少したイングランド銀行は一七九七年、銀行券の金との兌換を停止し（一八二一年まで）、その後、ナポレオン戦争によってインフレーションが続発するという事態を招いた。一八〇九年からはインフレに加えて金価格の高騰、ポンド相場の下落などが発生する。こうした現象の原因と対策を探るべく、いわゆる「金地金論争」が起こった。リカードはこの論争に加わって経済論壇にデビュー、イングランド銀行が兌換の制約に服さず私的利益を求めて通貨供給を拡大したとして、貸し出しの収縮を主張する。通貨の増発が物価を上昇させるという、のちに言う貨幣数量説を唱えたのである。

またナポレオンの大陸封鎖（一八〇六）と不作のため需給が逼迫し、イギリスの穀物価格は一時高騰したが、戦争終結とともに一転して暴落した。そこで地主階級が多数を占める議会は安価な穀物の輸入を禁じて穀物価格を高値に維持しようとし、穀物条例を改定

（一八一五）した。輸入価格を六三シリング／クオーターから八〇シリング／クオーターに引き上げたのである。これは地主の利益となる政策だったが、リカードはこれを批判して法の撤廃を求め、マルサスとの間で「穀物法論争」を繰り広げた。リカードは、自由貿易による穀物価格の下落は利潤率を高め資本蓄積を進めるのに対し、穀物法はその障害となって経済を停滞させると説き、マルサスはこれを否定した。そこでリカードは差額地代説や比較優位説、マルサスは一般的供給過剰論という独創的な理論を唱えることとなった。それぞれが産業資本家と地主の利益を代弁したのである。

産業革命の動向に話を戻すと、それが開始されたのはイングランド北西部であったから、スコットランド在住のスミスはその影響を実感することなく世を去ったと思われる。(3) それゆえ主に道具を用いる手工業がスミスの分業のイメージであり、そうしたマニュファクチュアの工場の背後には、将来の工場経営者を夢見る半農半工の小生産者（織布工など）が存在した。彼らが『国富論』の主人公であった。ところが道具は機械に取って代わられ、大工場が主流となると、小生産者も衰退し始め、独立自営農民（ヨーマン）は一八一五年に姿を消したとされる。こうして資本家と賃金労働者とが二大階級として分離してゆく。スミスの想定したのとは異なる十九世紀的な市場社会が形成されたのである。

リカードはいくつもの先鋭な学説を唱えたが、それらは単なる時事問題対策ではなかった。戦後の不況下における金本位制度への復帰や財政赤字、穀物条例の評価という難問にどう答えるかが当面の課題ではあったものの、リカードの見るところそれらは当時のイギリス経済が抱える根本的な矛盾に起因しており、一時的な彌縫策で解決するものではなかった。これらの問題に触れたリカードの一見まちまちな主張を貫いているのは、当時のイギリスの不況は資本蓄積の停滞によるという直観であった。リカードの推論するところ、資本蓄積は先進国イギリスにおいては他国に先んじて停滞して然るべきものであった。それはイギリスにおける市場社会の変容のもたらした結果であると、リカードには思えていた。その問題を包括的に扱ったのが、『経済学および課税の原理』であった。抽象理論によって通貨規律の回復、国債整理、穀物条例廃止など具体的問題を明晰に論じ、包括的な経済像を提起したのである。

スミスは貧困の原因を市場における富の差別的な分配に求めず、逆に市場においては経済的自由主義が生産性を向上させ、貧困は解消されるだろうと唱えた。ところがまさにその生産性向上に対する期待が、現実によって裏切られつつあった。新興の産業資本家と貴族である地主は、議会でもことあるごとに対立した。リカードはそこで国富の分配に際しての階級間対立に注目し、地主・資本家・労働者の間に地代・利潤・賃金が分配される法則を見出して、生産性の停滞を招いた真因を追求しようとした。スミスは、商品の価値は互いに独立である賃金と利潤のそれぞれによって構成されるとみなし、賃金が上昇すれば価値も増えると考えた。しかしリカードはこれを批判し、価値は一定であって賃金部分と利潤部分の分け前が変更されるだけだとの結論に達した。ともに自由主義者であるスミスとリカードが別れるのは、経済の自生的秩序が社会における階級対立によって亀裂をはらむことになるということの予想においてであった。

❖人口論と賃金生存費説

マルサスは一七九八年に出版した『人口論』において、人口は放置すれば必ず一、二、四、八……と等比数列的に増加するが、食料は一、二、三、四……と等差数列的にしか増産しえないから、人口の増加は遠からず食料生産の天井にせき止められて一人当たりの食料が減少することになる、と説いた。人間の生殖衝動は人口を簡単に倍増させるが、可耕地はなかなか増えない、というのがその論拠である。

マルサスはこの説を、直接にはゴドウィン（William Godwin 一七五六―一八三六）への批判として唱えた。スミスの注目した小生産者が消滅したのち、賃金労働者にとって恐慌やそれが引き起こす貧困が切迫した問題となっていた。ここで初期的な労働運動が起き、政府はこれを弾圧した。こうした事態を目の当たりにしたゴドウィンは『政治的正義に関する探究』（一七九三）を著し、フランス革命時の通念に従って、下層階級の貧困の原因は私有財産制を中心とする人為的な制度にあり、それが廃止されれば人類は理性によって平等な社会を築きうると主張した。マルサスの『人口論』（一七九八）は、こうしたゴドウィンの主張への反論として登場した。

ゴドウィンの描くような理性に導かれた理想社会が到来したとしても人間はいたずらに子供を増やすだけで、しかし食料は漸増しかしないから貧困からは逃れられない、というのである。聖職者マルサスにとって人間は、制約なしには食欲や性欲といった欲望に流されるはずの存在であった。人間は完全な存在ではありえず、人間性への闇雲な楽観は飢餓という悲惨な帰結を生むだけだ、と思えたのである。マルサスにすれば、貧困の原因は過剰人口であり、人口法則こそは神が人間に与えた試練であった。そこで彼は、産児制限のような「道徳的抑制」を推奨する。彼のこうした冷徹な洞察は、ゴドウィンの賞賛したフランス革命が時を経てジャコバン派の恐怖政治に転化した時期に現れたため、敵対国であったイギリスでは熱狂的に支持されることとなった。

リカードはマルサスの人口論を受け入れ、これを「賃金生存費説」に仕立て上げた。労働者（とその家族）にとって、生存に必要な最低限の消費財量というものがあるだろう。それを手に入れるだけの賃金を、消費財で測る（実質賃金率）としてみよう。それが生存費である。現実の実質賃金率がその水準を上回る状態が継続するならば、労働者の家計は余裕を持ち、子供を増やすだろう。しかしその結果としての労働人口の増加は、労働市場において労働供給の過剰を招くから、実質賃金率は下落して家計を圧迫し、その結果人口は抑制されるだろう。逆もまた成り立つから、結局のところ長期において実質賃金率は、労働者の生存費に相当する水準を均衡値として収斂することになる。これがリカードの「賃金生存費説」であった。

❖差額地代論と蓄積論

地代についてもリカードは、スミスのように自然の恵みの大きさによって決まるとは考えなかった。彼が採用したのが、当時すでに知られていたことではあるが、土地についての「収穫逓減」法則であった。収穫逓減には、二つの形態がある。一つは同じ土地に労働力を等量ずつ投入していくと余分に得られる収穫は漸次減ってくる、というもの（集約の限界）であり、もう一つは、より肥沃でない土地にまで耕作を広げると、等人数に対して得られる収穫が減るという自然法則（拡大の限界）である。リカードはまず後者、土地の肥沃度の違いにもとづく収穫逓減に注目する。地主は土地を資本家に貸し、資本家は労働者を雇って小麦を生産するとしよう。小麦価格は、投入された労働量で測られるとする。

同一量の資本と労働を投下したとして、A地が一〇〇単位の小麦を産出するもっとも肥沃な土地であり、同面積のB地とC地がそれぞれ九〇単位と八〇単位の小麦を産する地味を持つとしよう。社会全体がA地の産出する小麦だけで需要を満たされる場合は、地主が地代を請求したとしても、資本家は拒否して他のA地に転出するだろう。それゆえ収穫はすべて資本家のものとなるであろう。しかし、社会全体の小麦需要が拡大して、A地だけでは土地が不足したならば、資本家は肥沃度の劣るB地も借りて耕作しようとする。このときB地の資本家は九〇単位の小麦を得る。一方、A地の資本家は、一〇〇単位の小麦を得ている。そこでA地の地主が地代を請求するならば、B地を借りていた資本家は支払いに応じてA地に移ろうとし、A地の資本家も地代を払わざるをえなくなる。たとえばB地にいた資本家は九〇単位しか生産できないから、A地の地主が五単位の地代を請求したらそれに応じてA地に移り、一〇〇−五＝九五単位を得ることができる。資本家がA・Bいずれを借りても同じになるのはAのみで地代が一〇単位まで上昇した場合である。このときB地の地代はゼロであり、C地は耕作されていない。そして耕作地がCまで及ぶほど小麦需要が拡大すれば、A、B、Cそれぞれの地代は二〇、一〇、〇となる。

この例からわかるのは、次のようなことだ。①どの土地まで限界地が広がるかは、穀物に対する需要による。②地代は限界地では発生しないが、それ以外の土地には限界地との肥沃度の差額だけ地代が課される。ここで明らかになったのは、地代は肥沃度という自然の恵みの大きさが穀物への需要から見て限界がある場合に発生するということである（差額地代説）。

「集約の限界」については、次のように言えるだろう。A地にさらに同一量の（つまり総量で倍の）資本と労働を投入したとき、八五単位の小麦を追加的に産するものとしよう。いま、C地まで耕作が進んでいるとすると、C地の資本家は八〇単位の小麦を得、A地の資本家は一〇〇単位を収穫してそのうち二〇単位を地代として支払っていることになる。このときA地の資本家が等量の資本と労働を投じたとすれば、彼はさらに八五単位の小麦を得ることになる。それゆえC地で借地する資本家はA地にやってきて、五だけ余分の地代を払うから自分に貸すよう交渉するだろう。こうしてA地の地代は二五単位の小麦になる。「集約の限界」から生じる地代は、「拡張の限界」を前提にして意義を持つのである。

こうしてリカードは賃金生存費説と差額地代説を得たが、ここから「人口と資本の増加は劣等地をも耕作させ、資本の利潤率を低下させる」という資本蓄積論を展開する。図3において土地全体の面積は一定で、縦軸は穀物生産量、横軸は一定比率で投入される資本と労働（シャベル付労働者と言われる）としよう。このとき、集約の限界と拡張の限界を考慮して生産性の高い順に投入される限界的な（追加的な）資本・労働に対する穀物の収穫は、逐次逓減するとする。ICは資本・労働の限界生産物（追加的投入一単位から得られる追加的生産量）、ODは穀物で測った生存水準の賃金としよう。

いま、資本・労働の投入量がOAであるとすると、ここでの収穫の総量はOAHIであり、賃金総額はOAEDだから、利潤はDEHGになる（リカードの想定では賃金は前払いされており、これは古典派では資本すなわち賃金基金と呼ばれた）。AHの限界生産物まで生

図3

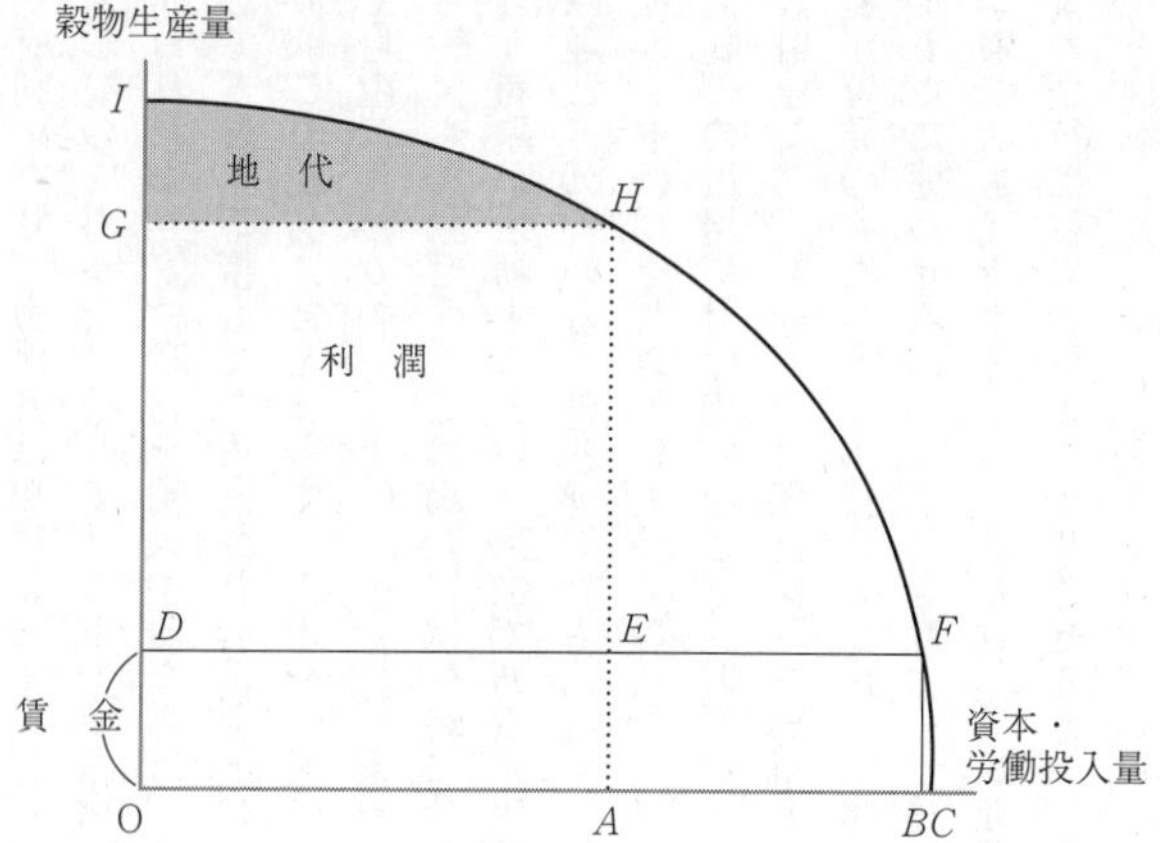

産されているということは、地代がそれ以上の部分、すなわちGHIだけ発生している。ここで利潤が発生したから、それが資本として蓄積されるとすると、次年度にはそれに応じて労働も余分に雇用されることになる。ここでさらに耕作が進んで労働・資本がOBまで投入されたとしよう。このとき、総賃金はOBFD、総地代はDFIであるが、利潤は消滅してしまっている。ここでそれ以降の資本蓄積は停止することになる。

リカードが蓄積論によって示唆しようとしたのは、先進国イギリスの経済の行く末であった。OBまで労働が投入されたとき、限界生産物は限りなく減少し、利潤は消滅して、地代に吸収されている。利潤率が低下し資本家は窮乏して地主だけが有利になり、労働者は相変わらず生存ギリギリの水準にある、というのがリカードの見通しなのであった。そしてリカードが穀物条例に反対したのは、海外のより優良な土地で作られたより安い穀物を輸入するならば、それによって支払う賃金が下落し、利潤が発生して、資本蓄積もまた再開され経済発展につながると考えたからであった。

彼はこの説明にとどまらず、土地や労働の生産性に格差があろうとも、すべての国にとって自由貿易が有利だと主張する比較生産費（比較優位）説をも考案した。国際的には資本も労働も移動せず、その場合には生産に特化が起き、量や選択肢で消費の可能性を広げるよう商品が移動するという主張である。比較生産費説は、今日の国際貿易論の重要な基本原理とされている（第Ⅱ部第7章参照）。

リカードは、それ以外にも多くの斬新なアイデアを残した。穀物法の是非以外にも、金本位制への復帰、財政赤字などを論じている。金本位制については、最適な通貨供給制度の設計を論じ、発券業務と銀行業務を分離し、金との兌換を義務づけることによって、通貨量が貿易のもたらす金の流出入に応じて増減するシステムを提案した。これは通貨供給をルールに従わせるということを意味し、後に裁量的な通貨供給を求める銀行主義を排する立場である通貨主義に引き継がれた（第Ⅱ部第3章参照）。また、財政赤字については、国債の発行は将来の増税を予想させるから、その予測が強く働けば経済効果は現時点での増税と同等になってしまう（今日、これは「リカード効果」と呼ばれる）が、現実には財政に関しては錯覚が働くから、国債は財産税により償却すべきだ、と述べた。

❖マルサスによる批判と後世の評価

一方、穀物条例に賛成してリカードの蓄積論を批判するマルサスは、商品の「一般的供給過剰」に着目した。リカードは生産されたものがすべて需要されるとして、資本蓄積は穀物商品への需要を等額だけ増やすと仮定している。これは経済全般において供給過剰は起こりえないとする、セー法則に相当する想定である(4)。しかし、資本蓄積は過剰な貯蓄と過少な消費によってもたらされるのだから、より多く生産されるようになった商品は、すべてが消費されはしなくなってしまう。いわゆる有効需要の不足が起きるのである。この点で、後にケインズはマルサスの主張を有効需要の原理の直観的表現とみなした。マルサスは、消費に占める割合が大きいのは地主の奢侈品への需要だという。そこで彼は、地主に不利にはたらき、その消費支出を激減させるであろう穀物貿易の自由化に反対したのであった。

結局のところ、穀物条例に関するリカードとマルサスの対立は、資本蓄積の長期的な帰結に注目するのか、好況・不況という焦眉の課題を強調するのかの違いだったようにも見える。だがその背後には、後に新古典派とケインズの争点にもなった、貨幣それ自体への需要が長期的にも起こりうるか否か、別の見方からすれば市場が長期に渡り不均衡になりうると想定するか否かの対立が存在する。この点では、リカードはヒュームおよびスミスの後継者であった。だがリカードは、スミスのように国内の生産を第一に振興させるといった観点は共有しなかった。経済における規制緩和といえば商品種を問わず、また国内市場と国際貿易とを区別しないという、のちに新古典派に受け継がれる立場は、リカードに始まっている。

一方、リカードにせよマルサスにせよ、その主張は、現実において資本家と地主の階級対立を代弁する論理となっていた。古典派においてはスミスが市場は秩序を自生させると強調したのに対して、リカードとマルサスの論争は、市場が階級対立を激化させるものでもあることを示唆したのである。そしてこの階級対立に関しては、両者が代弁しなかった労働者の利益を守る論理を、次代のマルクスが展開することになる。この点でいえば、スミスが「自然」に生きようと自制する個人を描いたのに対し、リカードは階級という集団の経済行動に注目したのだともいえる。

リカードは先に述べたように穀物利潤率の低下を論証したが、それに続いてすべての産業資本においても利潤率（一般利潤率）が低下することを示そうとした。けれども先のモデルでは、資本も生産物もすべて穀物であったから、価値ないし相対価格は問題ではない。けれども資本に穀物以外の工業製品を含めようとすると、価値を測る尺度の問題に直面することになる。そこで投入物と産出物を共通に測る尺度として、投下労働量が置かれることになった。「一商品の価値、すなわちこの商品と交換されるなにか他の商品の分量は、その生産に必要な労働の相対量に依存するのであって、その労働に対して支払われる報酬の多少には依存しない」。これはつまり商品の価値は投下労働量によって決まるという主張である。ここからリカードは賃金と利潤率の大きさが相反するという命題を導く。そしてマルクスはリカードの諸説のうち投下労働価値説に注目し、それをより複雑に展開することによって、労働者が資本家に搾取されていると唱えたのであった。

このようにリカードには、マルクスに引き継がれる階級対立の思想と、新古典派の源流に当たる均衡論の思想とが含まれていた。新古典派は投下労働価値説を一種の形而上学とみなすのであるが、そうしたマルクスの支持する部分を抜いてリカードの生産論を取り出すと、需要と供給の双方により価格が決定されるという新古典派理論における供給側の理論は、ほぼ原型を整えていた。しかも差額地代論は、のちの限界分析の萌芽をも示していた。

このようにリカードは、スミスの価値論のあいまいな点を精緻に論理化することで、経済学の現代化に寄与したのである。ただし彼が行ったのは、経済現象をそれ以外の社会領域から切り離して思考実験を行うという、今日におけるモデル分析の走りでもあった。リカードは、スミスのようには道徳論にも法論にも関心を持たなかったのである。彼によって経済学は、専門分野として独自の道を歩み始めることとなった。けれどもそれは、経済学が過度なまでに専門化し、現実の有する多面性を無視した議論に耽るという昨今の状況の端緒を切り開くできごとでもあった。

I

第4章
古典派の隘路
——マルクス

(Karl Marx　1818-1883)

【カール・マルクス】

一八一八年、ドイツ西方のトリーア市で弁護士の父のもと、名門のユダヤ人家系に生まれる。ボン大学で法律学、ベルリン大学では哲学を専攻し、イエナ大学に哲学論文を提出した。大学教員を志望したがプロシアの国情でかなえられず、『ライン新聞』の記者となり、急進的な論調の時論を手がける。一八四三年、研究対象を哲学から経済学に広げるべくパリに移住する。この時期には『ヘーゲル法哲学批判序説』(一八四三)、『経済学・哲学草稿』(一八四四)『ドイツ・イデオロギー』(一八四五)などがある。一八四八年、エンゲルス(Friedrich Engels 一八二〇―一八九五)とともに『共産党宣言』を出版。三月革命に関わったかどで亡命生活を余儀なくされ、一八四九年、ロンドンに居を移す。『経済学批判』(一八五九)、『資本論―経済学批判』第一巻(一八六七)を刊行し、ドイツ社会民主労働党や一八六四年に設立された第一インターナショナルを指導した。一八八三年、永眠。膨大な遺稿は『資本論』第二・三巻、『剰余価値学説史』としてまとめられた。

❖時代背景――階級対立の激化と理想的体制の模索

十九世紀初頭のイギリスにおいても産業革命は依然としてその勢いを緩めず、工業生産の拡大はイギリス経済の中心を農業から鉱工業へと転換し、産業資本家の地位を高め、大量の工場労働者を生み出した。けれども工場労働者の勤労環境は、最悪というべきものだった。ディケンズの小説からもうかがえるように、一日当たり十六時間労働はざらであり、それどころか十歳ほどの子供たちが鞭打たれつつ働く光景もまれではなかった。しかも、雇用は不安定であった。恐慌が周期的に訪れるようになったし、手工業労働者は機械制生産のもとで単純労働者との競争にさらされ、また工場労働者も不況や機械化によって失業の不安に脅かされた。一八一〇年代に手工業者が工場を焼き打ちにしたラッダイト運動は人手を減らす機械の導入に反対したものとされるが、伝統的な労働形態を破壊する工場そのものが牢獄とみなされたことも、想像に難くない。リカードはこうした状況が経済の冷酷な法則にもとづくものとし、しかもイギリス経済は産業資本家を窮地に追いやり将来的には停滞してしまうという暗い見通しを立てていた。

ところが一方では、こうした法則の下でも、資本主義社会は改善されうると考える一群の人々が現れた。ユートピア社会主義者たちである。ユートピアを夢想する現実経済への批判は十六世紀のトマス・モアも唱えたが、彼らは商業主義のみならず産業資本主義にも批判の目を向けた。

ロバート・オウエン（Robert Owen 一七七一―一八五八）は、スコットランドのニュー・ラナークの工場を共同生活の場とする実験の成功から、生産効率は労働者の就業環境と生活条件の改善によって高まるとして、協同主義を唱え労働組合・共同組合の設立に尽力した。その成果は、年少者の労働時間に制限を設ける一八三三年の工場法や一八三四年の「全国労働組合大連合」に結実した。同様の論者はフランスにも現れ、サン゠シモン（Saint-Simon, Claude Henri de Rouvroy, Comte de 一七六〇―一八二五）は貴族や金利生活者が支配する封建的な体制から産業型の管理体制への移行を訴え、宗教や生産組織を改革して計画経済に備えようとした。フーリエ（François Marie Charles Fourier 一七七二―一八三七）は近代的な産業文明を否定し、性や食にまつわる情念の解放を肯定して、「調和」なるユートピア社会を構想した。その単位となる共同組織はファランジュと名づけられ、四〇年代には一定の勢力を得た。

ユートピアを夢見た人はプラトン以来多数存在したが、不正を政治的のみならず経済的にも正そうと試みたのは彼らが初めてであった。しかし彼らにはおよそ経済に関する理論的な理解が欠けていたため、上流階級に改革の必要性を訴えることしかできなかった。対照的にJ・S・ミル（John Stuart Mill 一八〇六―一八七三）は『経済学原理』（一八四八）

を著すほど経済学に造詣が深く、また理想状態の共産制を資本制の欠陥と比較するといった恣意的な態度はとらず、人類に幸福をもたらすよりよい経済制度を求めて、現実社会を漸進的に改革する道を模索した。

『自由論』(一八五九)の著者でもあるミルは、自主性と創造性という精神的価値を重視したが、急進的な共産主義には個性を抑圧し人間性を均質化する面があると見抜き、市場経済の改革を目指した。彼は労働者に教育をほどこすことで、人口増加の圧力を緩めようとした。それにより、リカードのいう利潤の消滅は遅らせることができる。だが一方で彼は、経済成長そのものにも疑念を向けた。成長を求め他人を押しのける立身出世主義は精神を向上させるとはいえないし、自然を破壊する可能性さえあるからだ。ミルはむしろ、市場経済を定常状態に向かわせることを希望した。そこにおいて人間は、よりよい分配を実現し精神を豊かにし文化を高めることができると期待したのである。その結果、ミルは労働者のアソシエーション(協同組織)を支持することとなった。アソシエーションとは、資本家と労働者の協同組織、ないしは労働者が資本を共同所有する労働者同士の協同組織であった。彼は雇用関係の廃絶を求め後者の協同組織を最終的な生産形態とみなしたが、ここでもその現実感覚は、一足飛びに共産主義には向かわなかった。労働者の協同組合は資本家の組織力や企業家精神を欠いているのであり、彼らと競いつつ学ばねばならない。つまりアソシエーション間の市場競争が労働者の自主性と創造性を高めるとみなしたのである。

しかしそうした思潮とは異なって、マルクスは現実の政治運動のただ中にいた。共産主義運動の実践に関わったマルクスは、フランスやイタリア、ドイツ、ベルギーとヨーロッパの各地で暴動の嵐が吹き荒れた一八四八年、すなわちミルの主著が出版されたのと同じ年に、エンゲルスとの共著で共産主義者同盟（ブント）の綱領『共産党宣言』を出版した。「哲学者はこれまで、さまざまなやり方で世界を解釈してきた。だが重要なのは世界を変えることだ」と宣言したのである。だが一八四八年から翌年にかけ大陸に吹き荒れた革命運動はおおむね敗北に終わり、マルクスは『フランスにおける階級闘争』および『ルイ・ボナパルトのブリュメール十八日』を書いて総括する。この体験からマルクスには、革命は恐慌に続いてのみ起こり、プロレタリア独裁が必然となるという確信が芽生えた。彼はそれ以降も国際労働運動を指導しはしたが、活動の中心は『資本論』執筆に置かれることとなり、唯物史観を通して資本主義の行く末を見通すことに専念した。

❖疎外論、物象化論

エンゲルスは、ユートピア社会主義者たちがマルクスのごとくには「科学的」な社会主義に至っていない、と揶揄している（『空想から科学へ』一八九二）。ではマルクスにおける

「科学性」とはどのようなものか。その核心は、資本家による労働者の搾取という目に見えぬ現実を認識することであった。それを正確に認識するならば、プロレタリアートによる共産主義革命を実現することができる。マルクスはそうした着想を、フランスの社会主義思想だけでなく、ドイツの観念論哲学、イギリスの古典派経済学と格闘するなかで紡ぎだした。

若き日のマルクスは、ヘーゲル左派の影響下にあった。ヘーゲル（Georg Wilhelm Friedrich Hegel 一七七〇―一八三一）は『法の哲学』（一八二一）で、近代社会は利己的な個人的欲望の支配する「市民社会」と、他人との協調のうちに社会的利益の向上を図る「国家」とに分離するという。そして諸個人は他人への配慮を身に付け、公共精神を富ませるうちに理想的国家を築くとする。この国家は、「神的な意志」である。つまり人間は、神としての国家によって造られたというのである。

ところがヘーゲル左派は、こうしたヘーゲルの考えを逆転してみせる。「神が人間を」ではなく、「人間が神を」自分に似せて造ったのだ。けれども当の人間は、自ら造り出した神を崇拝し、その支配下にある。あるものが自分の造り出したものによって逆に支配され、非本来的な他者となるような転倒した関係は、ヘーゲル左派では「疎外（Entfremdung）」と呼ばれた。マルクスはこの疎外論を、国家や経済の考察においても援用してゆく。人間の類的本質は、社会化された個人としてあるはずである。ところが市民社会の現実においては、人は類的本質から疎外されて利己的な個人、アトムと成り果てている。ヘーゲルのように、国家が個人と社会の調和をもたらすというわけにはいかない。というのも資本主義経済では、労働者は自らの造り出した生産物に支配されているからだ。そうした労働は、疎外されているというべきだ、と(『ヘーゲル法哲学批判序説』)。

しかし、生産物がモノとして労働者を支配するわけではない。商品や貨幣、資本はそのものとして人間を支配してはいない。それにもかかわらず、労働者は生産物に拝跪している。そこでマルクスは、商品や貨幣、資本それ自体が何らかの力(価値)を持つかのように見える性質を「物神性」(Fetischismus)と呼び、人と人のどのような関係がそうした物神化を引き起こすのかを問うて、物象化論へと歩を進めた。商品の価値は人と人の関係から生み出されたのに、あたかも商品に内在しているかのように見える。商品の価値は社会関係からいかにして生み出されるのか、また両者の関係はなぜ見えなくなっているのか。

商品は、貨幣によって評価され、貨幣によって購入されるところから商品たりえている。そして商品生産者も、自分の労働の産物である商品が貨幣によって購入されることで社会の一員であることを認められている。つまり生産者の「人と人との関係」が、「商品と商品の関係」つまり「物と物の関係」に表れている。人間の社会的関係が物の関係として表されることが、マルクスの「物神性」である。商品の物神性は、貨幣を商品世界の神とするところから現れる。ここでは、貨幣には商品の価値を評価する力が内在するとみなされている。しかしマルクスによれば、貨幣は元来が特殊な一商品でしかない（こうした見方は、商品貨幣説と呼ばれる）。それが他のいかなる商品とも交換されうる一般的等価物とみなされるのは、これもまた錯視によるものである。そこでマルクスは、こうした転倒の生じる経過を、『資本論』の冒頭で「価値形態論」として描いた。商品の購入は商品によってではなく、貨幣によってしかなされないという貨幣経済の特質を暴こうとする試みである。そして貨幣→商品の交換が容易であるのに、商品→貨幣の交換はそうではない点に不況の本質を見出すことになる。

❖剰余価値論

マルクスはリカードの投下労働価値説を、奇想天外な方法で引き継いだ。労働力という商品にも労働価値説を適用したのである。まず、商品の価値は、投下労働価値説により、それを再生産するのに必要な労働時間として決まっている。ところが労働力も商品であり、再生産するのには労働時間がかかっている。一日働く労働者の労働力は、帰宅して食事し、睡眠を取ることによって回復される。食事や住宅やベッドの費用は、（リカードの賃金生存費に相当するだろうが）そこに含まれる労働時間で測られるから、その総和が労働力の再生産費である。それが四時間であるとしよう。そうすると一日に八時間働く労働者の労働力の価値が四時間であることになる。「労働」は八時間であるのに、労働力の価値は四時間分になってしまう。

八時間の労働によって造られた商品は、八時間分の値段で売られる。しかし労働力には四時間分しか支払われない。この支払われない残額をマルクスは発見し、これを「剰余価値（Mehrwert）」（労働単位で測った場合には「剰余労働（Mehrarbeit）」）と呼んだ。マルクスは、剰余価値は資本家が労働者から搾取したものであり、利潤にせよ資本にせよ地代にせよ、あらゆる不労価値はすべてこの剰余価値がさらに転形したものだ、とみなした。商品の所有者が自分の手持ちの商品を売り、得た貨幣で別の商品を買い、消費して欲求を満たしたとしても、価値に変化はない。一方、資本家は貨幣で商品を買い、それを売ってより多くの貨幣を得ようとする。同じ価値どうしを交換しながら、資本は自己の価値を増やそうとするのである。これは、剰余価値を得ることによって可能になる。

労働者は労働し賃金を得ることによってしか生きることができない。雇われて商品の生産に携わるしかないのである。一方、資本家は、労働者から労働力という商品を、資本主義のルールにのっとって購入している。売買は双方の自由意思にもとづいてなされ、そこには強制はないから、表面的には何ら不公正はないように見える。けれどもその背後では、資本家と労働者という資本主義の生産関係にもとづく搾取がなされている。それが見えなくされているのは、商品・貨幣・資本が物神性の体系をなしているからである。

❖恐慌論と資本蓄積論

マルクスは、貨幣は商品交換の媒体の役割を果たすため生まれたと考える。ところが貨幣は、いったん存在するとなると、富の保蔵手段ともなる。富として実物である商品を蓄えるのでなく、貨幣を蓄えるのである。ではなぜ、商品そのものでない貨幣を蓄えるのか。マルクスは、資本主義経済において需要と供給は（ミルやのちの新古典派が理解したように）価格によって調整され均衡しているとは考えなかった。購買と販売とは分離されている、というのである。なぜなら、資本家にとって将来は不確実であり、自分の手がける商品が将来において売れそうもないと予想するなら、前期における商品販売から得た貨幣はただちには投資に回さず、手元に蓄蔵しておくのが得策となる。貨幣には一般受容性があるからいつでも商品を購入しうるという意味では安全であり、それだけに将来に不安があると、消費財購入や投資に支出されにくくなる。同様に需要の不足を予想する資本家が多数存在するなら、投資への需要はいっそう減少することになるだろう。これが不況である。

一方で、将来において商品への需要が拡大すると予想されるならば、投資への需要は増大するだろう。生産もまた拡大され、商品への需要は現実に増大する。好循環である。ところがこの景気の上昇過程には、天井がある。労働が完全雇用されるとそれがボトルネックとなって賃金を高め、人件費高騰から好循環は破綻をきたす。不況への転換である。そして不況はときに深刻化する。これが恐慌である。このような景気循環は、将来が不確実であるのに無政府的に生産がなされるという資本主義体制そのものの持つ性格ということになる。

では、そうした景気循環を持ちながら、資本主義は長期的にはどこへ向かうのか。マルクスは、ここで資本蓄積を論じる。資本の蓄積は、剰余価値の生産のくり返しを通じて行われる。機械や原材料など不変資本（c）は価値を移転するだけだから、価値の増殖は商品に投下される直接労働に支払われる価値、すなわち可変資本（v）を通じて行うしかない。ここでマルクスが行った革新は、資本をリカードら古典派のように年々に前払いされる賃金基金として済まさなかったことであった。リカードが考察したような機械利用型の農業ではなく機械制大工業においては、不変資本は機械設備のように固定され、不況期には過剰に、好況期には過小になってしまう。それゆえ先に述べたような景気変動の原因ともなるというのである。

さて資本家は、より多くの利潤を追求する。それには一日の労働時間を引き伸ばしてもよいが、これは工場法によって不可能となっている。そこで資本家は、労働者に支払われる賃金となる財（賃金財）の生産に必要な労働時間を短縮しようとする（必要労働時間の短縮によって生ずる剰余価値は、「相対的剰余価値」と呼ばれる）。たとえばそれが四時間から三時間に縮められたとするならば、剰余価値（m）は$8-3=5$で五時間に増加するからである。では、賃金財を生産する労働時間の短縮は、どうすれば可能か。マルクスはその方法として、賃金財を生産するのに必要な労働の時間数を減らすような新技術の導入を挙げる。同一産業内においていち早く労働生産性の高い新技術を導入するのであれば、短い労働時間で従来通りの価値が得られるであろう。他社を上回るこの剰余価値の増分は特別剰余価値と呼ばれるが、それは資本家間の競争によって関係企業に新技術が普及しきるまで存在する。その結果、資本の有機的構成（c/v）が高まる。

資本家は資本総額$c+v$を投じてmを得るのだから、利潤率（r）は$\frac{m}{c+v}$すなわち

$$\frac{m/v}{c/v+1}$$

と定義される。m/vは剰余価値率（搾取率）である。ここでもしm/vが一定であるとすれば、資本の有機的構成が高度化することによって利潤率は低下することになる。利潤率の低下は、リカードが農業にかんし導いたのと同様の帰結であった。

このように機械が労働を代替するならば、労働者は失業し、産業の予備軍となる。産業予備軍が形成されても、一部は資本蓄積にもとづく景気の活性化によって雇用されもする。雇用される労働者の多寡によって先に述べた景気循環が生ずることになるのだが、長期的には資本蓄積がなされるに従い産業予備軍は巨大化していく、とマルクスはいう。利潤率

は趨勢として低下し、恐慌は頻繁となり、大衆は窮乏化してゆくのである。恐慌を重ねると、新技術の導入に遅れ倒産した企業は大企業に吸収される。こうして一部企業だけが巨大化し生産性を高めてゆく。そして最終的には、生産手段の私的所有という資本主義の外皮との調和が崩れてしまう。「外皮は粉砕される。資本主義的私有の最後を告げる鐘が鳴る。収奪者が収奪される」。こうして労働者による革命が成就され集中的に私有されていた生産手段が公有となって、社会主義へと至るというのである。

❖唯物史観とその批判

こうしたマルクスの予言は、経済学の理論だけから出るものというよりも、彼の歴史観である唯物史観にもとづいている、というべきだろう。『ドイツ・イデオロギー』に示された唯物史観によると、①人間の意識は独立したものではなく、彼らの社会的な存在の仕方によって規定されている、②(専制君主と収奪される共同体、王と奴隷、領主と農奴、資本家と労働者といった)生産関係は生産力の発展段階に対応しており、経済構造を定め、土台として社会や政治や文化などの上部構造を制約する。その生産関係は、生産力が発展しきるまでは変化しない、③生産様式は、過去の歴史においてアジア的→古代的→封建的→近代ブルジョア的、と推移してきた。生産様式が次の段階に移ると生産力が飛躍的に上がるが、やがて頭打ちになる。そこで大転換が起き、さらに次の段階へと移行するというのである。剰余労働そのものはどの時代にも存在し、建造物や文化財を作ってきた。それが資本によって搾取されるのが近代ブルジョア社会であり、その崩壊を描いたのが『資本論』である。

しかし、今日では誰もが知っているように、利潤率の低下というマルクスの予言は誤っていた。そもそも、利潤率低下の説明には多くの不明な点がある。まず、賃金財の生産時間が短縮されるのだから労働力の価値が下がり、$m+v$に占めるvの割合は小さくなるはずである。つまり、c/vだけでなく剰余価値率（m/v）もまた上昇してしまう。そうすると、前式でrが低下するとは決めつけられない。また、労働生産性の上昇が賃金財の生産部門だけで起きるというのも不自然であろう。それが生産財の生産部門でも生じるのだとすれば、生産財の生産に投下される労働が減ってcの価値が下がることになり、c/vが大きくなるというのも疑わしい。

さらに、資本の有機的構成c/vは生産設備の大きさによって定まるから、重工業などでは大きく、農業や軽工業では小さいのが普通であろう。ところが一方でマルクスは一労働時間当たりに支払われる賃金は、競争原理によって全産業で均一だとした。そこで剰余価値率m/vもまた均一となる。利潤率rも同様に、全産業で均一である。rとm/vが全産業で均一なのにc/vが産業によって異なるというのは矛盾である。この点は価値から価格への「転形問題」としてさまざまな解法が試みられているが、とりわけいわゆる近代経済学派とマルクス派の争点となっている。

マルクスが描いたのは、社会制度は矛盾をはらめば自己否定しつつ別のものに再生されるという弁証法であった。そこで商品は貨幣に、貨幣は資本に転化した。資本主義そのものが自己矛盾によって崩壊する、という唯物史観もまたそうした弁証法の産物である。マルクスはリカードから利潤率低下の予測を受け継ぎ、けれども貨幣はそれ自体として保有され市場は不均衡を募らせるとした点ではリカードから離反したために、経済は停滞するにとどまらず崩壊すると宣告するに至ったのである。ここには、ヒュームからスミス、リカードという流れのような生産活動中心に市場経済を眺める立場とは異なり、貨幣利得の飽くなき追求(「貨幣フェティシズム」)が市場社会=資本主義の核心にあるという、経済思想史におけるもうひとつの立場が強調されている。そこにマルクスは、貨幣の一般的受容性ゆえに不況が生じるという洞察を付け加えたのである。

表面的には自由な個人間の合意によって営まれている資本主義の背後に目を向け、そこで歪められる「公正さ」の回復を図ろうとしたマルクスの試みは正当だし、商品化された労働や資本、土地をすでにある事実とみなさずにそれぞれの関係や由来をたずねるという方法にも首肯できる。しかし、資本主義システムは、マルクスの予想した以上に柔軟かつ堅固なものであった。それは資本の集中と巨大企業、そして格差を生んだにせよ、経済を補完する社会制度を様々に進化させ、技術革新も停滞させることなく、現在に至るまで生き延びている。それゆえマルクスのようには性急ではない資本主義解釈が求められる。マルクスは一八八三年に亡くなり、労働価値説（剰余価値論）・新技術論・交換の非対称性から成る革命思想を残した。そのうち後者二説は、同年に生まれたシュンペーターとケインズに引き継がれてゆくことになる。

I

第5章
限界革命と新古典派

(Alfred Marshall　1842-1924)

【アルフレッド・マーシャル】

一八四二年、ロンドンに生まれ、ケンブリッジ大学で数学を専攻し、フェロー兼道徳哲学の講師となる。クリスチャンであったが、形而上学の研究から不可知論に傾く。心理学にも関心を持ったが、ヴィクトリア朝末期のイギリス経済を疲弊から救うべく経済学に転じ、とりわけ国内の貧困問題と対外的な競争力の弱化についての考察に生涯を捧げた。手始めに数学を用いて古典派理論を定式化する。一八七五年、アメリカの保護貿易を視察。帰国後オックスフォード大学のカレッジの学長に就任、夫人との共著で処女作『産業経済学』(一八七九)を出版する。一八八五年、ケンブリッジ大学教授に就任、同大学で経済学を専攻分野として独立させる。一八九〇年、長らく影響力を持つことになる主著『経済学原理』を刊行。一九〇八年に教授の椅子をピグー(Arthur Cecil Pigou　一八七七―一九五九)に譲り、一九二四年に亡くなるまでに『産業と商業』(一九一九)、『貨幣・信用・貿易』(一九二三)を世に送った。

❖時代背景――イギリス自由主義の隆盛と帝国主義の始動

マルクスの予言のうち、いくつかのものは的中し、現実の社会を脅かした。大企業はますます巨大化し、不況は頻発した。所得格差も広がった。ところが残念なことに、肝心の予言は外れた。「大衆の窮乏化」は到来しなかったのである。ことにイギリス経済は、一八六〇年代には「世界の工場」として、経済の絶頂期を迎えていた。それまでの道程をたどると、コブデン（Richard Cobden 一八〇四―六五）、ブライト（John Bright 一八一一―八九）らの激しい反穀物法運動の結果、一八四六年に同法は廃止され、一八四九年には航海条例も廃止されて、自由貿易の原則が確立した。世界は鉄道建設ブーム。その波に乗り、世界各地へと鉄製品の輸出は激増する。一方、綿工業の原材料と穀物の輸入も急激に伸びていた。イギリスはまさに国際分業の恩恵を十分すぎるほど受けていたのである。

一八七三年からは長期の不況に陥ったが、一八八六年に王立委員会が調査を行ったところ、労働者の経済状態は、一時的な失業はともかく長い目で見れば、十九世紀いっぱいを通じて順調に向上していたことが判明した。物価は上昇したけれども、賃金はそれ以上に上昇していたのである。それゆえに、マルクスが一八四八年に『共産党宣言』で行った宣言は空振りに終わったとみなされた。イギリスのプロレタリアートは、窮乏を重ねるどころかいまやブルジョアの仲間入りを果たそうかという状態だったからである。

マルクスだけではない。リカードが主張したことのうち経済的自由主義の重要性は立証されたと解されたが、利潤率の低下や経済の定常化は起きそうになかった。古典派の学説は、書き換えの必要に迫られていた。一八七〇年代になって限界革命が勃発した理由はそこにある。そのうえに限界革命に続いて新古典派経済学が体系化されてゆくと、先進国経済に対する理解は楽観的なものへと様変わりした。

マルクスの想像したような資本主義の矛盾はイギリスやその他の先進国からは姿を消したかに見えたが、しかし地上から一掃されたわけではなかった。英中間のアヘン戦争は一八四二年に終結、大英艦隊を擁するイギリスは中国にアヘンを密輸した。それだけではない。先進国内には投資先を見つけることができない貯蓄は、植民地への投資に回されていた。一八八〇年代頃から先進国においては武力を行使しつつ海外に投資先を確保しようとする帝国主義の時代が始まり、ヨーロッパ諸国はアジア・アフリカ諸地域の分割と植民地化にしのぎを削っていた。植民地は宗主国内における余剰物資の市場として、また皆がブルジョア化した宗主国民に搾取される真のプロレタリアートによる生産の地として、先進西欧諸国に従属するようになっていたのである。

実際、経済史家のケインとホプキンズ（P.J. Cain & A.G. Hopkins）は、イギリス経済が、十八世紀には地主貴族、十九世紀中葉以降はさらに広く大土地所有貴族や金融業者、大商人たち産業に従事しない人々に支配された「ジェントルマン資本主義」だった、と唱えている。つまりマルクスの生きた当時の十九世紀の世界に冠たるイギリス経済は、マンチェスターを中心とする製造業によってではなく、ロンドンのシティーを中核とする非製造業に率いられてきたというのである。イギリスの収入源は財の輸出ではなく、対外投資であった。非産業部門におけるジェントルマンたちの所有する資本は、植民地支配に投じられていた。そして彼らの利益を守るため、金本位制が確立された(国際的な決済制度として成立したのは一八七〇年)。こうしてマルクス的な資本による支配の理論は、ホブソン(John Atkinson Hobson 一八五八―一九四〇)の『帝国主義論』(一九〇二)や、それをよりマルクス的な理論枠組みに置き換えたレーニン(Vladimir Il'ich Lenin (Ul'yanov) 一八七〇―一九二四)の『帝国主義論』(一九一七)に生きながらえることになった。そして帝国主義は、ほぼ第一次大戦まで持続するのである。

❖限界革命

マルクスは個人間の自由意思にもとづく合意の背後に搾取を読みとり、また資本主義は個人間取引の集計である市場においても需給の不均衡が景気循環を引き起こし、長期的には破滅するとみなした。だがイギリスの自由主義経済の繁栄を背景に、それとは真正面から対立する学説が準備されていた。個々の経済活動に関して消費者は効用を、企業は利潤を最大化するとし、また市場は長期的には均衡するととらえて、人々の経済厚生を最大化すると唱える新古典派経済学である。ここから、「市場の失敗」というごく例外的な状態を除けば（もしくはそれを補正すれば）、規制は緩和し自由な市場競争に任せるべきだという現代の市場観が出てくる。

古典派経済学の刷新の時は、まずは方法論において一八七一年から数年のうちに訪れた。それを担ったのは、イギリスのジェボンズ（William Stanley Jevons 一八三五―八二）、オーストリアのメンガー（Carl Menger 一八四〇―一九二一）、スイスのワルラスであった。彼らが「限界効用」（marginal utility）の概念を発見したことにより、いわゆる限界革命がそれぞれ独立に、しかし同時に起きたのである。

ただし「革命」という言葉は、経済理論の発展に不連続な飛躍を招き入れたという意味で用いられたなら、正しくない。精神的満足という意味での効用（utility）を価値の源泉ととらえる学説は、ギリシア時代のヘドニズム（快楽主義）にまで遡らずとも十八世紀にはコンディヤック（Étienne Bonnot de Condillac 一七一四―八〇）やセー（Jean-Baptiste Say 一七六七―一八三二）が用いていたし、「最大多数の最大幸福」を唱えたベンサム（Jeremy Bentham 一七四八―一八三二）の功利主義は、ジェボンズに多大な影響を与えた。また、関数の最大化に関わる限界概念はクールノー（Antoine Augustin Cournot 一八〇一―七七）

やデュピュイ（Arsène Jules Étienne Juvénal Dupuit 一八〇四―六六）によって一八四〇年代にはすでに使用されていた。さらにゴッセン（Hermann Heinrich Gossen 一八一〇―五八）は、一八五四年にはほぼ限界革命の三人と同様の所説を発表していた。「効用」と「限界」という二つの概念が一八七〇年代になって結び付き、「限界革命」として世に認知されたというべきであろう。

限界革命は、二つの発見によって引き起こされた。第一は、総量と区別された限界量という概念が、経済分析全般において決定的に重要な役割を果たすということである。第二は、効用価値説が限界概念を用いて定式化されたことにより、消費が生産に匹敵するものとして認識されたことである。効用価値説では、財に価値があるのは財を消費することで満足が得られるからだ、と考える。この満足は効用と呼ばれ、消費者の主観にもとづいて評価される。x財のX単位の消費からある人が得る効用の全体が$Ux=Ux(X)$と測定されるものとしよう。ここで財の消費量を一単位だけ増やしたとして追加的に得られる効用の増加分が、限界効用である。これは効用を消費量で微分したものに相当しているから、限界効用$=dUx/dX=Ux'(X)$となる。ところで、ひとはある時点で同じ財を消費し続けるならば、だんだんと飽きがくるはずである。この「飽きる」という感覚は、消費量が増えるとともに追加的な効用が次第に減少することだから、$Ux''(X)<0$と表現できる。「飽きる」というのは、効用の総量は増加するが、限界効用は減少することを指すという

わけだ。これは「限界効用逓減の法則」（ゴッセンの第一法則）と呼ばれる。

ここで経済人は合理的だと仮定されている。消費者に関していうと、総効用を最大化するように消費量を選択するとみなされる。消費財 x および y の価格（Px, Py）と消費者の所得 I が変化しない（一定）としよう。とすると選択の結果、ある人が一円を追加的に投じて得られる限界効用は、消費しているすべての財について等しくなっているはずである。というのも、それらが等しくないのならば、一円から得られる追加的な効用の少ない方の財を購入せずにその一円で得られる追加的な効用のより大きい財を買えば総効用も増えるから、総効用は最大化されていなかったことになるからである。一円（貨幣）の限界効用がすべての消費財に対して等しいという命題を、「限界効用均等の法則」（ゴッセンの第二法則）と呼ぶ。数式でいえば、

$$\frac{Ux'(X)}{Px} = \frac{Uy'(Y)}{Py}$$

ということである。所得の制約（$I=PxX+PyY$）とこの式の二本から、各財に対する需要 X および Y が関数の形で導けることになる。これはちょうど、所得制約式（$I=PxX+PyY$）のもとで総効用 $Ux(X)+Uy(Y)$ を最大化するような二財の量 X、Y を決定するという最大化問題を解くことに相当している。限界効用の逓減が成り立っているので、二階の条件も満たされている。ここで各財に対する各人の個人需要曲線が導かれ

る（さらに市場で集計したものが図4の(b)）。

ところでアダム・スミスは『国富論』において、「使用価値」と「交換価値」につき検討している。前者はあるものがどこまで役立つか（効用があるか）、後者はあるもので他のものをどれだけ買えるかを指し、それぞれの極端な例として「水とダイヤモンド」を紹介している（WN1-4）。水は人間が生命を維持するうえでは必須の財だから、水ほど役立つものはない。ところが水と交換して得られるものはほとんどない。天然に豊富に存在するために、価格はタダも同然だからだ。つまり水には使用価値があって交換価値がない。一方、ダイヤモンドはほとんど何の役にも立たないが、大量のものと交換できる。「交換価値」のみ大きく「使用価値」がほとんどないわけだ。したがって水とダイヤモンドの価値と価格にはパラドックスが起きている、というのである。スミスや古典派の労働価値説によっては、この使用価値と交換価値の関係には説明がつかなかった。ところが限界効用の概念を用いれば、その説明が可能になる。

水は豊富に存在するのだから、飲んで得られる限界効用はごくわずかだろう。ダイヤモンドは稀少だから、持つことで得られる限界効用は大きい。そこでゴッセンの第二法則から、価格（交換価値）はダイヤモンドが水を上回ることになる。ところが使用価値が高いとは総効用が大きいということであり、総効用は水がダイヤモンドをはるかにしのいでいる。使用価値と交換価値は、総効用と限界効用の区別に相当していたのである。

効用を価値の源泉とみなすことにより、価格と価値の関係をめぐって古典派からマルクスに至るまでの錯綜した議論は、こうしてすっきりと整理されることになった。したがってジェボンズが、限界効用理論は革命的であり経済学説史が限界革命によって刷新されたと強調したくなったのも、もっともなことではあった。商品は労働を投下したから価値があるのでなく、稀少だからこそ価値があるという点を提示したことの意義は大きかった。しかしマーシャルが主張するように、生産の理論における貢献に目を向けるならば、限界革命によってもたらされたものは、「古い理論の現代版」(「新」古典派)にすぎない。生産の理論は、リカードの差額地代説以来、すでに限界概念を受け入れる部分があったからだ。

限界革命以降、生産面についても限界概念を用い、企業の(利潤最大化)行動につき体系立った説明がなされるようになった。ここで、x財を作る企業が利潤最大化を目的としているとしよう。限界生産力とは、労働や資本(ここでは機械など固定資本)などの生産要素が一単位だけ追加的に投入されたときに得られる生産物の追加的生産量Xである。それぞれの投入量をLとK、一単位当たりの対価をw(賃金)とr(利潤)としよう。さらに$X=F(L, K)$なる生産関数が成り立つとする。

このとき、ある企業において労働者に対し一円を追加的に投じても、機械など固定資本に一円を余計に使っても、そこから得られる限界生産力はすべての生産要素財に関して一致しているはずである。というのも、それらが等しくないならば、一円から得られる限界生産力の小さい生産要素を購入せず、その一円でより大きな限界生産力が得られる生産要素を買うならば、限界生産力の差額だけ生産量は増えることとなり、それは生産量が最大化されていなかったことを意味してしまうからである。そこで企業はすべての生産要素に関し、Xの限界生産力を均等化させるだけの量を購入する。これは形の上ではゴッセンの第二法則に対応している。つまり

$$\frac{\partial F}{\partial L}\Big/ w = \frac{\partial F}{\partial K}\Big/ r$$

である（$\partial F/\partial L$、$\partial F/\partial K$は労働と資本の限界生産力）。以上は技術的な制約$X=F(L, K)$のもと、利潤$PxX-(wL+rK)$を最大化しても得られる。ここから、この企業による生産要素に対する需要関数（集計すれば図4の(d)）が導かれる。同様に消費者は生産要素の供給者（同(c)）でもあるから、合わせて生産要素の需給がそろうことになり、要素価格（r、w）が確定する。要するに限界分析を用いるならば、リカードのように生産要素ごとに賃金は生存費説、地代は差額説というように異なる理論を構築する必要がなくなり、生産の理論についても簡単な原理で統一的な説明が可能になるのである。

　さらに、企業が余分に一単位だけ商品を生産するのにかかる費用を限界費用と呼ぶとすると、利潤が最大化されているときには、商品の価格と限界費用は一致している。というのも価格が限界費用を上回るならば、もっと売れば売るほどそれだけ利潤が増えることと

図４　新古典派における経済循環（財の流れ）

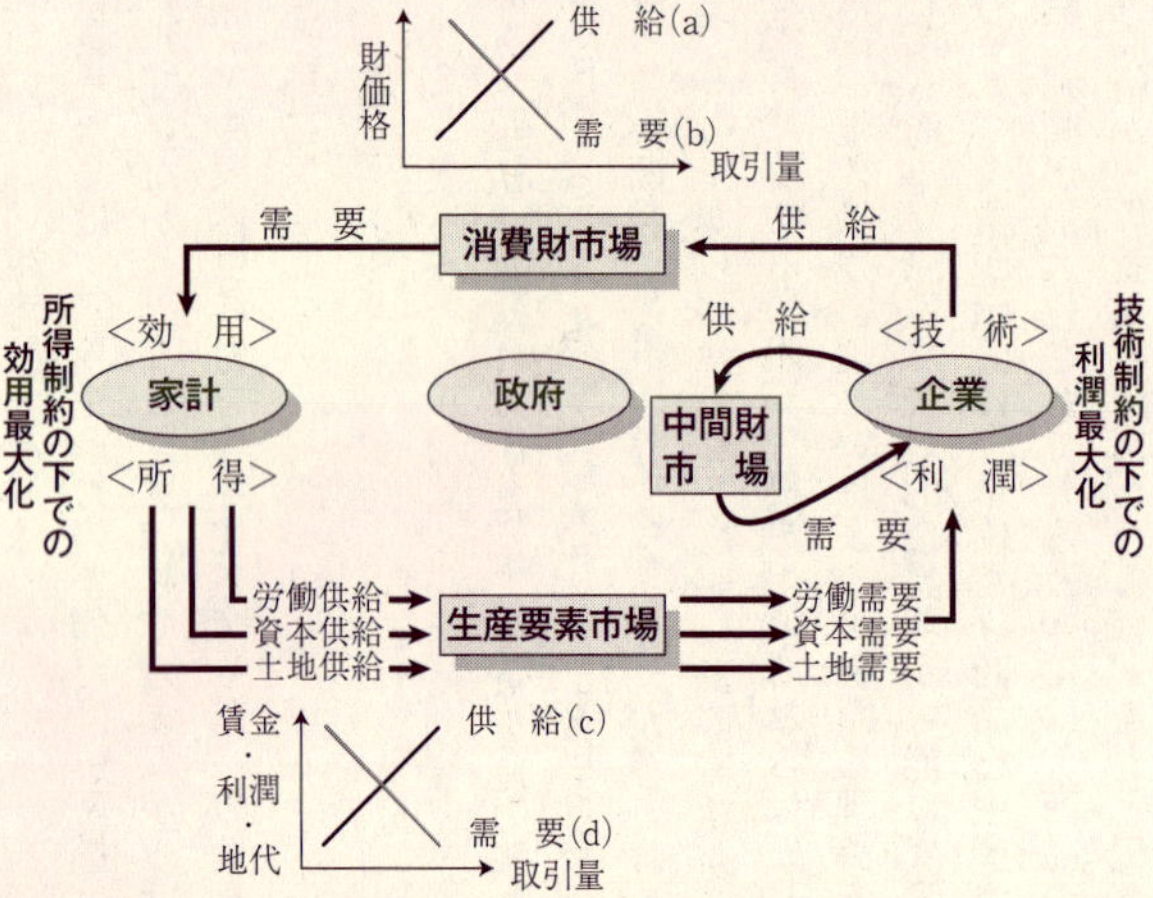

新古典派では、民間の経済主体は家計（household）と企業（firm）の二群に大別される。市場には消費財市場・中間財市場・生産要素市場の三群がある。各経済主体は、目的を最適に満たすよう選択する。家計についていえば所与の所得のもとで効用を最大にするように消費財の需要を決定し、また労働については余暇時間と所得の組み合わせから得られる効用が最大になるように、資本や土地については貸し出して得られる所得が最大になるように供給を決定する。企業は特定の時点で知識と資本蓄積の状態を前提に、技術の制約のもとで利潤が最大になるよう消費財や中間財の供給を決定する。また消費財の生産に必要な費用を最小化するように中間財や各生産要素の需要を決定する。それぞれの市場には多数の経済主体が参加し、需要の総和と供給の総和が量的に均衡するよう、価格が調整する（ワルラスの想定による）。財は実線の矢印方向に循環しているが、そのやりとりは必ず貨幣との交換で行われるので、貨幣は逆方向に循環している。

また政府が活動するならば、各経済主体から租税が集められ、公共サービスが提供される。

なる。つまり利潤が最大ではなかったことを意味するからである。価格＝限界費用は財の供給関数（同(a)）で、需要関数とともに市場価格を決定する。結局のところ、供給だけで価格や価値が決定されるかに論じたのは古典派の言い過ぎだが、需要だけで価値論を語ることもできない。需要と供給の双方を両輪とすることによって、価格は定まるのである。

❖新古典派

新古典派（Neo-Classical）という呼称は、いくつかの意味に用いられている。ごく狭義には、マーシャルからピグーに至るケンブリッジ学派がそれに当たる。しかしそれはあまりにも狭い用法というべきで、逆に広義には、限界革命を支持したメンガー以降のオーストリー学派、ワルラスのローザンヌ学派、そしてケンブリッジ学派などの全体を指すこともある。しかし、これらの中には、共通項というよりもそこから逸脱する部分が大きいものもある。そこで、ごく一般的に使われている用法をいうと、それはマーシャルの部分均衡分析とワルラスの一般均衡分析とからなる「ミクロ経済学」ということになる。現在アメリカで正統とされる新古典派経済学は、これに独特のケインズ解釈である「マクロ経済学」を加えたものである。しかし、前項で挙げた限界分析とミクロ経済学とでは、表現がかなり異なっている。その相違は、限界分析後の新古典派経済学の発展によってもたらされた。

まず、マーシャルによって開発された部分均衡分析により特定の企業・家計の主体的均衡や特定産業における市場均衡を扱い、ワルラスによって開発された一般均衡分析によりすべての産業における市場均衡の相互依存関係を分析するというふうに、理論構成の立体化がなされた。両者の相違は、前者に「他の事情が変わらないならば（ラテン語で ceteris paribus）」という条件が付いているということである。また、マーシャルが『経済学原理』に導入したさまざまな工夫は、今日もそのままの形で用いられている。需要・供給曲線の弾力性、消費者・生産者余剰、需要・供給曲線のケンブリッジ平面などである。なかでも期間の区分を行い、それによって経済の動態を表現しようとしたことが重要である。供給量が市場に存在する量に限られ追加生産が不可能な「市場期間」、固定資本は追加できないが労働を増やしてその分追加生産が可能な「短期」、市場参加企業が固定資本も増やせて、さらに新たな企業が市場に参加することのできる「長期」、人口規模や技術的知識に変化の生じる「超長期」等である。

では、ワルラスの貢献とは何か。ワルラスは限界革命を成し遂げた三人のうちの一人に数え上げられている。しかし彼の貢献は、限界効用や限界生産力の概念を明らかにしたところにあるのではない。たとえばワルラスは一八七三年の論文で、ゴッセンの第一法則に当たるものを説明していた。しかし限界効用理論がジェボンズによってすでに数学的に定式化されていたことを知り、その優先権を認めて、自らは別の点に独創性を求めた。それが、すべての経済要素が相互依存関係にあることを明示して、それらの関わるすべての市場の需給が同時に均衡しているとみなす一般均衡分析である。

小麦市場における需給を考察する際には、実は米やトウモロコシ、ビールなどの関連する市場価格の動向をも同時に把握しておかねばならない。それは複雑すぎるためマーシャルはある財についての需給を取り上げるときに「他の事情が変わらないならば」という条件を付け、関連市場の価格という事情が変化しないものとして考察を進めた。一方、ワルラスの『純粋経済学要論』は、一般均衡理論について、「交換」→「生産」→「資本形成および信用」→「流通および貨幣」と、理論を次第に複雑化させるような叙述になっており、その内容は、要するにすべての市場の需給関係を同時に連立方程式でとらえようとするものであった。

ワルラスは多数財市場の同時的均衡を数式で把握することを目指して理論を組み立てたが、その体系をさらに書き直したのが、ローザンヌ大学で彼の講座を引き継いだパレート(Vilfredo Federico Damaso Pareto 一八四八―一九二三)であった。ワルラスは限界効用が交換価値の源泉であることを強調したものの、そのためには効用が客観的に測定できなければならない。その困難を排除するために、パレートは効用の基数性を序数性に置き換えた(心理的満足については、彼は「オフェリミテ」という用語を使う)。スポーツクラブで二時間トレーニングをし、ジュースを一本飲むと効用は何単位となり、小説を一冊読みながらウィスキーを二杯飲むと効用は何単位になるかというふうに、客観的に数値化したとしても、その数値のいずれが他よりどれだけ大きく何倍かなどというのには、無理がある。しかしその数値が、いずれの消費の組合せがより大きな満足度に相当するのかという「順序」しか示さないというのであれば、有用であろう。こうして効用の数量表現は、数値の絶対値に意味がある「基数」ではなく、辞書のページ数のように大小が順序の表現でしかない「序数」だとみなされるようになり、そのうえで効用と単一財の消費量によって示される効用曲線が無差別曲線と入れ替えられた。

こうして、財に対する選好順序だけが消費行動の分析に必要な経済データだと考えられるようになった。このことは、数式的には次のような意味がある。限界革命当時には、二財 x、y の効用は他の財の消費量とは独立に決まるとされていた。これは効用関数が $U=Ux(X)+Uy(Y)$ という加法的な形状に限られていたからである。しかるに、現在では $U=U(X, Y)$ という一般的な効用関数が用いられている。こう置き換えると、限界効用逓減の法則は不要になる。その代わりとして、限界代替率（効用水準を一定に保つために x 財一単位と代替されるべき y 財の量）の逓減が仮定された。

こうして消費者行動は、限界効用の理論としてではなく、選択の理論としてとらえられることになった。その延長線上に、無差別曲線の形状が知られなくとも、価格変化に対する需要量の変化を所得による効果と代替による効果に近似的に分けるように工夫をしたスルツキー方程式や、現実に選択された結果と合理性だけから消費選択を論じようとしたサミュエルソン（Paul Anthony Samuelson　一九一五―二〇〇九）の顕示選考の理論などの発展がある。

ただし生産に関しては、そもそも基数的な扱いが可能であった。資本や労働といった生産要素の投入量、それらから生み出される製品の生産量が測定可能とみなされたからである。[5]この場合にも、数学的な形式を統一するために、生産関数は $X=f(L, K)$ といった形で表される。それにより、効用最大化という消費者行動と利潤最大化という生産者行動とが同じく数学的な最大化問題として扱えることになった。これが、限界分析からワルラスを経て現在のミクロ理論が導出された経過である。

このように、個別の合理的行動の結果として、消費者における需要曲線と企業における供給曲線が導出される。それらを市場に参加している主体の全体において集計すると、市場における需要曲線と供給曲線が得られる。それらの交点が需給の均衡点であり、市場はそこにいかに到達するのかが、「調整過程」の問題として様々に検討された。ワルラスは需給量が均衡するまでは競り人が指し値を上下動させるという価格調整を、マーシャルは生産者が予想を誤り作りすぎて市場価格が思いのほか安かった場合には次期に生産量を落とすという数量調整を想定した。さらに二十世紀の前半になると、需給の均衡点が自由な市場競争のもとで存在するのか（均衡の存在）、存在したとして市場がそこから乖離したならば再び均衡状態に自動的に戻るのか（均衡の安定性）といった事柄が、数理的に解明されていった。

❖新古典派への評価

では、新古典派経済学の特質はどこにあるのだろうか。第一に、価値の源泉を投下労働のみに求めることをやめ、限界効用説を導入したために、価値は稀少性（scarcity）、すなわち生産と消費の両面からなる需要と供給のバランスにおいて形成されるという視点を持つことができた。それにともない、所得分配は生産要素が売上げ増に対して果たす効果（限界生産力の価値）に応じてなされると考えられるようになった。労働のみが生産に寄与しているわけではなくなり、資本や土地もまたその機能を認められることになったのである。そうすると、資本にもその機能に応じて利潤が正当に分配されることになり、利潤はマルクスのように労働からの搾取のみにもとづくとは考えられなくなる。資本は過去に作り出された生産手段の総称で、工場・機械・道具・建物から仕掛品や在庫など、直接消費の対象とはならないが、将来において消費財を生み出す手助けをする実物財を指す。ワルラスにおいては、年々の生産物のなかから労働への報酬が支払われると考えられ、資本は生産過程の間、労働者の生活を保障するための基金だという重農主義的な資本観は退けられている。そして資本は、生産に貢献する限りで利潤の分配の対象となるとされたのである。こうなると、利潤は企業の所有者に帰属するのであるから、資本を保有する者すなわち株主に配当として分配されることになる。労働者と地主には、労働および土地の市場価格（賃金・地代）が分配される。

第二に、古典派では資本家・地主・労働者の三階級によって生産が行われ、階級間の対立において分配がなされると理解されていたが、新古典派では経済行動の主体はそうした集団ではなく、消費者や企業家など、意思決定する個人とみなされるようになった。そのうえ消費者や労働者、資本家や企業家であるというのは、ある個人が雇われて働けば労働者、しかし仕事を終えれば消費者になり、株式を取得すれば資本家、企業を興せば企業家というふうに、古典派とは異なって機能的な役割でしかないとされる。そうすると、ある個人が、同時に消費者であり、資本家であり、しかも労働者でありうることになる。その結果、ある個人はそうした多面に渡る自分の行動を、当人の意思にもとづいて統合しつつ決定する主体ということになる。これは集団性よりも個人性を強調する、アトミズムの社会観である。またそれゆえに、たとえば資本家と労働者は単純に対立の相でのみ理解されなくなる。階級対立ゆえに資本主義という経済体制そのものが崩壊するというマルクス的な見方は採られなくなるのである。ただし、労働者が株主でもありうるということから階級の差が決定的ではなくなったのは、企業が株式会社化しさらに株式所有の小口化・有限責任化が生じてから後のことである。それが現実化したのは、二十世紀のアメリカにおいてであった。

消費者と生産者とは財についての需要と供給をつかさどるために一見したところ対立する経済主体に見えるかもしれないが、しかしそれぞれは人の役割でしかない。昼間に働いているときは生産者であっても仕事が終わると消費者になるというふうに、通常同一人が両者を兼ねている。それゆえ、たとえば物価が一般に下がることがあったとしても、消費者としては喜ばしくとも労働者としては馘首される可能性も高まり、財に対する需要は増えるとは限らないことになる。

また、労働者は個々人として独立に働くと想定されるので、組織における個人を超えた人間関係の形成に時間や費用がかかるなどとは想定されない。労働者は別の職場に配置換えになるとしても、時間も費用も要さないのである。新古典派で人材配置の適材適所（効率性）が強調されるのは、そのせいである。このことは生産要素の全般に関して言え、「可塑性」（malleability）と呼ばれる。これは、生産要素が特定の用途に固定されることなく、ときどきの条件に応じて用途間で時間も費用もかけずに転用しうることを指す言葉である。けれどもこの点を強調しすぎると、生産にはほとんど時間がかからないことになり、消費財を作るのに迂回的に（あらかじめ）資本を作っておく必要がなくなる。労働も集めれば即座に企業組織となるから、資本や組織は土地や労働、原材料の集合以上の存在意義は持たないことになってしまう。

第三に新古典派は、貨幣を財と財との物々交換の単なる媒介物とみなすヒューム、スミス、リカードと続いてきた立場を受け継いでいる。この見方では、貨幣はそれ自体としては欲望の対象とはならず、所得はいつかは使い尽くされると考えられている。すべての生産物は作られるとそれの費用として生産要素には対価（賃金・利子・利潤・地代）が支払われ、所得はいつかは生産物に対する需要として現れるから、生産物はすべてが需要されることになる。セー法則が成り立つのである。その結果、市場はほぼ生産面からのみ分析がなされることとなった。市場は少なくとも長期的には均衡しているのであるから、財の供給力が向上すればセー法則により需要は自動的に等額だけ増加すると考えられるからだ。貨幣保有（貯蓄）により消費が収縮するなどとは考えられていないのである。

したがってこの立場では、自由な市場において需給の不均衡や不完全雇用などが長期的に生じることは、原理的にありえない。もしそれが存在するとすれば市場への人為的な規制が行われているせいであり、市場の失敗や外部性といった例外状況を除き規制は撤廃すべきだということになる。しかも市場としては実物市場も資産市場も区別されず、スミスが説いた農業→工業→貿易という自然な投資の順序といった見方もないため、金融市場も外国貿易もすべてが規制緩和の対象とされる。そのうえ人間は合理的であり最適化には時間がかからないと想定されるから、先進国においても発展途上国においても、経済振興には規制緩和が時代と場所を問わず最善の策とみなされるようになる。一九七〇年代以降の経済のグローバライゼーションから金融自由化が進行し、冷戦終了後の社会主義経済の市場化においては規制緩和を一気に行うべきだとする「ビッグバン」論が唱えられたが、その背後には新古典派のこうした市場観がある。(6)

第四に新古典派では、競争均衡（自由な市場競争が到達する需給の均衡）における資源配分に興味が絞られたため、均衡状態において経済が次にどのように変化するのかには（後述するシュンペーターのようには多大の）関心を払わなくなった（ちなみに古典派における均衡とは各産業の利潤率が完全に均等化するまで生産要素が移動するというもので、そのとき成立する客観的価値（自然価格）は財市場の需給を均衡させる価格（市場価格）とは別の概念であったが、新古典派にはこうした区別は存在しない）。このことは二つの帰結をもたらした。

一つには、経済学の記述が著しく形式化されていった。生産と消費の意思決定過程はともに選択の理論に統合され、それは最大化に関する数式として表現されるようになった。生産の過程は生産関数に、消費も無差別曲線として定式化された。消費に関していえば、現実には人は価格だけでなく商品の品揃えや品質、広告や評判、社会環境など様々な要因にもとづいて消費の意思決定を行っているのだが、それが価格の安さだけに関心をもつかのように見られるようになった。生産に関しても前述のように、企業組織における人間関係などは無視されることとなった。形式化は、生産や消費といった実はドラマチックな経済の場面を、数式という単調な表現手段に閉じこめることになったのである。形式化は、ロビンズ（Lionel Charles Robbins 一八九八―一九八四）が科学性の観点より経済学から「効用の個人間比較」を排除すると宣言したとき、科学方法論という論拠を得て、定着していった。

こうして、経済発展のような、当該社会の歴史に関わり個別性の強い過程に関しても、新古典派は地域の特性とは関係なく形式的に同一の政策を唱えている。経済学者が先進国における消費の実態に関心を持たなくなり（それはマーケティング論や消費社会論に任された）、途上国の経済に関して経済数値からのみ分析しようとするのも、新古典派における形式化がその背景となっている。

二つには、経済の動態に対する関心が、国民一人当たりの所得の伸びを扱うマクロ次元の成長論に移されていった。この点については、もともとはマーシャルが異質な視点を提起している。彼は経済学が対象とすべきなのは古典力学に模した均衡論的な静態ではなく、何かのきっかけがあればシステム内部に変化への運動が生じるという自己組織的な動態だと考え、経済学はむしろ生物学に類するものだと述べている（『経済学原理』）。つまり、ミクロな経済分析において動態をとらえようとしたのである。そうした動態をモデルとして把握することは困難だが、マーシャルは外部経済と内部経済の区別によってその表現に取り組んだ。

内部経済とは設備の技術水準、工場内での機械や人の配置、経営者や労働者の能力など個別企業が直接コントロールしうる要因にもとづく経済性であり、外部経済とはその企業の属する産業の全体が拡大したために個別企業の生産性が向上するというふうに、個別企業にとってコントロールしえない外的な要因にもとづく経済性をいう。一企業においては、短期すなわち固定的な生産要素が存在する場合には、生産量を増やせば増やすほど製品一単位当たりの費用もより多くかかってゆく、すなわち費用逓増（収穫逓減）となる。したがって内部経済だけを考慮するならば、市場の需要に応じて企業の規模や数も確定する。

ところが市場規模が拡大して産業が地域に集中するといった現象が起きると、企業はそれまで内部で獲得し組織しなければならなかった情報や技能、また道路などのインフラを他の企業とのネットワークで共有することができ、また場合によっては外部から購入することもできるようになって（大工場地帯や中小企業密集地域、飲食店街を想像されたい）、分業と協業のネットワークが拡張していく。つまり外部経済において「規模の経済」、すなわち費用の逓減（収穫逓増）が働くことになるのである。このとき企業は製品を作れば作るほど費用を下げることができるから、より早く生産量を上げた企業が市場の需要を独占してしまう。けれどもマーシャルは、個々の企業が固定資本を増やす長期において、企業には創業者の独創的な経営能力のように規模に比し容易に増やせない生産要素が存在するとみなした。それがもたらす費用逓増が外部経済を上回るならば、いち早く独占を達成した企業も後発企業に追い越されるだろう。マーシャルはこのように、内部経済と外部経済が相互に影響しあう過程として企業および産業の消長を描こうとした。

マーシャルのこうした工夫は、彼の一般均衡分析に対する冷ややかな評価にも関連している。『経済学原理』の「数学付録ノート」で、彼は一般均衡分析に関し正確な理解を示しているが、本文ではことさらに触れることがなかった。そこには、「他の事情が変わらないならば」といった仮定で考えられるか否かのみに由来するとは思えない強い割り切りがある。マーシャルは、多数財市場の同時的均衡、すなわちあらゆる市場で需給の不均衡や超過利潤、新規企業の参入が消滅するというワルラス的な状況が、時々刻々変化にさらされている市場経済の現実の描写としては、当を得ていないとみなしていたのであろう。だが二十世紀に入り社会主義経済が現実のものとなると、ワルラス・モデルは自由市場よりも計画経済をよりよく描写しえているという思潮が生まれることとなった。

I

第6章

社会主義経済の可能性をめぐって

(Marie Esprit Léon Walras 1834-1910)

(Joseph Alois Schumpeter 1883-1950)

【ワルラスとシュンペーター】

ワルラスは北フランス生まれ。パリの理工科大学の入試に失敗、鉱山大学で文学や哲学に熱中する。経済学者である父の勧めと目の当たりにした社会主義運動の衝撃により、労働者の貧困を救いフランス革命の理念を実現すべく経済学を志す。一八六〇年に処女作『経済学と正義』を出版、土地の国有化を主張する。雑誌記者・鉄道書記に従事しつつ、労働組合運動に参加。一八七〇年にスイスのローザンヌ大学教授に就任。限界効用と一般均衡を理論化した主著『純粋経済学要論』（一八七四、七七）を刊行、生前は四版（一九〇〇）まで改訂した。政策論としては『社会経済学研究』（一八九六）、『応用経済学研究』（一八九八）がある。

シュンペーターはオーストリア＝ハンガリー二重帝国のモラヴィアに生まれ、貴族的教育を受ける。ウィーン大学に入学、マルクスの動学的ヴィジョンに触れる。卒業後ほどなくワルラスへの傾倒を示す処女作『理論経済学の本質と主要内容』（一九〇八）を発表。代表作『経済発展の理論』（一九一二）では企業家の創造的破壊を論じる。蔵相と銀行頭取を歴任するも成果は芳しくなく、ボン大学を経てハーバード大学へ。大作『景気循環論』（一九三九）を刊行するが、ケインズ『一般理論』の陰で注目されなかった。『資本主義・社会主義・民主主義』（一九四二）、『経済分析の歴史』（一九五四）を残し、アメリカで没している。

❖時代背景——覇権の交替と巨大組織による経済運営へ

二十世紀初頭には、ヨーロッパ列強の対外進出・植民地獲得競争はいっそう激しさを増していた。その結果、史上初めての世界大戦を招くこととなった。この戦争については、植民地が列強諸国の思惑で翻弄されたという面と、先進国間で経済競争力が争われたという面とがある。後者については、イギリスがドイツ・アメリカの工業力の急成長の前に、覇権の座を追われつつあった。

そうした情勢に対し、自らの経済学説を賭けて抗おうとしたのがマーシャルであった。ヴィクトリア朝の末期にあって、マーシャルはイギリス国内の貧困と対外的な競争力の減退に対処しうる経済学を構想した。まず貧困対策として注目に値するのは、所得の再分配という安易な手段に訴えなかった点である。彼は人々に進取の気性と行動に対する責任を求め、「活動」の重要性を訴えた。企業について所有と経営の一致した古典的な形態をよしとしたのも、経営上の決断の責任を所有者である経営者自身に取らせるべきと考えたからである。マーシャルはそうした企業家が有すべき道徳を、「経済騎士道」と呼んだ。また世には貧困ゆえにその日暮らしするだけで、およそ活動的とは呼べない状態にある労働者が数多く存在していた。そんな暮らしぶりでは、所得を再分配されても目先の楽しみに金銭を投じてしまい、生活を規則正しくし将来を見越して貯蓄に励むはずもないだろう。マーシャルは労働者にも、活動的な生活を求めた。

このことは、彼が貿易の自由化を唱えたことにもつながっている。イギリスで十九世紀の半ばから堅持されてきた経済自由主義の伝統は、一八七三年以来一八七九年まで続いたイギリス経済史上未曾有の「大不況」のもと、世紀末に現れたチェンバレン（Joseph Chamberlain 一八三六―一九一四）らの保護主義の前で、風前の灯火となりつつあった。こうした事態にマーシャルはどう答えたのか。労働者の貧困を嘆じた彼だから、労働者を外国との競争にさらす自由化には反対しそうなものである。しかし、彼はそう考えなかった。イギリスは技術競争力を失いつつある。いま、国際的な競争環境から退けば、ますます競争力は後退するに違いない。そこで彼は、苛酷な自由貿易の持続を訴えたのであった。

しかし、そうしたマーシャルの願いも空しく、第一次大戦を経てイギリスの競争力はアメリカに水を開けられていった。当のアメリカ経済では、マーシャルが嫌った所有と経営の分離が進み、巨大企業が育っていた。それだけではない。一九一七年、農業国であるロシアに、資本主義の爛熟の果てに到来するとマルクスが予言したはずの社会主義革命が勃発した。こちらでは、国家が計画運営を行おうとしていた。米ソにおいて、巨大組織が経済を運営する時代が始まりつつあったのである。けれども、その運営の方法はいまだ試行錯誤のうちにあった。土地の無償での没収と国有化、工場の国営化、農民からの穀物の強制的徴発と国家による配給を実行したソ連経済はじきに混乱に陥り、飢饉も起きて多数の餓死者が出た。ここで、まず社会主義経済の可能性が問われることになる。

❖ワルラスの社会主義

ワルラスは完全競争下において「社会的極大満足の定理」が満たされると考えた（『社会経済学研究』一八九六）。これは新古典派経済学における「厚生経済学の基本定理」（第Ⅱ部第2章参照）の先駆けとなる主張である。市場が完全競争状態にあれば、そこで達成された均衡はパレート最適になる。パレート最適とは、新古典派が提示する規範的に適正な経済状態、すなわち「他の人の効用を下げることなく誰の効用を上げることもできない」資源配分の状態である。つまり、独占がなく情報が行き渡り参入が自由等の完全競争の諸条件が満たされている限り、市場における自由競争は望ましいことになる。これは、一見したところ、特殊な場合（市場の失敗、外部性、公共財など）を除いて市場に国家が干渉しないこと、すなわち自由放任が望ましいという主張と見受けられる。実際、パレートはそのように解釈していたようである。ところがこの点をめぐって、ワルラスとパレートは激しく対立した。それはパレートがワルラス・モデルに施した理論上の彫琢といった領分を越えるような対立、すなわち市場に対し国家はどの程度まで介入すべきかをめぐる対立であった。ワルラスは、完全競争を維持するためには、国家が積極的に介入しなければならないと考えていたのである。

ワルラスは、国家の干渉が必要となるケースについて、次のようなものを挙げている。①国家は貨幣価値の安定のために、貨幣制度やその運用に責任を持たねばならない。②完全情報を確保するために、財やサービスの品質に関する情報が行き渡らねばならない。そのためには一部の財だけを紹介するような広告は規制されねばならない。また、個人がその価値を適切に評価しえないような国防・警察・裁判・初等教育など公共の用役は、国家が供給せねばならない。③企業者の市場への参入・退出の自由が守られねばならず、それができないような自然独占・公益企業の分野については国家が統制する必要がある。④株式取引所における投機は、専門業者だけが行ってよい。⑤労働市場における競争が長時間労働などの不都合を生む場合は、法的規制が求められる。[7]

これは『純粋経済学要論』の立場であり、企業者が多数であることによって生産費と販売価格が一致し利潤はゼロになるとした。けれども、たとえ企業者が一人になっても両者が均等になる限り、競争均衡の状態にあるとみなした。その場合は国家が企業者となるべきだと考えたのである（『応用経済学研究』一八九八）。ワルラス自身は現在において厚生経済学の基本定理に対して与えられる通常の留保条件を大きく越えて、政府の役割に期待した。それもそのはずで、彼が目指したのは、「総合的社会主義」だったからだ（パレートはワルラスを、正しくも「社会主義者」だと批判している)。ワルラスが求めたのは、独占を排する「絶対的自由競争」にもとづく「条件の平等、地位の不平等」であった。彼の社会主義は、条件が平等であるならば、各個人が能力と努力の結果として不平等な地位を得るのは正義にかなっているというものだった。その意味では、「結果の平等」まで求める社会主義の通例とは異なるのだが、「条件の平等」を実現するには、規制のための権限を相当の大きさまで国家に持たせざるをえないと考えるのである。

だがワルラスは、ここにとどまらなかった。さらに、「条件の平等」を実質的なものとするには、階級間の不平等も除去せねばならない。リカード以来の想定では、階級間の競争の行き着くところ地代は上昇し、賃金は一定で、利潤が消滅する。自由放任は地主だけに有利なのである。ワルラスの目には、搾取の根源は土地所有にあると映ったのだった。そこでワルラスは土地を国有(国家による買い戻し)とし、地代を財源とするよう主張した。そうすれば地主は消滅し、また資本蓄積によって利潤は低下して資本家の有利もなくなり、世界には労働者だけしか存在しなくなる。ワルラスは実際にこうした目標に向けてアソシアシオン(共同組合)運動に身を投じてもいた。

❖社会主義経済計算論争

ワルラスの一般均衡理論ははたして社会主義の経済理論なのか? この点をめぐり、何人かの理論経済学者が論争を闘わせた。まず、ワルラスに賛同し、一般均衡論こそが社会主義経済の指導方針だとする一連の見解が現れた。それに誘発され、ワルラス・モデルは社会主義を現実化するための経済理論でありうるのかをめぐる論争が、一九二〇年代から断続的に続くこととなった。

論争の口火は、オーストリー学派のミーゼス(Ludwig Edler von Mises 一八八一—一九七三)が切った。彼は社会主義が、効率的に資源配分を行うための計算をうまくなしえないと主張した(「社会主義社会における経済計算」一九二〇)。ミーゼスはここで、実物財や労働量は経済活動を運営するうえでの計算単位にはなりえず、貨幣だけが価値を表現しうる客観的な単位であると唱えた。貨幣なしでは、たとえ最終生産物について価格付けの計算がなしえたとしても、中間生産物や生産要素については競争的な市場が存在しないため価格付けできず、合理的な経済計算は不可能だと指摘したのである。

実はこのミーゼスによる社会主義批判よりも前の一九〇八年、すでにバローネ(Enrico Barone 一八五九—一九二四)が社会主義経済に一般均衡理論を適用し、価格付けを行うことが論理的に可能であることを指摘していた。バローネの主張は要するに、ワルラスの導いた市場における一般均衡に関する連立方程式を解けば、その均衡価格を用いて中央計画当局が効率的な資源配分を行うことができるというものであった。つまり、ワルラス理論は社会主義における計画経済の可能性を論証したのだ、というのである。とすればバローネはミーゼスの批判に対する反論を、ミーゼスの批判より以前に準備していたことになる。

これに対してハイエクは、編集に当たった『集産主義経済計画』(一九三五)において、より深化した見解から批判を加えた。バローネ、そして後にテイラー(Fred Manville Taylor 一八五五―一九三二)らが与えた数学的な解決は論理的には正当だけれども、しかし方程式を解いて価格を決定するには、その方程式を構成する無数の情報・データをまずは収集・集中しなければならない。しかし、国民個々人の欲望や個々の企業の費用条件などそうした情報は無数であり、それを当局みずからが収集することは実現不可能である。そのうえ、かりに情報収集が実現したにせよ、その次には方程式を解く困難が待ち受けている。それには当時は存在しなかった大規模な計算能力を持つコンピューターが必要である。後の歴史においても明らかになったように、そうしたコンピューターを創出すること自体が、社会主義国よりも資本主義圏においていち早くなされた。かように社会主義者たちの主張は論理的には正当だが、現実的には実行不可能だというのである。

だがハイエクのこうした主張を受けたランゲ(Oskar Ryszard Lange 一九〇四―六五)は、さらにテイラーの議論を敷延して、社会主義における合理的な経済計算が、論理的にだけでなく、実際の運営上も可能であることを論証しようとした。ワルラスは需給を均衡させる価格がオークショニアによる模索過程によって発見されると仮定している（図5）。オークショニアは需給の不均衡を手がかりに、超過需要（供給）の場合には指し値を上げる（下げる）。彼はただ価格の調整を行うのである。オークショニアの提示した価格に対し個々の消費者および企業は、自分の欲望（効用）や費用をもとに、満足の最大化ないし利潤の最大化を実現するような個別の需要量ないし供給量を自主的に計算し、それをオークショニアに申告する。その結果を集計して需給不均衡が残っているならば、さらに新たな指し値が呼び上げられる。このオークショニアの役割を中央計画当局が務め、価格決定のための「試行錯誤の手続き」を行えばよい、というのがランゲの解釈であった。中央計画当局は価格を試行錯誤的に模索しさえすればよいのであって、情報・データを収集する必要はない。欲望や技術にかんする情勢は当事者である消費者や企業だけが知っておればよ

いつかは $D=S$ なる価格 P^* にたどりつくだろう。これはひとつの財に関しての模索過程だが、ワルラスは一般均衡を考えているので、いくつもの市場で同時に均衡価格を模索するとされる。この気の遠くなるような過程は月曜一杯繰り広げられ、すべての市場を均衡させる価格体系が発見されるまで続けられるのである。

火曜から金曜にかけて、各生産者は月曜の夕方に決まった市場価格体系にもとづいて計画通りに生産活動を行い、各生産要素には報酬が支払われる。そして土曜に財が均衡価格で消費者に販売され、土日に消費が行われる。こうして一週間が終わることになり、欲望と技術は日曜の夜から月曜の朝の間に変化する。そしてまたそれらを与件として次の週が始まるのである。ランゲは、社会主義国においてはこうした「週」が現実のものになると考えたのである。

図５　ワルラスの調整過程

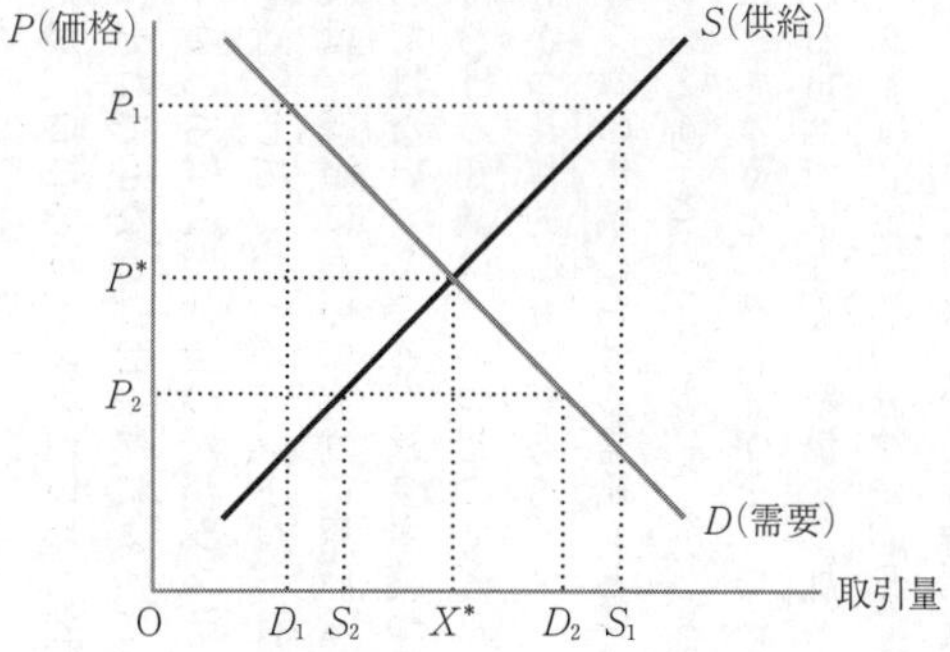

ワルラスは市場が価格によって調整され均衡に至るプロセスを「模索過程」と呼んだが、これについてはヒックスが「週」のたとえを用いて説明している。ヒックスによると、「週」は月曜に始まる。月曜から土曜まで、消費者における効用と企業における技術は与件として変化しない。月曜の朝、経済のすべての構成員が市場に集まる。市場には「オークショニア」がいて、ある財に関し需要と供給の一致する価格体系を見いだそうとする。オークショニアがいまかりにP_1という価格を呼び上げたとしよう。その財に関心を持つそれぞれの消費者はその価格に対し満足を最大化させるような消費量を瞬時に計算し、自分の需要量としてオークショニアに報告する。オークショニアは各消費者の希望消費量を集計し、総和してD_1とする。この財の生産者も同様に、利潤を最大化するよう計算し、希望供給量を申告する。オークショニアはそれらを集計し総和して、S_1とする。ここで$S_1 > D_1$だったとしよう。需給が一致しない限り、実際には生産も交換も行われない。それぞれの消費者および生産者は、さきほどの計算をいったんご破算とする。

ワルラスの想定するオークショニアは、超過供給では価格を下げるよう反応することになっているから、今度はP_1よりも低い価格P_2を提示するとしよう。ここでも各消費者・生産者・オークショニアはさきほどと同様の行動を取る。その結果今度は$D_2 > S_2$だとすれば、さらに次にはP_1より低くP_2よりも高い価格P_3を提示するのである。こうした過程を市場での需給が均衡するまで続けると、

いとする分権型の市場モデルであり、それこそがワルラスの提示した社会主義経済だというのだ。

だが、ここでハイエクがいわんとしたのは、単なる情報の集め方の問題ではなかった。彼はそれでもなお社会主義によっては経済運営ができないことを主張したのであり、それはすなわち、人間社会の経済システムはワルラス・モデルではとらえきれない、ということを意味していた。ポイントは、社会において使用される知識の性質にある。ハイエクによれば、経済において有効に用いるべき知識は、科学的な命題のように体系的・普遍的なものではない。ところが社会主義つまりワルラスにおいては、両者が混同されている。経済における知識は、いつどこでどんな商品が売れるのか、というふうに、時と所を限り断片的かつ具体的なものである。

リンゴの市場における需給、といういい方には、すでに普遍化が含まれている。たとえば鯛（タイ）といっても様々な種差があるし、マダイ、ブダイ、エボダイといったその分類は、ちょうど自然言語がそうであるように、自然科学の扱う対象のごとく客観的に定義される事柄ではなく、経済に参加している人々の間で歴史的な経緯から自生したものである。タイは、生物学の分類に応じて別の市場が立てられるのではなく、生産者と消費者の便宜によって類別され、売り買いされるのである（エボダイは生物学上、マダイとは類縁関係の遠い生物である）。また、同種のタイであっても、ある場所である時に不足したならば、それは余っている場所のとは異なる価値を持つ。流通業とは、余っている場所のタイを不足している場所に時間的・空間的に移動させることで利潤を得るような活動である。傘は、急に雨が降りだしたなら売れるが、晴れているときには売れない。

ハイエクはこのように、経済の知識は、「いつ、どこ」のものであるかが重要だという。その点、ワルラス・モデルでいわれる「情報」は自然科学に属するもので、「いつでも、どこでも」通用するものである。彼はさらに、経済において必要とされる知識には、勘やコツなど言葉にならない知識までが含まれるのだという。個々の取引は、そうした種々の断片的かつ具体的な知識を利用して、利益を得ようとする人々の活動として営まれる。それはオークショニアの存在する中央集権的な市場において、均質的な情報を媒介とする活動とは対照的な営みなのである。ワルラスにとっての市場では人々に保有される情報は均質であり、知識の断片性・具体性が消去され、客観的に定義されて、それを扱う市場もまた代替性・補完性などに応じて緊密に連続している。そこでは断片的な知識が交換され調整される余地はなく、コミュニケーションは終わってしまっている。ハイエクによれば分権化されたとしても社会主義が目指したのもそれであり、それゆえに失敗が予言されたのである。一方、ハイエクにとっての市場では、知識は個人の主観的解釈によってまちまちであり、それゆえにこそ取引にはコミュニケーションがともない、利潤が発生する。こうした取引は、市場社会においてしか実現しないというのがハイエクの判断であった。

❖社会主義の必然性?

だが一方で、ワルラス・モデルの拡張を試み、しかもそれこそが社会主義によって実現されると予言した人もいる。ワルラスの経済観を出発点に置き、それを越えたところに社会主義のありうべき姿を見、その到来を予告したシュンペーターである。シュンペーターは、「純粋経済学に関する限り、ワルラスがもっとも偉大」だと述べる。彼はウィーン大学で学んだにもかかわらず、メンガーやオーストリー学派の限界効用理論よりもワルラスの一般均衡理論を高く評価した。処女作『理論経済学の本質と主要内容』(一九〇八)は、当時までの一般均衡理論史を総括する作品であった。

ところが、シュンペーターにはもう一人の経済思想上のヒーローがあった。マルクスである。彼は次作『経済発展の理論』(一九一二)を、「経済体系それ自身によって生み出される独自の過程としての経済的進化をとらえる」というマルクスのヴィジョンにのっとるものとし、ワルラス理論の乗り越えを図った。では、シュンペーターにおけるワルラスとマルクスの違いとは何だろうか。彼はそれを、時間概念の相違としてとらえた。

シュンペーターは、『理論経済学の本質と主要内容』においてはいわゆる静学、すなわち時間要素を含まない議論を展開する。それに対して『経済発展の理論』では、静態と動態という区分を用いている。静態には、無時間的な均衡を指す静学だけではなく、「一定条件に制約された経済の循環」すなわち定常状態も含まれている。そこには与件としての人口や欲望、生産技術、社会経済的組織などが変化しない場合ばかりでなく、それらが市場の外部において変化する状況（マーシャルの「超長期」）さえも含まれている。けれども各経済主体は、与件の外生的変化に対して受け身で反応するとされる。それゆえワルラスのいう一般均衡をその一部として含む静態においては、外生的な変化により超過利潤が存在したとしても、その産業に新規参入する企業が相次ぎ、利潤が消滅してしまうのである。

それに対して動態とは、経済主体自らが与件を（内生的に）変化させる場合を指す。彼はそうした経済主体としてとくに企業家に注目し、内生的変化については「新機軸（innovation）」、すなわち創造的破壊を挙げた。ここでいう新機軸とは、新製品や新生産方法の開発のみを指すのではない。新しい販路、新しい原料供給源の開拓、独占の形成やその打破までがそこには含まれている（131頁の図5でいえば、広告で需要曲線Dを上方シフトさせたり、コストダウンで供給曲線Sを下方シフトさせる）。それらはどれも、一時的に利潤を生み出す。また、企業家は、古典派のいう資本家でもない。シュンペーターにおいては、企業家は新機軸を打ち出す経済主体であり、資本家とは企業家がそうした新機軸を打ち出すための資金を提供するような、銀行を中心とする信用創造組織なのである。

利潤は、静学はもちろんのこと、静態でも経済システムにおいて内生的には生み出されなかった。それは、シュンペーターのいう企業家によって初めて自発的に生み出されるものと理解されたのである。価値は稀少性によって生み出されるのだから、その稀少性を作り出すのが技術革新である。彼は利潤を搾取とみなした剰余価値説にマルクスの誤謬があったとし、利潤は新機軸によってもたらされるとした。けれども経済を動態においてとらえようという意識は、新技術の導入に着目したマルクスをもって嚆矢とすると評価したのである。

では、シュンペーターが社会主義の到来を予言するのはなぜだろうか。『資本主義・社会主義・民主主義』の冒頭で彼は、「資本主義は生き延びうるか。否、生き延びることはできない」と自問し自答する。しかし、資本主義は経済的に失敗するというのではない。逆に、成功ゆえに没落するという。これもマルクスとは正反対である。だが、それはなぜだろうか。成功した企業は巨大化する。その経営組織は、必然的に官僚化するだろう。資本主義は成功の印として巨大企業を有するが、その揚げ句に新機軸を打ち出す潜在力を涸らしてしまう。これがシュンペーターの予想であった。

ところが現在、我々が知っているのは、むしろ社会主義こそが新機軸を打ち出せなくなった、という歴史的事実である。当たり前といえば当たり前であるが、社会主義は官僚の天国だからだ。社会主義において企業家は革新的であり続ける、というシュンペーターの予言は、楽観的にすぎたのである。逆に資本主義においては、巨大企業にも活力を保持するものがあるし、新機軸を打ち出すことを生命とするベンチャー企業にしても、いまなお生起し続けている。

静学である一般均衡理論は、ワルラスにとっては社会主義そのものであったが、シュンペーターにとっては資本主義および社会主義が満たすべき現実を描写した動態ではなく、静態とさえ完全に一致するものではなかった。経済の動態を描写するためには「新機軸」の概念を導入する必要があり、新機軸を担う企業家がワルラスには欠如している。それを現実のものとする経済体制は資本主義よりも社会主義だとみなしたのである。

結局のところ、冷戦の終結によって、社会主義は実現不可能な経済体制であることが共通の認識となった。それはワルラスの経済観の可能性が閉じられたことをも意味するはずである。では、市場経済はどのように延命してゆくのか。その方向を示唆するのが、ハイエクの「知識」でありシュンペーターの「新機軸」という概念であった。彼らの見通しにより、リカード以来の「利潤の長期的な低下傾向」という市場社会観は、払拭されることとなった。ところが現実の市場経済は、二十世紀の前半において、深刻な不況という別の問題に遭遇することとなる。

I

第7章

資本主義の変貌
——ケインズ

(John Maynard Keynes　1883-1946)

【ジョン・メイナード・ケインズ】

一八八三年、経済学者の父と後年市長となる母のもと、イギリスのケンブリッジに生まれた。キングズ・カレッジ時代の関心は数学、哲学にあり、倫理学者ムーア（George Edward Moore 一八七三―一九五八）の強い影響を受ける。「ブルームズベリー・グループ」の若き芸術家・文学者とは生涯続く親交をもった。大学卒業後はインド省に勤務。かたわら、『確率論』（出版は一九二一年）を執筆する。一九〇八年にケンブリッジ大学に戻り、翌年にはフェローとなって学部では金融論を担当する。一九一五年に大蔵省に出向、第一次大戦後の一九一九年、パリ平和会議に大蔵省主席代表として参加するが、ドイツに対する巨額の賠償が欧州の復興を遅らせるとして議決に反対し、辞任。その主張を『平和の経済的帰結』（一九一九）として出版し、時論家として名声を得る。『貨幣改革論』（一九二三）、『貨幣論』（一九三〇）を経た『雇用・利子および貨幣の一般理論』（一九三六）は、出版直後から世界に革命的というべき影響を与えた。第二次大戦後は国際通貨制度の設立をめぐってドル本位的なアメリカのホワイト案と渡り合うが、押し切られる。別荘にて持病の心臓病で没す。

❖時代背景——株式会社の普及と不況の深刻化

マーシャルは、経営者が株主でもある古典的な小企業形態をもって経済倫理にもっともかなった生産様式とみなした。しかし世界の経済の趨勢は、彼の希望に反して大規模な生産に向かっていた。十九世紀末の経済先進国において、産業の主役は繊維から鉄鋼に移りつつあった。

これは時に第二次産業革命と呼ばれ、鉄鋼は「規模の経済性」が強く働く製品であった。大規模生産体制を整えることが、次の時代の経済的な覇者には課せられていたのである。しかしそのためには、工場の規模を大きくすれば済むわけではない。会社の組織形態もまた、大型固定資本の導入に即したものとなっていなければならなかった。

イギリスでは一九二〇年代に至るまで、長らく小規模生産に適する個人・合名会社形態が支配的だった。そこではマーシャルの望む通り、所有者は経営者でもあった。この場合、企業経営上の意思決定は所有者自身が行い、その結果としての利潤は自分のものとなるのだから、事業に対する責任は自身で負っていた。その責任は無限であり、時には金銭的利害にとどまらず企業の社会的責任にも関与させられた。それゆえに進取の気性に富む経営者は新しい技術や事業機会に果敢に取り組み、一方で過大な負債を負わないような配慮も求められた。しかしそれにも限界があった。個人ないし数名に経営管理上の責任が集中しているために、事業規模、生産規模の拡大には困難をきたしたのである。それは軽工業型の企業形態なのであった。長らくイギリス経済を世界に冠たる地位に押し上げた中小企業形態が、二十世紀になると逆に大規模生産においては束縛となっていた。これに対して、とりわけアメリカでは「所有と経営の分離」現象が企業組織の多くで進行していた。

企業において固定資本を巨大化させようとすると、少数の資本家ないし企業家の個人的な資産によっては莫大な資金需要のすべてに応えることは不可能になる。そこで広く社会から資金を収集する必要が生じる。こうした要請に応えて登場したのが、資本を小口単位で分割し、責任を有限にして譲渡可能な有価証券である株券を発行、それを売却することで資本市場から巨額の資金を調達する「株式会社 joint-stock company」形態だった。株式会社組織となることにより、企業は規模の経済性に由来する競争力を十分に追求することが可能になった。しかも株式会社においては、少数の株主による支配力はさほど強くないことが、一九三二年にバーリ（Adolf Augustus Berle 一八九五―一九七一）とミーンズ(Gardiner Coit Means 一八九六―一九八八）のアメリカにおける実証研究によって指摘された。経営上の意思決定は、所有者の思惑を離れて、専門的経営者に委ねられることになったのである。こうして、「所有と経営の分離」が進行した。

大企業の誇る競争力の前に小企業は淘汰され、市場は寡占化の様相を示していった。それだけではない。株式が資産として保有されるようになり、しかも貨幣・社債・国債などが株式と代替的な金融商品として売買されるよう資産市場の組織化が進むと、そこで決定される利子率が企業における投資という実物部門に関係づけられるようになる。ストックとしての資産部門が、フローとしての生産部門に影響を及ぼすようになったのである。こうして大企業による生産体制は、一方では製品市場を支配するものでありながら、他方では大衆による株式売買という流動的な要素の影響にもさらされるという二面性をはらむようになった。

一九二〇年代まで経済学界において支配的であったマーシャルの経済理論は、基本的に個人・合名会社を想定して構成されるものであった。また新古典派においては、ストックとしての貨幣（資産）量はフローとしての財生産に影響を与えず、ただ物価水準のみを決めるとされていた。けれども一九二九年にアメリカを襲った大恐慌は、株価の下落に端を発していた。こうした状況にあっては、新たに株式会社を生産主体の中心に据え、資産市場にも配慮するような経済学が求められる。ケインズはそうした時代の要請に応えたのである。

❖ケインズ『一般理論』のアメリカ的解釈

一九二〇年代のアメリカでは、強気の相場が十五年に渡って途切れることなく続いていた。誰もかもが相場を張っては儲けていた。四五〇〇万の国民が働き口を持ち、国民所得は七〇〇億ドルを越えて史上最高額を記録していた。ところが一九二九年の十月に、膨らみきった相場が突如暴落した。売りは奔流のごとく市場にあふれ、莫大な富が一瞬のうちに溶けていった。手形の資産価値は八〇％が消失した。八万五千の企業が倒産し、配当は五六％、賃金は六〇％の低下を見た。平均生活水準は二十年前に逆戻りし、一四〇〇万人が失業した。工場労働者では、ざっと四分の一が失業した計算になる。

ケインズは、こうした未曾有の経済的破局の解明を試みたのである。その成果が『雇用・利子および貨幣の一般理論』（一九三六、以下『一般理論』）であった。この本で彼は、失業は労働組合が賃金の引き下げに抵抗するために生じる現象であり、賃金が下がればすみやかに解消するとみる古典派（なかでもピグー）の主張に対して論戦を挑んだ。ケインズのいう「古典派」とは、スミス、リカードだけでなく、マーシャル、ピグーまでを指すものである。古典派は、労働市場において価格の調整作用が十分に働くならば市場は均衡する、すなわち完全雇用が達成されるとしていた。完全雇用こそが一般的であって、失業は労働組合という市場外的な組織が引き起こした例外現象だというのである。これは、競争均衡が存在しかつ安定的だとして、市場不均衡は市場への外からの介入によって生じるとしていた。それに対してケインズは、不完全雇用均衡こそが一般的だと主張した。

ところが彼の叙述は論争的なものであったため、難解を極めていた。それは一つには、不完全雇用均衡、流動性選好、消費関数、短期および長期の期待、投資関数、乗数理論など、それまでの経済学の常識を打ち破る理論的な概念を導入していたからであり、二つには、それにもかかわらず理論的に整合性ある書物としてまとめるというよりも、危急の時局への緊急提言として本書を書き上げていたからである。その結果、おびただしい数のケインズ解釈が生じることになった。

たとえば、ケインズの周辺でともに議論した人々に、ロビンソン（Joan Violet Robinson 一九〇三―八三）らイギリスのポスト・ケインジアンがある。彼らは一九六〇年代に、市場が競争的であり価格が伸縮的であるならば資本と労働は代替的となって完全雇用は維持される、として市場経済に対して楽観的なサミュエルソンやソロー（Robert Merton Solow 一九二四―）らアメリカのケインジアンを厳しく批判し、スラッファ（Piero Sraffa 一八九八―一九八三）の『商品による商品の生産』（一九六〇）が登場してからは、論争を有利に進めたといわれる。しかしポスト・ケインジアンといっても、必ずしも体系立った理論を共有しているわけではない。

ロビンソンは歴史的時間と呼ばれる不可逆的な時間こそがケインズの関心の的であった

とする。経済主体は変更不能な過去と選択肢の開かれた未来とのはざまにある現在において取り消しえない決断を重ねていくというヴィジョンこそが重要だと強調して、現在を均衡への調整過程としか見ない新古典派的な経済観にケインズを引き戻そうとするアメリカのケインジアンと激しく対立した。また彼女は、ケインズにマルクス主義的な装いを施そうとしてもいる。シャックル（George Lennox Sharman Shackle 一九〇三―九二）のように経済において将来は繰り返しのきかないほど不確実だというケインズの強調点を受け継いだ者もいるが、体系的に議論を展開したわけではない。スラッファはその生産価格理論によってリカードを悩ませた価格と生産過程の関係の問題に新展開をもたらしたため、新リカード派と呼ばれることが多く、デビッドソン（Paul Davidson 一九三〇―）やミンスキー（Hyman Philip Minsky 一九一九―九六）は、金融の不安定性に議論を集中させている。そうした不統一のせいで、経済学界でケインジアンといえば、主流は現在のところアメリカン・ケインジアンとなっている。

いわゆる「マクロ経済学」は、サミュエルソンの教科書『経済学』（初版、一九四八）が爆発的な売れ行きを示して以来定着するようになった、そのアメリカン・ケインジアンによるケインズ解釈である。これはケインズ解釈というよりも、ケインズを取り入れた新古典派経済学の新たな展開というべきものである。彼らの解説の特徴は、次のようにまとめることができよう。

ケインズは、財市場および資産市場に関して新しい見方を取り入れている。それが『一般理論』の二本の柱を成す、有効需要の原理と流動性選好説である。前者をたくみに解説したのが、サミュエルソンが教科書『経済学』に掲げた四五度線図であった。ここでは、消費の集計値は国民所得の関数と特定されている。所得は消費と貯蓄の和だから、それは貯蓄が所得の関数でもあることを意味しており、この点が斬新な解釈であった。というのも（新）古典派では、フィッシャー（Irving Fischer）が定式化したように貯蓄は現在の消費を断念することだから、その対価（時間選好プレミアム）として利子が与えられると理解されていたのである。つまり、貯蓄は利子の関数でもあったのだ。消費関数の定式化は、貯蓄に関するそうした解釈を覆すものであった。

（新）古典派は利子率の決定に「貸付資金説」をとっていた。それによると貯蓄と投資とは要するに資金供給と資金需要のことであり、利子とは資金を貸すことの対価である。その需給は図7のように貯蓄が投資を上回っている状態においては、利子率が下がることで貯蓄は減り投資は増えて、両者が均衡する。利子率が両者を均衡させる水準に定まるのである。一方、ケインズによる消費関数の設定は、図6のように利子率が投資と貯蓄を均衡させるという貸付資金説への否定をも意味していた。そして消費と投資と政府消費、輸出−輸入から成る総需要を総供給（所得）に一致させる変数は所得だと考えられ、所得の数量調整により不完全雇用均衡が発生するとされたのである。

図6

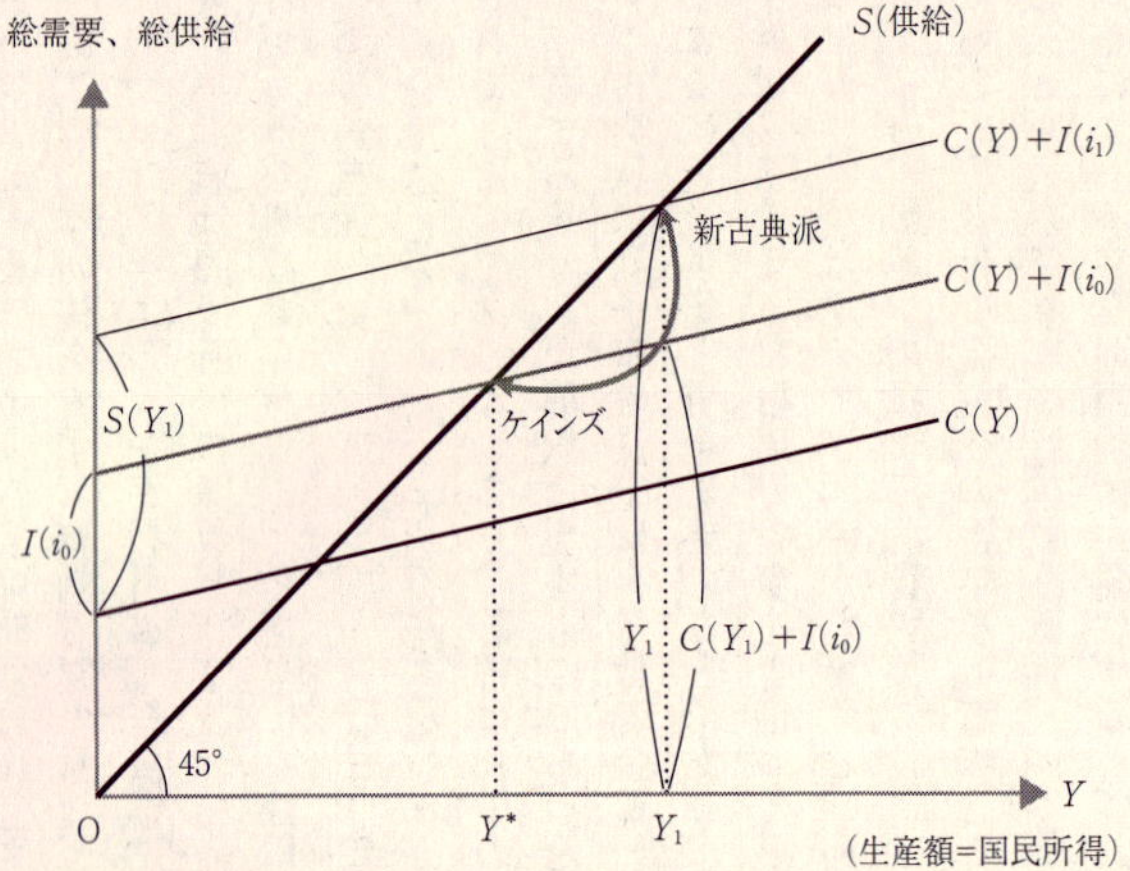

総需要が個人消費と投資だけからなるとし、ケインズにならって個人消費は所得の関数で $C(Y)$、投資は利子の関数で $I(i)$ であるとしよう。図6はサミュエルソンによるもっとも簡単なケインズ解釈である。いま、利子水準が i_0 で完全雇用を達成するような Y_1 だけの額が生産されたとしよう。これは所得として分配されるから、このときの総需要は $C(Y_1)+I(i_0)$ となる。ケインズの場合、i は資産市場で決まるから、i_0 で変化ないものとすると、総需要は Y_1 よりも小さいから、供給が過剰になって在庫が増えることになる。しかし次期にはこの在庫増を考慮して生産がなされるから、生産額は削減されてしまう。調整が進めばいずれ生産額と総需要が均衡する Y^* に達することになるだろう。こうした調整過程は「数量調整」と呼ばれる。ただしこの均衡所得 Y^* はすべての労働者を雇用する水準であるとは限らない。すべての労働可能な人が働いたときに生産される額が Y_1 であったとすると、それよりも少ない生産額で経済が均衡してしまっているのである。これが不完全雇用均衡である。

図 7

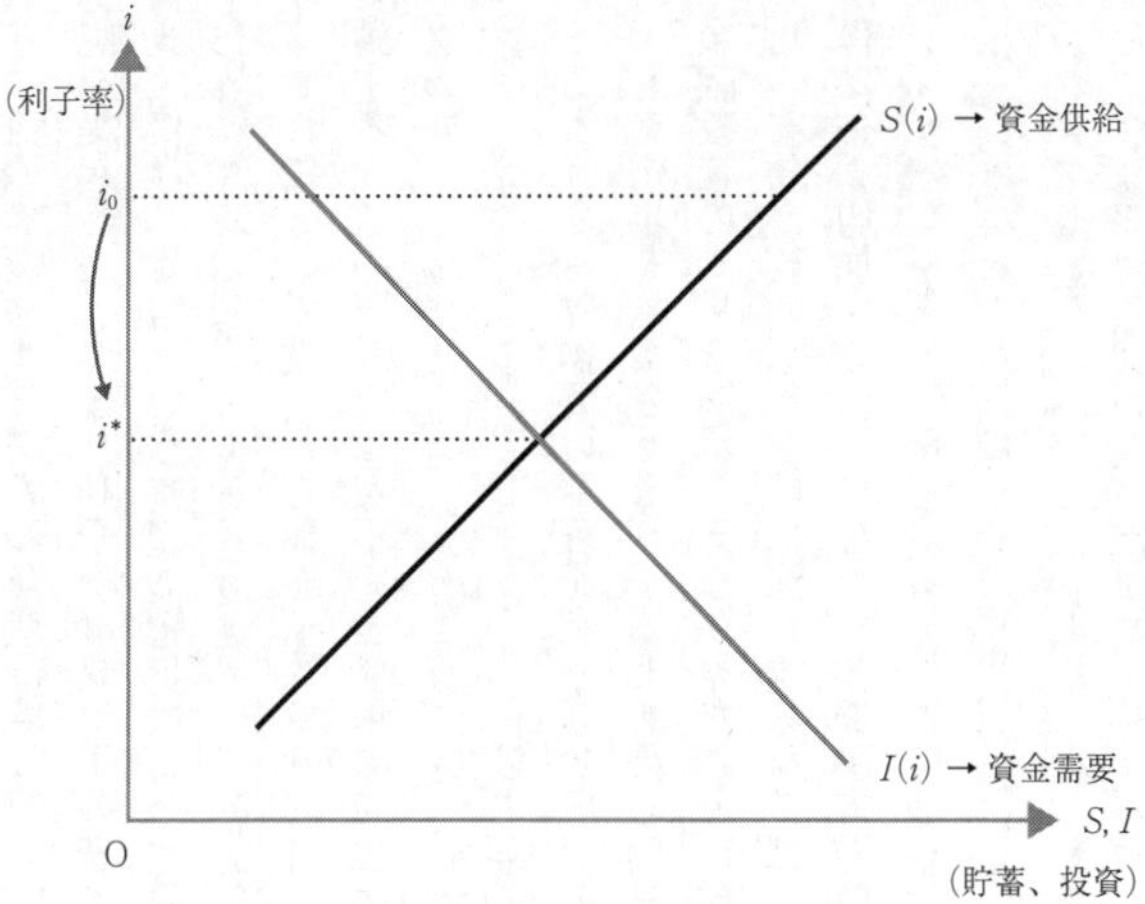

(新) 古典派では、総需要と総供給は利子が変化して調整すると考えられた。生産額が Y_1 であるとき図6では超過供給となっていた。$Y>C+I$ として C を移項すると左辺は $Y-C$ となるが、これは貯蓄である。それを S と呼ぶと、超過供給とは $S>I$ の状態ということになる。古典派はここで i が変化すると考える。貯蓄とは貸付資金の供給のことであり、一方投資は資金を借り入れて行われる (のと同等だ) から、これは資金需要に相当する。つまり財市場における超過供給とは資金市場における i_0 のような超過供給に相当している。ここで利子が下がり均衡利子率 i^* に至って資金市場は均衡する。S は減り (C は増え) I は増えているから、図6にあてはめていえば (消費が利子率と国民所得の関数であるとして) $C+I$ は Y_1 に等しくなるまで上方シフトすることになる。こうして古典派では完全雇用が維持されるのである。この図の限りでは、ケインズと古典派の相違は C を Y の関数と見るか i に依存すると見るかの差であることになる。

一方、利子率の水準を決める資産市場に関してはケインズは貸付資金説に替え、流動性選好説を提起した。つまり利子率はフローの資金需給によってではなく、ストックとしての株式・債券・貨幣という資産の選択によって決まるとした（ケインズは株式と債券を同類にくくり、「債券」と呼んで貨幣との選択を考察した）。その利子率に対して実物の投資額が決まり、それに応じて投資と貯蓄を一致させ同時に総需要と総供給を一致させるように所得が変動する。この限りでは、不完全雇用の発生は、利子がフローの貸付資金市場でなくストックの資産市場で決定されることによっている。ここでヒックス（John Richard Hicks 一九〇四―八九）は書評論文「ケインズ氏と『古典派』」（一九三七）において、財市場を均衡させるような有効需要の原理を利子率と所得の関係としてIS曲線の形で書き直した。一方、資産市場を均衡させる利子率と所得の関係はLM曲線となった。四五度線図だけでは、金融政策の効果を明示しえなかったことに配慮する工夫である。

また、有効需要の原理だけに注目するならば、政府支出を増やしさえすれば総需要と国民所得は必ず増加することになって、資産市場の逼迫により民間投資が締め出される「クラウディング・アウト」効果の存在は無視されていた。$IS=LM$図式では、IS曲線（財市場の均衡）とLM曲線（資産市場の均衡）の同時均衡点がLM曲線の形状が水平に近い部分にある場合は「ケインズの極」、垂直に近い部分にある場合は「古典派の極」ということになり、同じ図の上で古典派とケインズの相違が示される。「クラウディング・ア

図８　*IS=LM* 図式

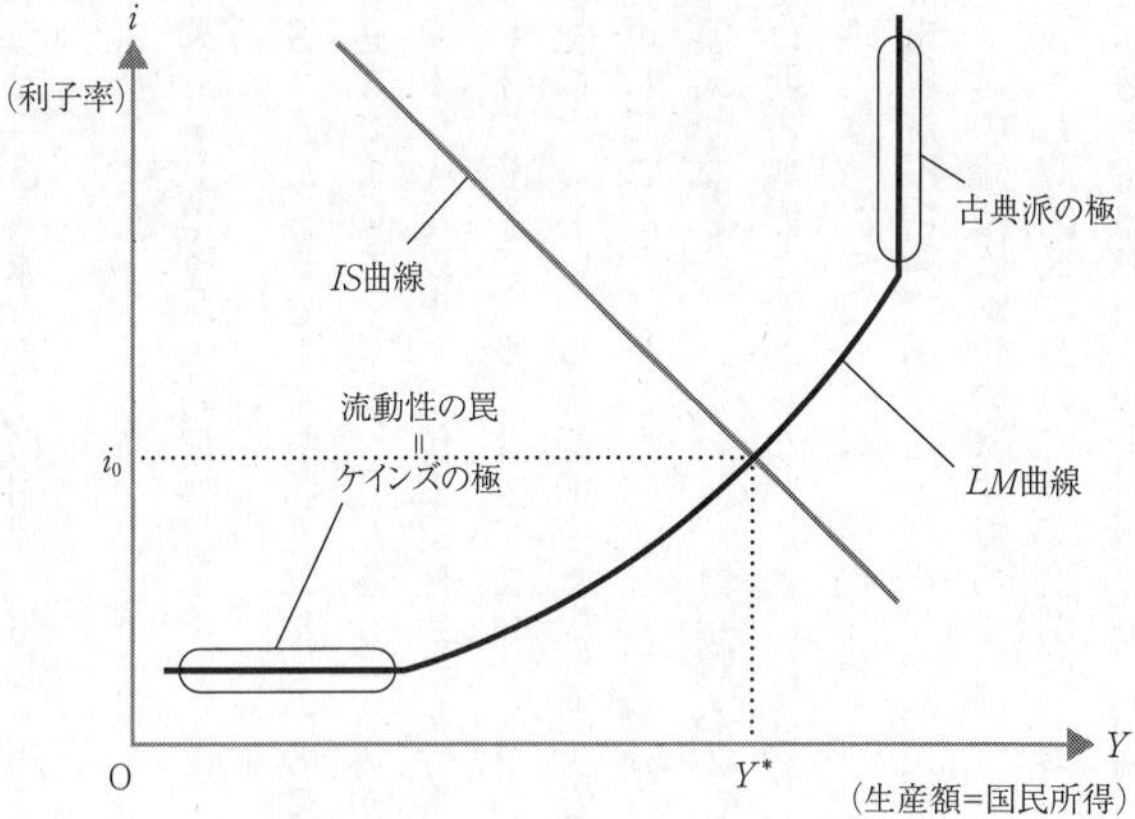

図６では、i_0 のときの $I(i_0)$ に対して市場が均衡するのは Y^* で、$Y^*=C(Y^*)+I(i_0)$ である。こうした i_0 と Y^* の組み合わせに当たるものをプロットすると $IS(I=S)$ 曲線となる。資産市場では貸付資金のようなフローではなくストックとしての資産がやりとりされるとみなされる。ここで貨幣への需給を均衡させるのが $LM(L=M)$ 曲線である。政府支出や公共投資などが増えれば、*IS* 曲線は右上方にシフトする。これが *Y* の増加に有効なのは「ケインズの極」、無効なのが「古典派の極」である。

ウト」は「古典派の極」において生じる現象なのである。

❖IS＝LM図式の時代背景

IS＝LM図式として解釈された『一般理論』には、当時の経済における制度の現実が盛り込まれていたと見るべきだろう。所得が財市場の需給を調整するという「数量調整」は、マーシャル以来、近代工業社会における市場の描写として適切とされた。また利子率がフローの資金の需給によってではなくストックの資産選択において決まるというのも、一世紀以上のあいだ世界経済を支配し莫大な富を蓄積してきたイギリスの資本市場の現実を表現していた。けれども、IS＝LM分析においては、いかに制度の変化を取り込んだ書き換えがなされたとはいえ、財市場および資産市場のいずれもが均衡しているとみなす点では新古典派と変わらないことには注意しておきたい。それゆえこの図式で不完全雇用を説明しようとするならば、労働市場だけが不均衡だということになってしまう。だが、労働市場が不均衡であること、そしてそれは賃金の硬直性に由来することを主張したのは、ケインズの論敵ピグーのはずであった。

IS＝LM図式においては、物価が下落しても財の需給それぞれに等しい影響を与えるのでIS曲線は移動せず、貨幣価値（実質供給量）の増加のみ招くのでLM曲線を右方シフトさせる。かりにLM曲線の水平部分がIS曲線と交わっているとすると（これは貨幣需要が無限に存在する、いわゆる「流動性の罠」にはまっている状態である）、LM曲線の下方シフト（利子率下落）はごく小幅となり、この場合は賃金を下げて物価を下降させても均衡所得は完全雇用水準に達しないことになる。$IS=LM$図式では、ピグー説に対するケインズの独創的な反論は、「流動性の罠」に求められることとなった。

議論はこのように整理され、とくにサミュエルソンが教科書『経済学』の第三版で「新古典派総合」の解釈を打ち出してからは、ケインズ理論は新古典派と共存しうるかのように理解された（第八版で削除される）。それによると、ケインズは不況を扱うマクロ理論を提供したのであり、財政金融政策によって完全雇用が達成されたならば（たとえば公共投資により流動性の罠から脱すると）、それからは新古典派のミクロ理論が適用されるというのである。

$IS=LM$図式は、ケインズの真意を「流動性の罠」のこととみなした。だがのちに、この見解にも批判が加えられることとなった。ミクロ理論からすれば貨幣ないし貯蓄は将来的には消費するために持つのであり、貨幣を無限に需要するということは認められない。ミクロ的な経済活動を前提する以上、ケインズ理論と新古典派を不況と好況で両立させるサミュエルソンの見方も捨てられねばならない。したがって不完全雇用とは賃金が硬直的であって労働市場が有効に機能していない状態というピグー的な市場観に戻るしかない。

フリードマン（Milton Friedman　一九一二―二〇〇六）らマネタリストのように賃金が伸縮的だとみなすと、労働需給は均衡するはずだから、それでも失業が存在するのは、労働組合が賃下げに抵抗するのでなければ、賃金の上下動に関する情報に遅れがあって労働者がそれに気づかぬ間だけということになる。そうした錯覚のない状態では、不完全雇用は論理的に存在しない。

最近のアメリカの経済学界においては、ケインズは短期において賃金が硬直的であることを指摘し、その限りで裁量的な財政金融政策が有効であると説いたと評されるようになった。「ニュー・ケインジアン」は、賃金がなぜ硬直的であるのかについて考察を進めた（「暗黙の契約理論」や「インサイダー・アウトサイダー理論」）[8]。一方新古典派は、そうした短期においても裁量的な経済政策は経済を攪乱するだけだとしてその有効性を否定する。ただし長期においては、両者ともに賃金の伸縮性を認めるため、（新）古典派的な市場観が成立するとされている。要するにケインズは、古典派の市場観そのものを極端なものとみなしそれに代わる「一般」理論を提出したのではなく、逆に古典派の一般的な市場が短期的に機能障害を起こすケースを指摘したにすぎないとされているのである。$IS=LM$分析や新古典派総合はケインズのいくつかの議論を明確に表現したが、ケインズと（新）古典派の対立点の核心から人々の目を逸らせもしたのだともいえるだろう。

では、ケインズと（新）古典派のより本質的な対立点とは何だろうか。ポスト・ケインジアンはそれを、現在の経済活動が変更不能な過去と選択肢の開かれた未来とのはざまにあるとみなすか否かに求めた。過去も未来も現在の市場（過去の結果である資産や未来に関する保険などの市場）においてすべて可逆的に扱えるとみなしている、と新古典派を批判したのである。ところが一九八〇年代頃からは、むしろ新古典派においても、経済主体が将来を考慮していないという理由から$IS=LM$分析への批判が生じるようになった。資産市場は本来、「現在と未来をつなぐ」ものであるというのに、$IS=LM$分析では債券の利子として貨幣の便利さを断念して債券を保有することへの報酬（流動性プレミアム）しか考慮していない。しかし資産市場にはそれ以外に、今日の所得を断念して貯蓄する人に「時間選好プレミアム」としての金利を与える「異時点間の資源配分」機能や、所得・株価・為替の変動などから生じるリスクを分担した人に「リスク・プレミアム」としての利益を与える「リスク配分」機能がある。それらが無視されている、というのである。これは短期がケインズの$IS=LM$図式、長期が新古典派という共存関係を破棄し、市場経済を長期の図式においてのみ理解しようとする反革命であった。もともとは、時間選好プレミアムのみに注目するのが新古典派の貸付資金説であったが、ミクロ的選択は流動性プレミアムやリスク・プレミアムをも配慮しているというわけである。この主張にもとづき、各国で金融自由化が遂行されることとなった。

ただし、そもそも$IS=LM$分析がこうした仮定を行ったのは、戦後の資本主義経済を支えた（ケインズ案よりはホワイト案に近いとされる）ブレトンウッズ体制に原因があると見ることもできる。というのも一九二〇年代における資産価格の高騰と投資ブーム、一九三〇年代における株価暴落と慢性不況という市場経済の激動を経験した結果、異時点間の資源配分やリスク配分を資産市場に委ねる経済システムは危険とみなされ、国内的には金融・資産市場を政府の規制のもとにおき、国際的には固定相場制を導入して為替相場の変動を回避することとなっていた。そうしたブレトンウッズ体制のもとでは、民間の各経済主体が資産市場において異時点資源配分やリスク配分を行うことは規制されていた。それに対し経済の変動を緩和する仕事は、政府による財政金融政策に求められることとなった。*IS*＝*LM*分析は、こうした国際的な経済制度を描写するモデルだったのだ[9]。

けれどもケインズ自身が直面したのは、金本位制度という固定相場制が瓦解しブレトンウッズ体制へ移行する過渡期の資本主義経済であった。そうした状況に対処するために彼が著した『一般理論』の核心が、ブレトンウッズ体制に即した*IS*＝*LM*分析にあったはずがない。それゆえ彼の真意も、やはり未来と過去、現在をつなぐ資本市場における異変と、労働市場に発生した非自発的失業との関係だったといえよう。こうした時間や期待の問題を扱うに当たり、新古典派とケインズでは決定的に異なる点がある。新古典派では、市場の需給は価格によって調整されると考えるため、その不均衡の原因は価格の硬直性や規制に求められることとなる。そこで労働市場や金融市場の流動化が要請されるわけである。けれどもケインズは、失業の存在理由を別の点に求めようとした。市場が規制で縛られず価格や賃金が収縮的であったとしても、失業は持続すると考えたのである。

❖二つの貨幣観とケインズの経済学

そもそもケインズは、時論風のさまざまな提言を多く書き残したが、それは数学モデルではなかった。ケインズは、こう述べている。「経済学は本質的に道徳学であって自然科学ではありません。経済学は内省と価値判断を用いるのです。……それに加えて、経済学は動機、期待、心理的不確実性を取り扱うのです」(ハロッドへの手紙)。ケインズがその知的な出発点を刻した『確率論』にしても、数学的、論理的論証と同様に帰納法的な推論における直観や日常的な常識を強調しているし、晩年の「若き日の信条」(一九三八)では、日常的な慣習の重要性を再認識したと語っている。彼はそれにより、株式会社を中心とし社会心理によって揺れ動く市場経済のありさまを描き出そうとした。ところがケインズは実践的には市場に政策的に介入することが有効だと説いたために、その理論は数式によって置き換え可能な工学的なるものと理解されてしまった。社会主義のみならずケインズも批判するハイエクの主眼は、むしろ市場経済をGNPや一般物価などマクロな単位を用いて描写できるとするこうした工学的な経済観への否認にあったといえる。一方、若き日にムーアの倫理学に傾倒したケインズが行ったのは、経済の工学化ではなく、社会現象に対する内省的な理解であった。

IS＝LM分析では、IS曲線とLM曲線は独立して描かれ、政策的に一方を動かして比較静学がなされるとされている。しかしたとえば金融緩和政策が実行されたとした場合、それはLM曲線を右方にシフトさせるのだが、現実には経営者が将来を明るいものと理解するならば、IS曲線もまた右方にシフトするということがありうる。金融恐慌が来ると報じられれば、消費が控えられることもありえよう。けれどもそうした期待の変化は、分類はできても定式化できるものではない。そのうえケインズのいう不確実性とは、『確率論』で主張されたように、確率分布が付与されるようなものではなく、そもそも将来において何が起きるかわからないという根本的な不確実性であった。それは大戦間期、そして経済的な覇権の交替期という世界史の転換期に生きた彼にとっては自然な発想だったに違いない。一方、各経済主体が資産市場において「将来を現在につなぐ」有様を描写しようとする新古典派の不確実性の経済学は、確率分布が与えられた場合の合理的選択として不確実性の理解を矮小化している。ケインズと新古典派の相違は、将来の「ヴィジョン」が数式で事前に定式化できるようなものであるか否かにあったといえる。

『一般理論』に色濃いのは、経済の体系を基礎づけているさまざまな心理的な要因が社会的な動機で揺れ動くというイメージである。このことは、無差別曲線や等量線の形状が個人心理だけから定まり、しかもそれは市場が均衡するまでは変動しないと仮定する新古典派の合理的な経済人の想定とは対照的である。新古典派が個人心理の安定性を仮定するのに対し、ケインズはそれが社会からの影響を十二分に受けるものだと考えた。消費関数にしても、新古典派ではそれのミクロ的な基礎づけが問われるところだが、ケインズはむしろ消費性向が慣習によって定まる点に注目している。消費性向は、慣習に基礎づけられるからには少なくとも短期的には安定しているであろう。また資本の限界効率は長期的期待にもとづいているが、一年後の天気を今日の天気から推し量れないことからの類推でいえば、現在の自社商品の売れ行きだけから推測するわけにはいかないから、政府の経済政策や評論家の見通し、マスコミ報道などの雑多な情報をどう解釈するかによって左右されてしまう。期待形成は将来がどうなるのかについての一種の推論であるにもかかわらず、しかしその論証が完全になされるものでもない。そもそも、将来に何が起きるかの分類さえも自明とはいえないのである。

「経済体系の現実の現象はまた消費性向、資本の限界効率表および利子率の若干の特殊な性格によって彩られている。それらについてわれわれは経験から安全に一般的法則を導き出すことができるのであるが、それらは論理的に必然なものではない」(GT4-18)というのがケインズの経済観なのであった。

このように経済の動向を左右する要因として社会心理が重要だとしても、それではなぜ不況が生じるのか。ケインズがここで注目したのが「貨幣愛（money love）」であった。ケインズは、人々が貨幣そのものを愛すると指摘し、それを貨幣愛と呼んで不況の原因としたのである。将来は不確実である。それゆえ人々は将来所得に不安を抱くと安全な貨幣を保有しようとし、貨幣愛は不安が消えない限りいつまでもなくならない。所得が貨幣として支払われ、人々がそれを貯蓄していつまでも財の購買に向かわないなら、生産物には売れ残りが出る。それが不況の原因となるのである。貨幣は資産も含めどんな商品とも交換されるが、逆のことは必ずしも言えない。ケインジアンの$IS=LM$分析では資産市場で債券価格の暴落が予想される場合にのみ貨幣需要が急増するとされるが、労働者にとっての将来所得、企業にとっての将来売上げの激減が予想されるなら、消費材や投資材を買い控えるという貨幣愛が生じる。これはたんなるカネへの愛着ではない。労働やモノが売れなくなることへの不安から、財市場でも貨幣への退蔵が生じるのである。そこでケインズは商品や資産の貨幣との交換可能性を流動性と呼び、その大小が経済に影響すると考えた。ここで硬直的であるはずの賃金が下がることがあれば、人々の社会心理に将来不安が生じて貨幣保有量が増えるだろうから、消費（や投資）はますます減退するであろう。ケインズが賃金切り下げに反対した理由はこうしたものであった。ケインズの市場観は貨幣愛を認めるところに発しているのであり、一般的受容性ゆえの貨幣保有を認めるマルクスの貨幣観を復興させるものであった。

❖経済における投機の蔓延

ケインズは、貨幣愛ゆえに貯蓄率の高まりによって総需要が減退するという回路を示唆した。だが他方で彼はそれにとどまらず、総需要の一項目である投資が、資産市場における投機（speculation）によって歪められている点にも関心を注いだ。貨幣を手放して資産を購入するとしても、それは主に投機を目的としてのことだ、と見るのである。「今日広く行き渡っている所有と経営の分離にともない、また組織された投資市場の発達につれて、時には投資を促進し、時には経済体系の不安定性を高める、きわめて重要な新しい要因が導入された」（GT4-12）。資産市場はある企業の行動を、株式の売買という形で評価するものである。「株式取引所は多くの投資物件を毎日のように再評価し、その再評価は（社会全体に対してではないが）彼の契約を変更する機会を頻繁に与えている」（同）。

しかし株式投資は、ある企業の株式の価値を将来の配当予測のみから推測し、行われているわけではない。むしろそれは、将来的に株価が上昇し、そこで生じたキャピタル・ゲインを得ることを目的として行われる。またさらに各投資家は、他の投資家に関しても予想される配当にのみもとづいて投資決定を行っているとは考えてはいない。それゆえ株式投資は、企業行動を注視してのものではなく、「市場の心理を予測する活動」としての投機の様相を帯びることとなる。ケインズは、株式会社制度のもとにある資本主義をむしばむのがこうした投機だとみなした。投資は企業の収益を見通そうとする活動であるが、投機は極端にいえば株価そのものの動きにしか関心を持たない。しかも株式投機は、ワルラスが制限しようとしたようには専門業者だけのものでもなくなっていた。投機の大衆化が先進国経済を侵食し始めていたのだ。

ケインズは投機を、どの女性がもっとも美人なのかを判断するのではなく、どの女性が美人だとしてももっとも人々の投票を多く獲得するかを予想する美人コンテストになぞらえている(GT4-12)。このコンテストでは、自分が美人だと考える女性にではなく、人々が美人だと考え投票する女性に自分も一票を投じる。同様に群衆心理に支配された株式投資は、企業の活動(誰が美人か)を評価することによってではなく、株式市場における投資家集団の見込み(群衆が誰をもっとも美人とみなすか)を予測することで行われてしまう。マーシャルが地道に経営されるべきだとみなした企業は、ここではあたかも賭博の対象であるかのように扱われている。もはや企業の浮沈は、企業家の能力やモラルだけにかかってはいない。利子率は、新古典派のいうように現在と将来の消費欲望の比較から導かれるだけではなく、人々が投機に際して抱く楽観や悲観、血気や動揺を表す象徴となっているのである。つまり投資が投機に変じることにより、市場社会は実物的な生産の局面から、貨幣が貨幣を生み出すという別の局面へと重心を転じたのである。

ケインズが描いたのは、貨幣愛ゆえに総需要のうち消費と投資が将来不安を通じて必要な大きさを確保しえないという経済の現状であった。貨幣が資産に投じられるとしても、それは投機となって適切な実物投資に回されるとは限らない。ケインズは、慣行の激変ゆえに貨幣愛と投機が支配的となった市場経済の「危機」においては政府が財政出動することで人心を落ち着かせ、新たな慣行にもとづく「平時」へと導かねばならないと考えたのであった。ケインズのこうした見方は、市場社会に関する二つの見方のうち、貨幣利得に注目する立場、すなわちゾンバルトや重商主義、マルサスを受け継ぐものであった。アメリカにおいて不況を価格の粘着性による調整の遅れと見、新古典派の影響下でケインジアンを名乗る人々に決定的に欠けているのは、貨幣に関するケインズのこうした洞察である。新古典派においては、経済活動の最終的な目的は消費欲望の満足であり、消費欲望は財にしか向かわないため、貨幣そのものが最終的な保有の対象とされることはない。それゆえ生産され分配された額は貯蓄されたとしても、いつかは消費される。貯蓄は長期的には消費に回されるのである。$IS=LM$分析において貨幣（貯蓄）を無限に需要するという流動性の罠は、実は新古典派では否定されている。[10] それゆえ供給が需要を生むというセー法則が成り立つ。セー法則の世界では、市場の不均衡は何らかの外生的な制約によって市場が価格によって調整されないときに起きると考えられる。これが、失業を価格（賃金）の硬直性ゆえと解釈する立場である。現在アメリカでケインジアンと呼ばれるのは、こうした賃金硬直性の存在を認める人々であるが、彼らにしても賃金は、遅いにせよいずれ変化して均衡をもたらすとみなしている。バブル崩壊の後遺症が長びく一九九〇年代の日本経済を振り返ると、将来不安や投機から受けた傷は小さくないことを認めざるをえない。ケインズのヴィジョンはいまなお生きているというべきだろう。

I

第8章
消費社会化と市場自由化
——市場の高度化と経済思想

(Friedrich August von Hayek 1889-1992)

(Thorstein Bunde Veblen 1857-1929)

【ハイエクとヴェブレン】

ハイエクはウィーンの学者の多い家系に生まれた。ウィーン大学在学時には一時、社会主義に関心を寄せたが、新オーストリー学派のミーゼスとの出会いから自由主義に転向、以降は生涯をかけて市場制度を擁護し、計画経済や全体主義に関わる社会思想に抗争を挑んだ。その批判の矛先は、社会主義やナチズムにとどまらず、ケインズ主義、福祉主義にまで及ぶ。オーストリアでは景気研究所の所長を務め（一九二七）、処女作『貨幣理論と景気循環論』（一九二九）を出版後、拠点をロンドン大学に移し、『価格と生産』（一九三一）他を刊行、また社会主義経済計算論争を繰り広げた。『隷従への道』（一九四四）はベストセラーとなる。後に渡米、シカゴ大学時代には心理学・法学・政治学に議論を広げ、『自由の条件』（一九六〇）を出版。帰欧後も『法と立法と自由』（一九七三—七九）などの大著を書き続けた。

ヴェブレンはアメリカ中西部・ウィスコンシン州の片田舎にノルウェー移民の子として生まれ、ジョンズ・ホプキンズ、イェール両大学他で哲学・経済学・社会学・博物学などを学ぶ。シカゴ大学・スタンフォード大学などで教鞭を取り、処女作『有閑階級の理論』（一八九九）と続く『営利企業の理論』（一九〇四）が反響を呼んだが、該博な知識を駆使した特異な思想と風変わりな人柄が災いして、学界では安定した職を得られなかった。彼は世紀末のアメリカで、巨大な株式会社組織が市場を占拠し、有閑階級とともに無駄を制度化しつつあった大衆消費社会の様相を、いち早く分析した。現代文明を激しく批判した人らしく、晩年はパロ・アルトの山小屋で独居した。他に『ワークマンシップの本能と産業技術の状態』（一九一四）がある。

❖時代背景――ケインズ主義の定着と解体、そして消費社会化とグローバライゼーションへ

一九二九年にウォール街で株式市場が崩壊すると翌年には銀行危機が起き、さらに翌年には高率の関税をかけ国内産業を保護しようとする「スムート・ホーリー法」が成立し、世界的に貿易が縮小するという最悪の事態を招いて、一九三〇年代前半の世界大恐慌は金融危機を併発しつつ世界に波及していった。その結果、資本主義経済は制度的・政策的に大きな転換点を迎えることとなった。

第一は、ケインズの提唱した財政金融政策が定着したことである。一九二九年の時点では、フーバー大統領（Herbert Clark Hoover 一八七四―一九六四）率いるアメリカ連邦政府は積極的な財政政策を講じようとはしなかった。これは均衡財政主義によるものだが、その背後には市場の需給均衡メカニズムへの信頼があった。ところが不況が深刻化した一九三三年に大統領に就任したルーズベルト（Franklin Delano Roosevelt 一八八二―一九四五）は「テネシー渓谷開発計画」を始めとする「ニューディール政策」を講じ、公共投資を積極的に展開した。ケインズ理論の実践である。それが現実に有効だったかについてはいまなお疑問が呈せられてはいるが、ともあれ不況は去り、ケインズ政策の定着への道が開かれた。

第二は、金本位制の崩壊とブレトンウッズ体制への移行である。金本位制度は、当局の発行する通貨と金との交換比率を法的に定めた国際的な通貨制度である。ヒュームの述べた「正貨配分の自動調節理論」が成り立つとすれば、二国間の貿易不均衡は物価の変動によって調節される。金本位制度もまた、市場による自動的な資源配分を国際的に調整する制度として信頼されていたのである。

けれども世界大恐慌の時点では、金本位制のルールはしばしば逸脱を招いていた。不況が深刻化すると各国政府は政権維持のためにも国内での景気回復を優先せざるをえなくなり、価格下落に対して金融緩和を行った。投機も信託を通じて大衆に定着するようになり、不況時にさらに金の流出が起きるという想定外の事態も発生した。しかも寡占化の進行により、そもそも物価は柔軟に変動しなくなってもいた。こうして各国は、次々に金本位制から離脱していったのである。大戦後になるとそれに代わり、金にリンクされたドルを国際通貨とし、また加盟各国通貨をドルと（したがって金にも）固定し、さらにＩＭＦが基金を持ち各国に貸し出すというブレトンウッズ体制（ＩＭＦ体制）が成立した。ドルを国際通貨とし、金と併用する固定相場制度である。

ブレトンウッズ体制においては、二段階のケインズ政策が講じられた。まず各国の政府はそれぞれに財政金融政策を講じ、総需要の管理を通じて完全雇用を目指した。けれどもそうした各国レベルの経済政策が功を奏しない場合がありうる。そうした時には基軸通貨国であるアメリカが、責任を持って各国のケインズ政策を支援する。アメリカが当該国から輸入を増やすことにより、総需要拡大を陰から支えたのである。それによってドルがその国に供給されることとなった。

市場の機能を国家が裁量的に補完するブレトンウッズ体制およびケインズ政策により、大戦後の国際社会はアメリカの覇権のもとで経済的に安定し、一九五〇年代から一九六〇年代にかけて発展の道をたどった。なかでもアメリカ経済は順調に成長し、一九六〇年代には百九ヶ月ものあいだの好況を持続した。そうするうちに、経済政策として財政均衡は第一の目標ではなくなり、財政金融政策を積極的に用いて雇用安定と経済成長が図られるようになったのである。とりわけ一九六〇年代にケネディ政権が採用した「ニュー・エコノミックス」においては、サミュエルソン、トービン（James Tobin　一九一八―二〇〇二）らが*IS*＝*LM*モデルを彫琢し、さらにそれを国民所得統計から推計する計量経済学の理論枠組みをクライン（Lawrence Robert Klein　一九二〇―二〇一三）らが整備して、データにもとづいたケインズ政策が大胆に講じられた。こうしてマクロ経済理論と計量経済学が両輪となり、経済の予測と管理が行われたのである。

ところが一九六〇年代も終わりに近づくと、ベトナム戦争の泥沼からアメリカには財政赤字とインフレが定着するようになった。景気を刺激しても失業率が下がらなくなり、引き締めに転じてもインフレは解消されず、インフレと失業が共存する事態（スタグフレーション）を招いて、ケインズ政策の有効性に疑いの目が向けられ始めた（一九七五年にはインフレ率九・三％、失業率八・五％を記録している）。さらにアメリカ経済の不振はドルへの信認の低下を招き、また各国は経済発展が不均等になると為替レートの調整を行うようになり、それに照準を合わせた投機も頻発した。そうしたなかで、一九七一年にはアメリカが金とドルの交換停止を宣言する「ニクソン・ショック」が起き、混乱を経て一九七三年に主要国が変動相場制に移行した。さらにＩＭＦ協定も改正され、一九七八年、ついに金本位制は完全に破棄されることとなった。

こうした現実を前に、一九七〇年代後半にはフリードマンの唱えるマネタリズムが勢力を増していった。これは貨幣供給量を一定率のルール（k％）で成長させるという、金融安定を重視し裁量を排する政策で、実際には一九八〇年代の前後の短期間に採用されたにとどまったが、いっさいの裁量的なマクロ管理政策は無効だと説く点でより徹底的なルーカス（Robert Emerson Lucas 一九三七―）やバロー（Robert Joseph Barro 一九四四―）らの合理的期待形成学派は、少なくとも学界では一世を風靡したし、またアメリカのレーガン（Ronald Wilson Reagan 一九一一―二〇〇四）政権やイギリスのサッチャー（Margaret Thatcher 一九二五―二〇一三）政権、日本の中曾根政権で新自由主義が採用されたように、市場への介入や管理を否定する姿勢は現実にも強まった。

変動相場制は、当初期待されたようには経常収支の不均衡の解消に万能とは言えないし、為替レートの乱高下が生産体制を混乱させてもいるものの、現実に定着している。また資産市場においても、全般にわたって規制が徐々に緩和されていった。株式手数料の自由化に関していうと、アメリカでは一九七五年、イギリスでは一九八三年に実施されたが、先進国のなかで比較的遅れて資産市場の規制緩和が進んだ日本では二〇〇〇年の証券ビッグバンをもって株式市場の自由化が完了した。

つまり、市場への信頼を背景に、経済における国家的なものの縮小が起きたのが二十世紀最後の四半世紀だったのである。そして、国家による投資活動に代わり、消費社会化の定着が先進国経済を需要面で支えるようになった。さらにこの間、商品と人間と資産、すなわちモノ／ヒト／カネのそれぞれにおいて、市場は国境を越えて拡張していった。自由貿易、企業の多国籍化、資金移動の国際化、すなわちグローバライゼーションの進行である。ただしそれは、十九世紀イギリスにおける古典的な市場社会とは異なっている。マーシャルが強調したように、十九世紀イギリスの資本家は、単に利潤の獲得だけを目指すのではなく、企業経営の全般に対しても無限の責任を負う存在であった。ところが現在、自由化された金融市場で活動するのは、投機の結果としての利害だけを有限に負う、大衆的な資産所有者である。そしてグローバライゼーションは、一方では、先進国に安価な商品を、途上国には労働機会をもたらし、企業には国外からも資金の供給を受けさせた。これは光の部分である。他方、とりわけ国際金融市場においては、アジア経済危機やリーマン・ショックなど一連の金融危機を思い起こすまでもなく、市場の不安定性が強まっているように見える。これは、グローバライゼーションの影の部分である。グローバライゼーションの光と影のもとで消費社会が営まれているというのが、我々の市場経済の現状なのである。

❖市場重視への転換

アメリカにおいてケインズ理論は、計量的・工学的な装いを持つマクロ経済学として流布していった。それはサミュエルソンの「新古典派総合」では、新古典派経済学のミクロ理論との論理的な関係を問いつめられないまま曖昧に並立させられていた。けれどもケインズが否定した新古典派を生かそうとする限り、それからの逆襲を受けるのは当然のことであった。マクロ管理政策の理論としてのケインズ経済学は、スタグフレーションによって有効性に疑問が投げかけられただけではなく、新古典派的な「ミクロ的基礎」との関連を厳密に問われることによって、理論的にも骨抜きにされていったのである。それはとりわけ、資産市場の自由化によって各個別主体が自己責任で異時点間の資源配分やリスク管理を行わねばならなくなったブレトンウッズ体制後の世界では、経済学にとって焦眉の課題とみなされるところとなった。けれども、そもそも工学的な思考様式や新古典派理論は、自明とみなされるべきものだろうか。前章に述べたように、ケインズは株式市場の自由化とともに、投機とその大衆化が起きることの危険を指摘していた。それと並行して、新古典派の工学的な市場観、合理的な人間観に対しては、経済学をはみ出るような幅広い視角からも批判がなされている。

ハイエクの名は、ケインズ批判の文脈ではフリードマンとともに語られることが多い。しかし彼の主張は、結論として市場の自由化を唱える点をのぞけば、新古典派を下敷きにした新自由主義とはまったく異なっている。というのも、彼の主張の核心には、社会主義批判があるからだ。経済計算論争によって明らかにされたように、計画経済はワルラスの経済理論をもとに正当化されていた。それゆえハイエクの主張は、社会主義を正当化してしまう新古典派をも批判するものとして、理解される必要がある。彼は、ヒュームやスミスの社会哲学を受け継ぎつつ、市場論を再編しようとする壮大な試みに向かっていった。ハイエクが市場の自由化を唱えるのは、慣習の基盤が確固たるものとして存在する限りにおいてであった。

ハイエクにとって市場とは、広く社会に分散する知識を交換するなかで有効に活用させるような制度、そして多くの経済主体が具体的な取引を通じて形成するネットワークのことである。知識は主観的なものであるから、ある財の定義は物理的・客観的に行うことができない。財の分類は物理学などの客観性によってではなく、人々が歴史的自生的に行ってきたのである（第I部第6章参照）。財には象徴的な意味があるとしたのはヴェブレンに始まる消費社会論であるが、ハイエクもこの視点を共有している。そして各経済主体は、共通の知識を持たないだけでなく、持ち合わせる目的や手段においても相互に異なっている。そのうえ経済取引や財の生産に必要な知識はごく個人的なものであり、それも意識の対象としうるものはほんの一部にすぎない。いわゆる「暗黙知」が含まれているからで、人はコツや勘の働きについて知ってはいても、それを明示的に表現することができない。それゆえに個々の取引はそれぞれに独特で、そもそも共通の属性に注目して集計することができない。ハイエクは市場の秩序が国家によって干渉が成されない限り自生的に生成するというが、それは「市場均衡」のことではないのである。

ハイエクによれば、経済秩序とはおのおのの取引がおよそ期待通りに成し遂げられていると参加者が了解している状態であり、それらが緩やかに結び付けられるときに見出される「一般的なパターンないし抽象的な特徴」である。これは政府が計画的に創出することのできないものであり、それゆえハイエクは経済において個々人の働きに対して一定の「成果」を与えようとする社会主義には反対した。結果（所得）の平等主義（社会主義）など幻想にすぎない、というわけだ。また市場は、個々人に競争の過程を通じて自分の能力や適性を発見させる。経済秩序は、資源配分を効率的に行った結果として生じるものではなく、そのプロセスにおいて見出されるようなものなのである。ハイエクはスミスにならい、ルールのもとで自由に競争する結果、市場に自生的秩序（spontaneous order）が形成されるという。秩序は、政府によっては作りえないものなのだ。

ではその「ルール」とはどのようなものか。ハイエクによれば、人間はルールに従う動物であり、法をはじめとして制度・言語・慣習などのルールに従ってこそ、この複雑な社会において秩序をもって生きてゆくことができるという。しかしそのルールもまた、ヒュームの指摘したように慣習として自生してくるものなのであって、人が契約によって設計することはできない。そしてルールは社会を環境に適応させ存続の可能性を開くものであればその社会を発展させるが、環境に適応しえないものであれば社会を衰退させる。社会の存亡とともに淘汰され、進化してゆくのである。どのようなルールがより進んだものであるかは道徳や理性によって判断しえず、それに従う社会が存続するか否かによって試されるという。これはルールの発展についての進化論的な見方である（ＬＬＬ-Ｉ）。

それゆえに、慣習として自生してくるルールのもとで自由に競争すれば、経済には秩序が生まれることになる。これは、市場に秩序をもたらすために政府の干渉を否定するだけの議論ではない。ルールは進化するというのであるから、以前には市場で取引されていなかった財の市場化の是非も環境への適応の可否により決まる。ハイエクは貨幣を国家が客観的に定義し集計するマネタリズムもまた貨幣供給の国家管理だと批判して、民間金融機関による自由な供給を主張している（『貨幣発行自由化論』一九七六）が、それは一般の商品とは異なるレベルにある貨幣をも商品とみなして市場化しようとする構想だといえる。これは貨幣愛ゆえに市場には不安定になる契機が織り込まれているとみなすケインズとは対照的な立場であるかに見える。

ただし、ハイエクの市場観においては、期待がおおよそ適えられることになっている点には注意しておきたい。ケインズは、期待が適えられないという不安から人々は貨幣保有を増やすという回路に注目した。ハイエクは、市場が慣習による裏づけを必要とすると強調している。慣習はある程度まで確固としていて社会を不安定にさらさないならば、将来に対する人々の期待を安定させる。ケインズも、その限りでは市場が安定化するとみなしていた。ケインズが議論の対象としたのは、慣習が揺らぎ期待が成就しないときに生じる貨幣愛が経済にもたらす影響であり、ハイエクはこの状況が起きる可能性を排除していたのであろう。

❖大量消費社会の到来

十九世紀から二十世紀の初頭にかけ、急速に発展し世界の覇権を握りつつあった「金ぴか時代」のアメリカにおいて、消費社会の到来と大企業体制の確立を分析し、それを通じて新古典派経済学を激しく批判したのがヴェブレンであった。ヴェブレンが駆使したのは文化人類学から哲学に渡る広範な学識と皮肉っぽく奇妙な文体であった。彼はマーシャルとケインズに挟まれた世代の人で、経済学説史上では制度学派の祖と呼ばれてはいるが、いまでは価格理論に「見せびらかしのための（衒示的）消費（conspicuous consumption）」の概念が残るにすぎない。それは、ヴェブレンの業績が新古典派経済学の枠組そのものを破壊しようとするものだったからである。その過激さゆえに、むしろ彼は社会学において消費社会論の口火を切った主要人物として扱われている。

新古典派の市場社会論は、新古典派の内部においてはマーシャルが「規模の経済」の概念を駆使しつつ生産面における動態を描くことで、現実との接点を確保しようとしていた。けれどもそれがワルラス的な一般均衡論へと体系化されると、形式化が進行していった。これに異を唱えたのが、ハイエクであった。彼は経済における知識の具体性と断片性に注目し、そうした知識の性格ゆえに市場が求められるのだとした。またシュンペーターは、そうした知識をとりわけ生産面からとらえ、「新機軸」こそが利潤の源泉となると指摘した。そしてヴェブレンが行ったのは、さらに消費の側から経済をとらえ直す作業であった。

すでに十九世紀の後半、ヨーロッパではデパートやファッションが定着し、旅行や芸術の大衆化が起きていた。しかしそれらが本格的に花開いたのは、階級社会の伝統のないアメリカにおいてであった。マルサス的な社会では消費は人々の生命を維持する水準でしか行われないはずだが、十九世紀末のアメリカは、それを遥かに越える財を国民に行き渡らせるようになった。これを「豊かさ」が大衆化されたと好意的に評価することもできるが、それとともに起きた社会秩序の混乱や現実感の希薄化、物財における本物らしさの喪失は、危惧を生んでもいた。それゆえに大衆の消費欲望の持つ欺瞞を(その欺瞞を正当化する新古典派の批判と並行して)暴き立てた『有閑階級の理論』は、当時のアメリカで熱狂的な評価と嫌悪の双方をもって迎えられることになったのである。

ヴェブレンによれば、文明社会の経済は「野蛮」なものだが、それは階級の上下を消費の見せびらかしや見栄の張り合いによって示そうとすることに表れる。典型的なのは衣服だろう。ファッションとしての衣服では、身体の保護という機能よりも、もっぱら外見が重視される。『営利企業の理論』はさらに、産業技術が不断に進歩することで財の価格を下げ続け、企業は慢性的に不況にみまわれる可能性に直面すると予告した。とするならば衒示的な消費は浪費であっても、有効需要を高め不況を緩和するための、いわば必要悪として現代の経済に組み込まれていることになる。

ヴェブレンはこのような文明社会の現状を、未開状態、掠奪的(封建的)文化の時代、近代以降の手工業の時代を経た第四の機械産業の時代なのだととらえる(『ワークマンシップの本能と産業技術の状態』)。そして「本能」と「制度」を仮設し、各時代が順を追って到来した理由を説明してゆく。「本能」とは、意識的に目標を立てて追求し、人類の物質的な福利を高めようとする人間の特質である。なかでもとりわけ重要だとされるのが「職人技本能」と「親性本能」で、前者は知識を利用して物的な生活を向上させ、後者は将来の公益に配慮するものだという。そして「制度」とは、人間が過去から蓄積してきた知識の体系、「いくぶんかは現象に関する即事実的な知識から構成されているが、より多くは社会に流布している後天的な偏愛と先入観を含んでいる慣習的な知恵」である。「職人技本能」と「親性本能」が十分に発揮されるならば、社会は生産的かつ平和でありうるだろう。しかし人は見せびらかしの競争にとらわれるようになる。本能は知識の偏向によって歪められ、それによって自然の擬人化や物神崇拝が起きる。差別と掠奪が生じたり（封建時代）、株主が所有権を振りかざすことで生産効率上の無駄が出る（機械産業の時代）のはそのせいだというのである。

ヴェブレンの議論は独創的だったが、荒削りでもあった。それは株式会社化と消費社会化、不況の深刻化という、のちにケインズが注目した市場社会の変容に、ケインズのように古典派以来の経済思想史を駆使しながら理解を及ぼすのにとどまらず、文化人類学や哲学、社会学などの知見までも援用することで、包括的な解釈を試みるものであった。そして学問の専門化の進むなか、彼の試みが消費社会論として体系的に論じられるのには、その死後半世紀を必要とした。しかし、消費が個人の欲望や合理的な計算にのっとってなされるとみなし「本能」のみに注目する新古典派の経済人像では消費社会の実像は説得力をもってとらえることができないという彼の批判には、いまなお傾聴すべきところがある。

しかもヴェブレンのいう「制度」とは支配的な思考習慣のことであるから、彼は新古典派こそが外見上の科学性とは裏腹に、無駄の制度化に貢献する支配的な思考習慣、すなわちイデオロギーとなっていると糾弾したのである。ここには、経済学を単に現実に対する分析や操作にとどまる学ではなく、アカデミズムも含む制度への批判を通して社会の理解に至る思想とみなすという姿勢が示されている。ハイエクとヴェブレンは、ともに高度化する市場と進化する制度の関わりに関して、多方面に渡る社会思想を介して解釈しようとしたのである。両者の市場社会に対する評価は、肯定的・否定的と両面に分かれはしたのだが。

II 経済思想の現在

II

第1章

方法について

❖経済思想と方法論

第Ⅰ部の学説史編で述べたのは、次のようなことであった。

産業革命以前、ヨーロッパ諸国は重商主義にもとづき、国内の生産体制を確立することによってではなく、貿易を通じて貴金属としての国富を増大させようとした。これに対しヒュームとスミスは、国内市場が整備され、自由な分業により工業生産が拡大してゆく様をもって文明の進歩とみなした。産業革命の結果、階級の対立が生まれると、リカードは国内市場が早晩利潤率の低下をきたして行き詰まると予測し、ナポレオンの大陸封鎖後の不安定な国際関係において自由貿易に活路を求め、穀物輸入規制撤廃を唱えてマルサスと対立した。

資本家と労働者の対立は勤労環境の悪化として表れたが、それが共産主義運動として各地で暴動を呼ぶと、マルクスは階級間の対立の根拠を自由交換の背後に隠蔽された搾取のメカニズムに求め、たび重なる恐慌がついには資本主義そのものの崩壊につながることを論証しようとした。ところが十九世紀中盤にはイギリスは未曾有の繁栄を迎え、大衆はマルクスの予言した窮乏化どころか「世界の工場」の地位をほしいままにした。これを受けた新古典派は、合理的な人間が自由な市場において最大の経済厚生を達成するという経済像を編み出した。一方、先進国の対外進出と植民地戦争により分割されたアジアやアフリカの諸国は、まさにプロレタリアートの境遇に追いやられていた。

そうしたなかで、マルクスの予言とは異なり、後進国・ロシアで社会主義経済が誕生した。その衝撃を受け、社会主義の計画経済が経済理論から言って実現可能か否かを問う論争が起きたが、これは新古典派の市場像の是非を問うものでもあった。その結果、市場を肯定し計画経済を否定する一群の経済思想家たちは、むしろ新古典派の市場観の批判的乗り越えに向かった。なかでもケインズは、株式会社制度の広まりとともに、株式投機の蔓延と不安ゆえの貨幣保有が失業を定着させるありさまを説明した。シュンペーターは、企業家の打ち出す新機軸が経済に利潤を生み出すと唱えた。ハイエクは、知識の断片性とコミュニケーションから利潤を得ようとする人たちによって市場が活用されるとみなし、その自生的秩序の構造を解明しようとした。ヴェブレンは世紀末のアメリカにはびこる「見せびらかし」のための消費を社会的行為としてとらえ、その増減により景気が変動するありさまを描いた。

以上からうかがわれることは、経済思想とは時代時代で市場社会の全体像を描き出そうとする営みだったということである。それぞれの経済思想家は、自分の生きた時代における市場社会の特質を概念化してみせた。市場社会は、スミスにとって小規模な生産者が分業により秩序を自生させるシステムであったし、リカードにとっては階級対立と利潤の逓減を特徴とするものだった。マルクスにおいてそれは貨幣のフェティシズムの高まりと資本の集中のうちに自滅するものであったし、新古典派においては均衡と効率性を達成するものだった。ケインズは所有と経営の分離とともに変質した市場社会が貨幣愛によって不況に転じること、ハイエクは市場経済が商品に関する具体的知識を処理するシステムであること、ヴェブレンは消費者にとってそうした知識の処理が社会的行為であることを指摘した。さらに彼らは、そうした観察にもとづき、実践の方針を打ち出した。経済思想史は、それぞれの時代に対応すべく、認識と実践に取り組んできたのである。

経済学はかつて「政治経済学（Political Economy）」と呼ばれ、重商主義者たちのパンフレットやスミスの『国富論』では、国富のいっそうの拡大やそのより公正な分配という課題が論じられた。それが十九世紀末頃から「経済学（Economics）」と呼び慣わされるようになると、国富とは何でありそれはいかにして増大するのか、経済政策の目的は国富の増大であるべきかそれとも別の目的があるのか、といった具合に経済学の課題と論述の枠組みが仕分けされていった。どの知識が正しいのかを判定する基準や、知識が事実に関するものか規範に関わるものであるのかの区別、どのような規範を持つべきであるのか、そしてどのような政策を実施すべきかの判断など、それまで明瞭ではなかった経済に関する知識の分類がなされるようになったのである。

ここで、「方法論」が意識されるようになる。論争が生じたとき、いずれの理論が正しいのかは、どうやって判定すればよいのだろうか。それぞれの主張の間で優劣を決するための基準は何か、ということである。またその基準にもとづいて、いずれの理解がより正しいのかを判断し、論争に決着をつけるのは誰なのかも問題となってくる。大学を中心とする学界の大勢は、前者については「科学の方法」を採用し、後者についてはアカデミックな権威こそが最終的な判断を下しうるとみなしてきた。自然科学分野の学問が、そうやって着実な成果を上げてきたからだ。けれどもこと経済学に関しては、それぞれの時代における市場社会の現実と「科学の方法」、そしてアカデミックな権威の関係は自明ではない。「科学」の内容が何であるのかについても、自然科学とマルクス主義では理解が対照的である。また自然科学同様に経済に関しても、アカデミックな権威が社会を啓蒙しうるという立場には、たえず批判が差し向けられてきた。第I部で述べた経済学説史にしてからが、必ずしも自然科学の方法論によっては築かれてこなかったのだ。

❖科学の方法と経済思想

判断基準として、とりあえず有力とされてきたのは自然科学を模す分析方法である。経済現象は、社会科学諸分野のなかでも数量的なデータを多く扱う分野であり、また自然科学に関しては科学哲学という形で方法論が独立していたために、それを参照するのが当然とみなされたのである。しかしそれとともに、経済学が自然科学と同じ意味で「科学」でありうるのか、その知識は科学の手続きによって正しさを保証されるのか、それともそうした保証自体偽装されており、いずれかの勢力に利するために行われるのではないかなどといった疑問が続出し、論議の的となった。自然科学においては、現実を観察し、そこから本質的だと考えられる要素を抽出して仮定とし、そこからの演繹で仮説を立て、それを実験や観察データにより検証してみる、という方法が確立されている。そうした方法にのっとれば、論述の真理性が保証されるとみなされる。けれども経済学では、社会科学の他の諸分野に比べれば自然科学の方法が模しやすいにせよ、「仮説―演繹―検証」という方法が厳密に適用されるわけではない。それゆえに社会科学としての経済学独自の方法論が何であるのかをめぐり、議論が続けられてきた。

第一に、経済学においては自然科学とは異なって、認識と実践つまり実証的分析と規範的分析とが混在している。実証的（positive）分析とは、経済に関する事実が何「である」(be）のかを示すもの、規範的（normative）分析とは、それをどのような状態に導く「べき」(should）であるかを論じるものである。インフレーションが起きる原因を追究するのが実証的分析であり、それを沈静化させるための政策的な対処法を提案するのが規範的分析だ、といった具合にである。自然科学においても、たとえばクローン技術を人体に応用してよいか否かという倫理的な問題がある。けれどもそこでは、クローン技術の真偽という実証分析と、使用の当否という規範分析は明確に区別される。そこで、経済学において自然科学の方法はとりわけ実証的分析に適用され、規範的分析は政治の課題という了解が広まった。けれどもこうした立場が成り立つためには、対立する規範的立場をとる人であれ、事実認識に関しては同意するといったことが当然のように起きるとされなければならない。だが穀物法に反対したリカードと賛成したマルサス、賃金切り下げに反対したケインズと賛成したピグーの例を思えば、そもそも事実認識から対立していて、実践に関わる価値判断から果たして事実認識が切り離されうるのかという疑問はぬぐい去れない。

第二に、自然科学ではある理論が正しいか否かの判定は実験によって検証されるのに対して、経済に関しては(とりわけ市場全体の動向については)反復的な実験が可能ではないという問題がある。ただし自然科学においても、天文学などでは厳密な管理実験は行えない。そこで天文学と同様に、経済学では予測がどれくらい満たされたかをもって検証に替えるという手法がとられる。けれども天文学に関しては、管理実験こそ行えないにせよ、自然現象は普遍的であり反復的に生起するという前提がある。それに対して経済現象は、時代と地域により制度も異なり、一回限りしか生じないかもしれない。その点で経済学は歴史学に類しており、政策決定にしても過去に例のない規範的直観による部分が少なくない。

第三は、仮説―演繹―検証というプロセスが、経済学において実際にどのような内容を持つことになるのかという問題である。まず、仮説とは何を指すのだろうか。自然科学においては、論理実証主義が述べるように、実験器具を介するにせよ感覚により観察されて、疑いえない経験をもとに仮説が形成されるのが一般である。ここで、「基本仮定」が、現実を写し取るものでなければならないか否かという問題が生じる。ミーゼスやナイト(Frank Hyneman Knight)、ロビンズらは、社会科学としての経済学に特有のこととして、理論は自明の真理から演繹され、経験によるテストを受けないとみなす先験主義を取った。経験的に自明の真理を基本仮定とする立場である。これを批判し、経済学の理論が実証的なものとして現実によるテストを受けなければならないという検証主義（ないし反証主義）の方法論を明確に宣言したのが、ハチソン（Terence Wilmot Hutchison）である。ところが経済学の実情はというと、消費者や企業家の行動についての動機に関する基本仮定のように、経験的な意味は持つにせよ外部から観察することができないため直接にテストを行うことが不可能なものがあり、一方では観察できてテストが可能な事実に関する仮定（特定的仮定）もあって、それらの全体からなる仮説が事実によって反証されたとしても、基本仮定までは棄却されない。

そこでフリードマンは、仮定を現実により直接テストすることができない以上、理論はその予測のみを反証テストにかければよいのであって、仮定の現実性を追究するのは馬鹿げたことだと主張した。これは、正しい予測を行うのに援用しうる命題の体系を構築することをもって経済学の課題とみなす、「道具主義」の立場である。こうした態度を「F（フリードマンの）ツイスト」と呼び、反論を加えたのがサミュエルソンであった。理論は仮定の同値的な言い換えにすぎないのだから、仮定が経験的に妥当でないならばそこから演繹された結果もまた経験的に妥当ではないはずだ、というのである。予測により現実妥当性をチェックしようとしながら仮定については現実性を問わずに済ませられるはずがない、という批判である。確かに太陽の黒点の動きによって景気を説明する「太陽黒点仮説」が相当な予測力を持つにもかかわらずまともな経済学説とみなされていないことを見ても、仮定を我々が人間の経済活動とみなすものに近づけることが経済学に求められていることは、間違いなかろう。

こうしてみると、自然科学を模すものとしての経済学に対して「経済思想」は、認識においても価値判断が混入していることを疑い、それぞれの時代における一個の制度としての市場社会を概念化しようとし、人間の行動についての基本仮定についても何らかのレベルで経験を取り込むよう解釈しようとするものだといえよう。そのことは、第Ⅰ部の経済思想史からも明らかだろう。

❖「人々の信念」と経済学

では、自然科学のと異なるものとしての経済思想の方法論とは、どのようなものになるのだろうか。実証主義において、仮説は経験的データという事実によって裏付けられねばならないとされた。ここで「事実」は、仮説とは独立に測定できるものとみなされている。さらに言えば、規範も仮説や事実とは独立に決めうるとされている。ハンソン（Norwood Russell Hanson）はこうした見方に対し、「事実の理論負荷性」を主張した。自然科学においてはまず観察データがあるとされるが、その観察は理論を媒介してしか行われないものであり、事実は理論とは独立ではありえないというのである。ハンソンが直接に扱ったのは自然科学だったが、経済学に関して言えばさらに事情が込み入っている。その理論自体がさらに媒介を受けているからである。というのも、経済学の理論はさまざまな次元の言葉や概念から成っているが、それぞれの定義は別の言葉から成り、その定義をさらに尋ねると、最終的には感覚的経験ではなく社会で流通する自然言語に行き着くしかない。つまり理論は、基本仮定を構成する言葉のレベルでさえ、論者の生きる集団や社会が自明とみなす事柄によって暗黙のうちに支えられているのである。しかもそうした自然言語は、経済が前提する制度やさらにそれをとりまく環境にも依存している。

たとえば「貨幣」というのは、丸い金属とか日本銀行の印の押された紙といった物理的な存在以上の何ものかである。人々が貨幣同様の存在とみなすなら、銀行預金もまた貨幣として流通する。貨幣とは、人々が「貨幣」と信じ、そう呼んでいるもののことなのだ。そして貨幣に関わる制度に新展開が生じ、たとえば人々が電子マネーまでを貨幣と信じ、そう呼んだとすれば、それが新たな貨幣の定義となる。電子マネーは電子・情報技術という環境の変化によって生成しつつある新たな貨幣形態だが、つまり技術や社会環境によって物理的にはどのように変化したとしても、とにかく貨幣であると認定されたものが貨幣になるのである。

社会科学において事実とは、すべての人々がそう信じているものなのだ。それゆえに、実証的分析と規範的分析の分類にしても、言われるほど明確なわけではない。「人々が信じているもの」はすでに価値観の刻印を押されているのだし、研究者においてもたとえば「市場が均衡している」という事実認識は、往々にして「均衡が望ましい」という価値観と暗に連動している。さらにそうした価値観は、時代により興亡する制度とともにある。とすれば経済思想は、ときどきの価値観や制度との関わりにおいて、事実が何であるのかを考察しなければならなくなる。

自然科学においては、理論ごとに見える事実も異なるというのがハンソンの指摘だったが、といって一般の人々が信じている理論なり事実なりがそのものとして研究の対象となるとまでは、みなされていない。信じている事柄とは別に、客観的な理論なり事実なりが存在していると想定されているからだ。これは社会科学と自然科学を隔てるもっとも大きな壁だといえよう。自然科学においては、人々が雷鳴を神の怒りの現れだとみなしたとしても、気象学者はそれを雷雲内部の電荷の分布差にもとづく大気中の放電現象として解釈する。ここでは、人々の日常的な信念や意見から離れて仮説が体系的に立てられ、独自の理論の宇宙が構成されている。研究者は「神の怒り」についてではなく、客観的な理論や事実について論じようと(少なくとも努力だけは)しているのである。一方、経済学においては、人々が貨幣であると信じているものから独立には、貨幣を定義できない。定義として客観的に正しいあるいは望ましいか否かとは別に、人々の「信念」が分析の対象となるのである。そしてそうした人々の「信念」は、制度や環境の変化から大きな影響を受けもする。貨幣のように人々が「信じている」主観的知識は、金融政策という実践が行われると、それによって作り変えられるといったことが起きるからである。

経済学においてこの点にもっとも明確な理解を示したのは、ハイエクであろう。彼はこう述べている。「経済活動は客観的用語ではなく人間の目的に関連した用語によってのみ定義されうることは言うまでもない。『商品』とか『経済財』あるいは『食料』とか『貨幣』はいずれも物理用語ではなく、人びとが事物に対して抱いている見解を示す用語によってのみ定義されうる」。彼の立場は、社会科学が自然科学を模倣することでその価値を奪われていることを暴いた著書、『科学による反革命』(一九五二)の題にも明らかだろう。

ミーゼスはこの「人びとが事物に対して抱いている見解」を、個々人が目的と手段の因果関係に対して抱く主観とみなし、それに対して内観にもとづく理解を及ぼそうとした。ミーゼスはウェーバーの理解社会学に倣い、目的を自在に設定し、それを実現するために手段を駆使する（その方向を、経験により学習し修正しもする）という点に人間行為の本質があると仮定して、そこから事象や状況に関わる因果関係に対し人々が抱く解釈の主観性の様相を論じた。これは個々人のすべての行為が有する意味を内省により演繹的に推論しようとする「想像的解釈」であり、論理学や数学のように経験に先行して行われるものだという（先験主義）。しかしハイエクは、「社会科学の目的は意識にもとづく行為を説明することにあるという……ことを信ずるのは一つの誤りである」とこの立場も批判する。それは「心理学の課題」だからである。

では経済学の課題とは何だろうか。ハイエクはそれを、個々の行為が相互に作用した帰結として、「誰の意図の結果でもない事柄が規則的に観察される」とき、それを秩序立てて再構成することだとみなした。たとえば言語学は、誰かが意図して作ったわけではないが人々が現に使用している言語（意図して作ったエスペラント語は普及しなかった）について、その構造と機能を検討している。同様に経済学は、人々がその存在を信じている何ものかとしての「貨幣」や「制度」、「公正さ」や「企業」などについて、社会におけるその「使われ方」の構造と機能を再構成することを課題とすると言うのである。そうしたものとしての「理論」は、仮説の事実らしさや理論に対する事実による反証によってのみならず、基本仮定に当たる基礎的な言葉や概念が社会においていかに理解されているのかによっても正しさをチェックされねばならないことになろう。つまり経済学は、概念にもとづく説明とともに、その概念の解釈をもめざすべきものなのである。

そうであれば、社会科学において「資本」量と「労働」量、そして生産物の量の関数関係を計測するといった数量的方法の意義は相当に割り引かれねばならなくなる。「資本」も「労働」も、均質な尺度によって計測可能なものとは限らないからだ。それはちょうど、助詞と動詞、名詞の数量的関係をいくら計測しても、文法や文意については理解できないのと同様である。資本の集計不可能性を主張し、新古典派をイギリスのケインジアンが批判して生じたのが「ケンブリッジ資本論争」だったが、その趣旨には共感できる。

新古典派を中心とする主流派経済学は、現実との対応よりも最適化行動の形式的整合性を重視するに至っている。基数的効用を捨て序数的効用を採用することで得られる形式的整合性こそが、科学だとみなしたのである。これは仮説―演繹―検証という科学方法論のなかでも、演繹を肥大化させようとするものである。けれども経済に関わる知識は制度や環境を前提とする自然言語によって構成されており、分析といっても曖昧なそうした言葉の束をより整序された別の言葉に置き換えることができるにすぎない。そうした裁断を行ったことにより現在の新古典派経済学は厳密性こそ手に入れたものの、基礎的な言葉が社会においていかに使われているかといった観点からは大きく遠ざかってしまった。社会学者の清水幾太郎は経済学の形式化の趨勢を指弾して「非厳密性の美徳」を推奨しているが、第I部で概観したような経済思想史が「科学」とは異なる意味において思想を追求したのも、形式化とは別の方法で社会の現実に触れようとしたからであろう。

❖経済思想の妥当性と学術集団の権威

経済学が専門分野として確立されるのみならず専門家集団としての学界を形成するようになると、それは特定の人間によって運営されているにもかかわらず、どの議論が真理であるのかの認定を、権威を持って行うようになってゆく。こうして真理の認定は、方法論の次元からアカデミズムにおける力学へと居場所を移すことになる。何が真理であるかの規定は、方法論とともに学界人の信念に負うわけである。

ところが方法論の実際の援用については、権威任せでよいのかどうか、自然科学に関してすら疑問が持たれてきた。まず、自然科学の方法論においては、「検証」の意義そのものにも疑問が投げかけられた。論理実証主義によると、観察によって検証することの原理的に可能な命題は、実際に検証された「真」、反証された「偽」、いまだに検証も反証もされていないもの、の三種類から成っている。ところがこうした「検証主義」の立場に対してポパー（Karl Raimund Popper）が、根底的な批判を展開した。「すべての白鳥は白い」という全称命題は、一羽目の白鳥は白い、二羽目の白鳥も白い…というように、いくら単称命題の形をとった観察データによって支持されたとしても、いまだ観察されない白鳥に関して白いことは保証されないから真とはいえない、というのである。したがって、全称命題に関して「真」であると検証することはそもそも不可能になる。ところが対照的に、一羽でも白くない白鳥が発見されれば「すべての」白鳥が白いとはいえなくなるから、「偽」であることは確定しうることになる。そこでポパーは、反証をもって検証に置き換えるべきだと主張した（「反証主義」）。ある命題が科学として有意味であるか否かは反証可能性によって判定される、けれどもいかなる命題も仮説にすぎない、というのである。仮説は幾度反証を逃れたとしても、「真」であるという保証を得ることはできない。とりあえず受容されるだけなのだ。そしてポパーは、反証がなされたなら潔くその仮説は捨て、推測によって代替的な仮説を形成しようと訴える。科学的な理論とは、反証にさらされながらいまだ経験的データにより決定的な反駁を受けておらず、とりあえず受容されている仮説の体系にすぎないというのである。

ところが科学史をたどると、必ずしもポパーの反証主義が唱えたようには推測と反駁の繰り返しにより進化しているわけではないことがわかる。ある仮説は多数の仮定から成り、そこから導かれた予測が反証されても即座に仮説が棄却されることにはならない。補助仮説を追加したり、いずれかの仮定を置き換えることで修正がなされたとい張ることができるからだ。つまり仮説の体系としての理論にしても、反証例が見つかったからといって即座には潔く捨てられはしないのである。こうした事態を受けラカトシュ（Imre Lakatos）は、ある理論が反証された結果、競合する理論により取って代わられる条件として、競合理論がその理論の内容を包摂し、また予測しえなかった事実を予言していることを挙げている。「科学的な研究プログラム」は「ハードコア」と「防御帯」から成っており、反証例が挙がったとしても「防御帯」だけが彌縫策的に書き換えられ、「ハードコア」は容易には捨てられないというのである。

こうした科学哲学内部のやりとりは、そのまま経済学にも反映されるところとなった。経済学においてもポパー流の反証主義は、容易には仮定が棄却されないという問題に突き当たる。新古典派は自然科学を模した実証主義こそ標榜してはいるものの、消費者や企業家の行動に関する最適化の仮定などは疑われる（反証にかけられる）ことすらない。むしろ最適化に整合しない仮定の方が、いかに現実をよりよく反映していようと、「非合理的」というレッテルを張られ棄却される。こうした事態を重く見た学説史家のブローグ（Mark Blaug）は、ラカトシュの方法論を援用しつつ経済学の各派の正しさを点検しようと試みている。その作業のなかでブローグは、新古典派の諸論文が予測の反駁を心がけるよりも予測が現実と一致することの確認に血道を上げており、マルクス派にしても利潤率の低下や労働者の窮乏化、恐慌の激化などの予測が反駁されたにもかかわらず、場当たり的（アド・ホック）な修正によって切り抜けようとあがいていると批判している。実際、専門雑誌に掲載される五百を越える論文のうち、反証を試みたものは八本にすぎなかったという調査もある。

こうした事態を見るにつけ、理論が棄却されにくい理由を「真理」の条件よりも「心理」の状態に求めたくなるのが自然であろう。クーン（Thomas Samuel Kuhn）のパラダイム論は、仮説の体系が科学者の集団心理によって支持されていることを先駆的に説明したものであった。仮説体系は、検証や反証によってではなく、共に受容する人が存在することによって支持されるのである。パラダイムは、「記号的な一般化の部分、形而上学的部分、価値の部分、見本例」つまり世界観や方法、一般理論やその応用問題の共有によって成り立っているというわけだ。実際、同じ経済現象に関する理解でも、学会によって一八〇度違うことも稀ではない。とりわけ基礎的な仮説が対立する場合、そうした傾向は顕著となる。そして基礎仮説は事実によって検証ないし反証されえないだけに、専攻する学会員の多寡や「国際的に認知されている」学会であることによって優位を決するしかなくなる。そのうえ特定の学界の勢力が広まることは、その学界が共有する学説が科学の方法論から見て正しいことを意味しているわけでもない。学界組織の経済力や政治力、既得権益によって支持されることが稀ではないからだ。

ちなみに学術的に正当とされているはずの主張がとても支持されない例として、経済予測がある。各種の経済指標に関する予測は、日本では学会や大学よりも主に政府や民間シンクタンクによって行われている（数百種類はあるとされ、五兆円産業とも言われる）。そこでは最新の経済理論と統計数字、優秀な人材と高度なコンピューターが駆使されているのだが、注目されるのが的中率である。鈴木正俊の検証するところでは、一九五九年から九五年までにかけての誤差を一〇％とする経済成長率についての予測的中率は、政府（経済企画庁）の場合たったの一割四分で、的中度の高まった八〇年代以降でも三割五分だという。民間支出どころか政府自身の支出の予測すら間違っているという。全般的に的中度は高度経済成長期や成長率の急転期には悪く、八〇年代のように経済が安定するとよくなるという傾向があり、九〇年代の日本の不況に関しても、それが長期続くとわかってのちに各社ようやく正解の周辺の数字を出すようになった。要するに、予測しにくい時期には当たらず予測しやすくなると当たるというわけで、およそ予測であることの必要条件を満たしていない。

とりわけ六九年から九三年までの間、前年のデータをそのまま予測値とした、すなわち専門家としての能力がなくてもできる「ナイーブ予測」を算出すると、この間に予測を行ってきた政府や各シンクタンクと比較して、なんと的中度で最優秀になってしまうという。思考停止状態のほうが成績がよいわけである。予測は理論の検証に相当するから、これでは予測に用いられたほぼすべての理論が反証されたことになる。それでも今なお、何兆円もの資金を投じて、日々科学の呼び名に値しない経済予測がなされているのである。しかもそうした予測は、単に検証のためになされるのではなく、各経済主体が日々の実業のための参考にしている。

このように、経済学が自然科学に範を採ってきたとしても、その理論は現実には科学の方法によってではなく、学界の力学によって制御されてきたのだといえる。これは経済において何が事実であるのかについての「認識」が、方法論によってではなく、権威によって正当化されているということを示唆している。何が真理であるのかは、「方法」が、ではなくアカデミズムの権威が決めているのである。それは生身の人間が行うことであるからには、仕方ないことのようにも思える。けれども認識に実践がともなうとなると、見過しにはできない。そこで非専門家である社会の側に、アカデミズムを制御しようとする動きが生じてきた。

権威が「実践」をも正当化するために、アカデミズムの社会的責任が問われ始めたのである。アカデミズムは方法論を厳密に運用し、そこで得た真理を社会に啓蒙するという図式を掲げるのだが、その理想論の現実ばなれが批判されるのみならず、社会的責任論の文脈でも疑問が呈せられている。自然科学の分野では、地球環境問題や薬害エイズ問題などのように、最近では科学の研究や技術の発展が実践面で社会に悪影響を与える例が頻発している。宇宙の誕生に関する研究や高等数学についての研究のように専門家が社会から隔絶された場所で真理を追求するというのは、科学研究の一般像ではなくなっているのである。

科学的な知識の創造には「モード」があると見るギボンズ（Michael Gibbons）によると、科学技術政策についての見方は、大きく転換した。まず、異なるディシプリン（専門分野）にもとづく高額のプロジェクトの中からどれかを選択する際のガイドラインや重要な決定は、科学者自身が行うべきだという主張があった。科学研究は税金を用いて行うのだとしても、その有用性の判断は国民一般にはできないから、科学者自身が下すべきだという考えである。ところが技術を生み出すような応用科学には、有用性が社会の側にとっても判断しやすい面がある。そこで科学は、科学者の認める以外に存在する社会的な目的を支援するよう、政策的に方向づけられるべきだという考えが出てきた。これがモード1の専門知からモード2の技術知への「モード転換」である。科学研究は税金を費消するに当たり、社会に対して有用性を説明しなければならなくなったのである。

モード1においては、科学はディシプリンの内的論理で研究の進め方が決まるとされていた。業績の評価は「ピアレビュー（Peer review）」、すなわちディシプリンに対する貢献にもとづいて、同僚としてふさわしい能力があるか否かを科学者自身が認めることによって行われる。高等数学や基礎科学などはこのモードに従っている。クーンの想定する科学者共同体のパラダイムが、こうして形成される。一方モード2では、扱う対象が環境や健康、バイオ・メディカル・サイエンスなどに広がり、遺伝子工学やバイオテクノロジー、情報技術などの技術知が生み出されている。それゆえ生産拠点も、大学にはとどまらない。各種研究機関、研究センター、政府機関、産業研究所、シンクタンク、コンサルタント機関などに広がっている。モード2では、研究者はそれぞれのディシプリンからテーマに沿って一時的に出向して来、交流しつつ問題を解決するのである。

自然科学に関してさえ、理論的な知識の正当性を保証するのが学界だけだという見方には、弊害が認められているのである。そして真理性の保証や実践的応用についての倫理的な判断は、特定の学界だけでは行われるべきではないとされつつある。研究の拠点にしても制度的に固定されるべきではなく、その成果は個別のディシプリンの知識に寄与したり、逆にそこでのみ評価されうるとは限らない。研究成果は、必ずしも学会の専門誌において発表されない。研究成果の正当性について、財政的な観点、社会的な観点、倫理的な観点などからの説明が求められるからである。そして説明に当たっても、用いられる言葉は科学者集団の中だけで通用するものではなく、広く社会に受け入れられるものでなければならない。とすれば必然的にテクニカル・タームでなく自然言語で書かれざるをえなくなる。

以上は、自然科学においても実践が認識にともなうために求められることである。経済思想が認識と実践を分かちがたい経済思想も、本来はこちらの技術的な知識であった。経済思想がは、人々の信念」を考察対象とするのならば、なおさらであろう。その解釈に当たっては、特定の専門学界だけが優先権を有するのではない。社会科学の場合、技術知のみならず専門知においてさえ、優先権は主張できないのである。消費に関しては、経済学者だけが特権的に何かを知りうるのではなく、分野の異なる社会学者やアカデミズムの外部においても考察の対象とされるはずであろう。そうであるならば、検証するにしても、トランスディシプリナリ（超領域的、相関社会科学的）に行うべきだということになるだろう。データによっては検証できない場合でも、仮説形成の妥当性は、他分野で定評を得ている説との整合性によって判定することが可能である。経済思想に関しある学会が権威を持つものだとしても、その正当性は、専門的であることや学会員の多いことによってではなく、他学界との交流を踏まえ、たえず仮説を自己点検することによって保証されるべきなのである。そもそも重商主義やスミスの経済学などがアカデミズムの外部で論じられてきたことを思えば、こうした条件はむしろ経済思想の伝統に即したものだと言えよう。

II

第2章
制度について

❖市場と制度――新制度派

近代に始まる市場社会は、どのような歴史的条件のもとで形成されたのだろうか。一般的に、市場が成立し安定的に機能するには、次のような制度が必要と考えられている。まず、財に対する私的な（排他的な）所有権が設定されねばならない。そもそもどの財が誰のものかが識別されないと、その生産や販売、購入や消費といった行動に意味がなくなるからだ。そして私的所有権が実際に運用され自由な取引が行われるためには、人々がそれを強盗や海賊に奪われず、取引で紛争が生じても解決されねばならない。それには法が制定される必要があり、法の制定には立法、法にのっとって紛争を調停するには司法、法の執行には警察や軍隊がなければならない。また、取引には財の量を測る度量衡や質を測る技術が必要だし、取引は一般には物々交換で行われないから貨幣も流通していなければならない。

これらの諸制度はまず国家によって運営されるが、となると国家そのものが存在していなければならず、取引が国際的に行われる場合には国際経済制度ないし覇権が安定しなければならない。国家に景気の振幅を狭めることを求めるなら、財政・金融を含む経済政策も必要になる。これら私的所有権や法、法の制定や運用を行うそれぞれの国家組織、度量衡や貨幣、さらには企業組織などの社会組織を一括して「制度(institution)」と呼んでおこう。

ところが取引費用や不確実性が存在せず、そのうえに人々が合理的だと仮定すると、少なくとも理論上は制度が不要になる。企業にしても人探しや能力の査定にコストがかからないため、朝、人を集めて作業を行い、夕方には解散すればよい。契約によらない慣行などは、個々人の行動の最適化や需給の均衡化にとっては阻害要因とみなされさえする。これに対してコース(Ronald Harry Coase)に始まる「新制度派経済学(new institutional economics)」は、制度のない自然状態において合理的かつ利己的な個人が取引しようとするときには取引費用(transaction cost)がかかるという点に着目する。その取引費用を削減するために、人々が契約して創出したのが制度だというのである。諸前提のうち現実に即して「取引費用ゼロ」をはずしてやると、諸個人が合理的であり選択的に契約するという新古典派の人間観・社会観を引き継いだままで、国家から法、規制、道徳や組織などさまざまな制度が導出できるという。

現実の世界においては、財を強奪されぬよう防衛するにも、取引相手を見つけるにも、交換の単位を決めるにも、いずれも個人で行うには費用がかかる。そこで社会契約により、法・司法や貨幣や度量衡といった制度、さらには国家や国際秩序をも事前に創出しておくことが合理的になる。一見しただけでは多様でまとまりがなく見える制度にも、取引費用を削減する機能を有するという共通点があるというのである。コースはそうした制度が変化する理由もまた、取引費用の削減という視点から説明した。

経済思想史においていち早く制度の重要性を強調したのは、ヴェブレンに始まる（旧）制度学派であった。ところがコースは（旧）制度学派について、それが制度に関する取引費用の削減のような統一的な理論的観点を持たなかったという理由で、酷評している。「（制度学派は）何ももたらさなかった。……理論なしでは、理論を待つ記述的資料の山を除いて、彼らは続けるべきものが何もなかった」というのである。そして現在では、取引費用の削減というコースのロジックは、ノース（Douglass Cecil North）の経済史、ウィリアムソン（Oliver Eaton Williamson）の企業組織論から「法と経済学」や公共選択の政治理論まで、多方面で応用されるに至っている。

新古典派においては、完全競争市場における自由競争こそが、〝他の個人の満足を減少させずにいかなる個人の満足も増大させえない〟ような「パレート最適性」の基準を満たす効率的な資源配分状態を達成するとされる。「厚生経済学の基本定理」である。任意の二財に対する各人の限界代替率（ある財の1単位と交換しても満足水準を変えない別の財の数量）が等しくなることがパレート最適になるための条件だが、自由な完全競争市場では人々は二財の価格比と限界代替率を一致させるように選択しているため、価格が媒介となって全員の限界代替率が一致する。個々人が別々に私利を追求したとしても、市場が存在すれば効率的な状態に達するということである。

これを敷衍すると、次のようなことが言える（荒井（二〇〇〇）、参照）。たとえば人々が通勤の満員電車に順序よく並んで乗り込むという慣行は、一種の制度である。この制度が存在しないならば、座席を確保しようと利己的に他人を押しのけ車中に突進する人たちのせいで互いにぶつかり合ったり、乗降車に余計な時間がかかったりする。これは明らかに不効率であろう。そこで新古典派ならば、座席指定券を発売しそれを購入したものだけが座席に座るという市場化が行われれば、混乱は避けられるとみなす。だが、ここには暗黙の前提が置かれている。市場化には取引費用がかからないという仮定である。ところが現実には通勤電車で指定券をいちいち買うのは時間の無駄だし、通勤時刻も固定されてしまう。満員だと、車掌が指定券を持たずに席に座っている者を排除するのも不可能だろう。こうした取引費用が無視できないのである。そこで順序よく並ぶという制度こそが効率的ということになる。新制度学派が、現実の経済は市場のみならず制度によっても支えられるとみなすゆえんである。

❖制度と信頼

こうした新制度学派の思考法からは、二つの特徴を見て取ることができる。第一は、制度は合理的な個人が契約により設計するものだということ。第二は市場そのものは本質において均質であり、しかも制度との対比で一括しうるような性質を持つということである。ところが制度は設計されるものだという説に対しては、理論的・実証的に批判が寄せられている。利己的かつ合理的な諸個人が自然状態において契約し、そこで制度を作り出してその権力や規制に服するという社会契約説のアイデアは、ホッブズに発している。彼は、各人が生存のために「何でも思うままに行使しうる自由」としての「自然権」を持つとすれば社会は戦争状態になり、それゆえ人々は理性によって全員一致し、自然権を制限するような契約を行って国家を創出すると考えた。けれどもそこにも、暗黙の前提がある。合理的でしかも利己的であるような個人は、他のすべての人もまた自分と同様に自然権の行使を自制するとは信じないであろう。それにもかかわらず契約が同意されるというのならば、それは人々が無条件に利己的ではなく、すでに社会秩序を作り上げようとする何らかのルールに従っていることになるはずである。現代のゲーム論においても、なぜそれに人々が従うとされるのかは明らかにされないままゲームのルールが最初に設定され、そこから企業組織や官僚の行動、恋愛から慣習までありとあらゆる社会事象が生成する様子が説明されている。

なるほど自然現象においては、ゲームのルールに諸要素が従い、しかもルールそのものは変化することがない。初期条件や環境の相違により、ゲームの結果が左右されるだけである。したがって、そのルールを外部から発見することが研究者の仕事であり、ときには人為的な変更も可能である。一方、人間社会では、そうしたルールは自ずから変化したり、適宜発見されたり、一部が設計されたりしてしまう。契約というゲームのルールは研究者が外から観察し分析できるとしても、全面的に設計しうるようなものではない。

この点については、新制度学派も別の角度から示唆していたとは言える。ノースは個々人が合理的かつ利己的に経済計算した結果においてとる行為だけではフリー・ライダー問題が解決しないとして、無条件な「イデオロギー」の共有の必要性を唱えている。市場が成立するには慣行や規則、忠誠心やモラルがともなわねばならないことについては、最近ではゲーム論も支持している。これらの制度は、形こそ異なってはいても、いずれも他者に対する期待が成就することを含意している。満員電車に整然と乗り込む慣行が契約によらずとも存在すれば、それを守らず他人を押しのけて乗り込む人は、慣行がない場合よりも容易に席を確保できる。しかしそうした人だけが有利になると、慣行を守る大多数は不利になり、慣行は廃れるだろう。慣行が存在するということは、他人への期待がおおよそ成り立っていることを前提とするのである。こうした「他人への期待」(他人が表明したことないし倫理的に妥当とされること、ルールなどを、他人が行うという期待)を、「信頼(trust)」と呼んでおこう。

労働者が企業に雇われるとして、労働の現場で起こりうることをすべて事前に想定して契約条件に盛り込むことは、実際には不可能である。予見できなかった事態が生じても労働者が忠誠心を持って働き工場の現場で自律的に対応するならば著しく生産効率が上がるということは、小池和男が日本企業に即して実証してみせている。ここでは企業への忠誠心が、生産効率を高めているのである。また、医療のように専門性の高いサービス分野では、一般に患者（消費者）は医者の行う一々の医療行為に関して適否を判断するだけの情報や能力を有していない。看護師の打つ点滴が毒でないかどうかを患者が調べ点検するのは、実際上不可能である。入院中に不満があるとしても、病院を変えるのはよほど明確な理由がない限り難しい。患者は医療行為についいては素人だから、明確な理由など示しようがない。近年ではセカンド・オピニオンが定着してきたとはいえ、それでも患者が素人なりに情報を集め、医者のいちいちの行為を検討するのは著しく不効率なのである。それゆえ医者には職業倫理が求められるわけである。

労働者の忠誠心も医者のモラルも、「信頼」の対象である。ルーマン（Niklas Luhmann）は『信頼』において、過度に複雑な社会では、その複雑性を縮減する有効な形式として信頼が形成されるとしている。より社会学的な著述ではあるが、フクヤマ（Francis Fukuyama）も『信頼』において、合理的な契約がなされる以前に他人に認知されたいという情緒的な信頼があってこそ企業も社会も発展すると主張した（フクヤマは日本が高信頼社会だという）。これらの見解からは、信頼も含むさまざまな知見が共有されてこそ、制度が契約されることになる。だが信頼そのものは、契約の対象とはなりえない。その契約にもさらに信頼が前提されるからだ。

契約が合理的になされるとしても、「信頼」などがそれ以前に共有されねばならないとなると、そのためには一定の時間と経験が必要となる。そうした時間なり経験なりを要するという意味では、人間は合理的とはいえない。ところが新制度学派は、人間の合理性を仮定している。これは、契約に時間はかからないという想定である。この立場では、合理的な精神が行き渡りさえすれば市場が形成され、さらに取引コストの大きさに応じて諸制度が創設される。市場と制度はともども自然状態において合理的かつ利己的な個人の契約によって構成されるとみなすのである。

それが正しいならば、合理的精神の生成だけが歴史に委ねられることになる。ここからは、人々が合理的でありさえすれば、市場や諸制度を一気に創出しうるという主張が出てくる。一九九〇年代初頭に東欧・ソ連の市場化において提唱されたような「ビッグバン方式」である。ところが周知のごとく、その方式の適用された国々の経済実績は惨憺たるものとなった。ロシアやブルガリアなど、一九九七年にはGNPが一九九〇年の三分の一にまで減退してしまったとされる。それでもなお新制度派的な社会契約論の立場を維持しようとすると、そうした国々では合理的な精神がいまだに定着していないのだというしかなくなる。だがそうなのだろうか。

制度が合理的に設計されたり契約されたりすることは、現実に行われている。だがそれには契約に先立って何らかのルールが共有されているはずであり、そのルールそのものは契約の対象ではないのだから、時間をかけて定着するのを待つしかないのである。市場化に失敗した旧社会主義諸国には、合理性よりもそうしたゲームのルールの方が共有されていなかったのであろう。これに関しては、まったく対照的な事例があったことを忘れることができない。社会主義国のなかで中国は、例外的に経済を部分的漸次的に自由化していった。そうした漸進的な市場化の結果、たとえば自動車産業では企業が部品メーカーとの間でインフォーマルな取引関係を育んでいった。また繊維産業では、外資が工場を垂直統合した。丸山知雄は中国経済への観察から、市場経済は公式・非公式の制度が時をかけて形成されるなかで定着するとしている。ここでいう「公式・非公式の制度」は自生的に形成されるものであり、事前に想像されたものとは異なっていた。

❖制度のコンベンショナリズム

ここで言われる制度は「ゲームのルール」に類するものであり、いわば「思考上の制度」である。商品の意味や他人に対する信頼もそれに含まれる。これらを「制度1」と呼んでおこう。前章で社会科学における「事実」とは「人々の信念」なのだと述べたが、それがこれに相当する。それに対して、「確立された行動パターン」が制度と呼ばれることもある。慣習的行動などである。さらには本章の冒頭で述べたような実定的な社会組織としての家族や企業、所有権、法や度量衡、貨幣なども制度と呼ばれている。これらを併せて「制度2」と呼ぶことにしよう。

たとえば文法は、それがどのような構造を持つのか教科書で読んだことがなくとも、子供も従うことができる。その意味では、制度1に相当している。それに対し「制度1」の文法に従って遂行された実際の言語活動から反復的に現れるようになった、流行も含むような言葉使いや、意識化され、教科書において言語で表現されるに至った文法は、制度2である。以下、単に制度と言うときには制度の1と2を合わせた広義の意味で述べるものとしよう。

貨幣は一個の制度であり、導入されれば、ある商品を購入する際に他のすべての商品と対比してその価値を相互比較する(相対価格をすべて計算する)必要はなくなる。ある商品の価値は貨幣の価値とのみ対比すれば測れるからで、それだけ取引費用は削減される。けれども、では電子マネーはいっそう便利な貨幣として、導入されれば早々に機能するかというと、そうした新たな制度が定着するには、個々人がその使い方に関するゲームのルールを修得し、習慣的に使いこなせるようになり、社会でそれが貨幣であると信じられるようにならねばならない。合理的な制度であっても、導入されるには、相応の時間がかかるのである。制度そのものは制定されうるとしても、それが定着するには個人的習慣や社会的慣行、そして信頼の定着を待たねばならない。それを無視して制度の導入・廃棄を短期間で行おうとしたり、ましてすべての制度を一度に設計しようとするなら、大概は混乱を招くであろう。そのことは、旧ソ連の経験が示す通りである。

ヒュームは『人間本性論』で、成文法のように契約的に作り出されたのではないにもかかわらず人々の行為を律し、それによって人々に共通の利益をもたらしているような慣習的ルールを、「黙約」(convention)と呼んでいる。それは何人かでボートを漕ごうとするときの自然発生的に現れた漕ぐリズムのようなものであり、そうした協調性が自発的に反復されることにより、言語や貨幣、所有権が発生したという。(11) そしてその形成には、「共感」が必要だとみなした。こうしたヒュームの立場は、共感が「立場の交換」によって生まれるとするスミス、諸制度が淘汰の過程を経て進化するというハイエクらによって受け継がれている。

ここで、社会を基底から支えるようなルールさえも契約的に創出しうるとみなす立場を、「設計主義(constructivism)」と呼んでおこう。社会制度を意図的に作り上げようとする「設計主義」を批判するハイエクは、制度を個人的習慣や社会的慣行をともなうもの、そしてそれらの全体として「自生的」に発展するものと理解している。ハイエクによれば、社会制度は慣習の裏付けを持ち、自生的に進化してきたとするこうした見解は、近代ではヒュームやバーク（Edmund Burke）、ザヴィニー（Friedrich Karl von Savigny）やモンテスキュー（Charles-Louis de Secondat Montesquieu）に共通するものだという。これは大きく言えば、経験論の社会哲学の流れである。

ただし、そこでは制度を作為するという契機がすべて無視されているわけではない。制度は、とりあえずは試行錯誤的に作為されるのだが、環境に適応しうるか否か、有効な個人的習慣や社会的慣行と繋がるか否かは経験してみるしかなく、不適応を起こした制度はいずれ淘汰されてゆく。それゆえハイエクは、この立場を「進化論的」な制度観と呼ぶのである。

❖市場とは何か

これまで述べてきたのは、それぞれの時代の各社会において人々が共有する思考上のルールないし信頼（制度1）が存在し、それにより初めて制度（2）が契約されうるということであった。このことが、理論的にも実証的にも確認されたとしよう。では、市場とはどのようなものだろうか。

市場が経済主体間の自発的な交換の場であるということは、言うまでもない。それはクールノー以来、売り手と買い手の取引関係において、価格の変動により財・サービスの需要と供給が調整され、均等化する領域として描かれてきた。こうした定義は、ある商品の市場を、均一の価格が成立する範囲、すなわち「一物一価の法則」が成立する領域としてとらえている。この考え方は、ある商品が別の商品とともに一つの市場を形作っているか否かを、両者の価格が連動し均一になるという現象によって定義するものである。

トリフィン（Robert Triffin）はそれをさらに、「需要の交叉弾力性（cross elasticity）」の概念によってとらえ直した。ある商品の売り手が価格を下げても別の売り手の商品への需要に変化がないならば、つまり各商品の価格に対して買い手の示す反応度がゼロの場合には、各供給者は異なる市場に属しており、それが無限大ならば、同じ市場に属しているとみなすのである。けれどもそうだとすると、市場とは価格が均等化する領域であるとしながら一方では均等な価格を持つのが市場だともいっていることになり、議論が循環してしまっている。

価格が取引を調整するのは事実だとしても、「一物一価」は市場の結果であるから、それによって市場をとらえるのは、人々が商品相互の異同の区別を明確に付けていることを前提している。これは、商品の異同は物理的な客観性において区別されるという想定に由来するものであろう。けれども我々は、商品の異同を、物理的な差異や機能の相違として、客観的にのみ判断しているわけではない。

ある商品が別の商品と区別されるのも、人々の「信念」によっているのである。市場において同じ、もしくは異なる商品として売られる数種の魚は、自然科学的な定義によって区別されているわけではない。それらの区別は、市場参加者が理解しており、採用するのが便利であるために、定着している。「タイ」と一括され市場で商われる魚には、生物学的にはまったく別のものが多く含まれている。さらには、ここで述べた意味において市場で同種とされる商品であっても、人によっては異なる商品とみなすことがありうる。同じ商品でも、時と所が違えば異なる価値を持つからである。たとえば傘は、急に雨が降り出したときには誰もが欲しがるが、かんかん照りならば無用の長物と化す。そこで、雨が降ったとたんに店頭に傘をならべるコンビニエンスストアの店主は儲けることができるのである。けれども雨の日に店頭に並べられる傘といっても、雨に濡れることをさほど厭わないヨーロッパなどでは日本ほどには売れないだろう。所が異なっても商品の価値には差が出るのである。流通業は、まったく同一の商品を、配置する時と所を変えることにより売ろうとする産業である。こうしたことに気付いた人が、儲けることができる。つまり市場は、商品の異同に区別をつける場なのである。

前者の点に関しては、記号論や消費社会論が早くから指摘してきた。バルト（Roland Barthes）は、衣服などの持つ象徴的な意味は、言語のそれに似ているという。「イヌ」という言葉を思い浮かべよう。それは日本語の文字としては「犬」、音声としては「ｉｎｕ」と表記される。そうした記号の視覚的・聴覚的な面をソシュール（Ferdinand de Saussure）

は「シニフィアン」と呼ぶ。これらは我々が親しんでいる「あの」動物を意味していて、この意味の面は「シニフィエ」と称される。では「イヌ」という言葉が「猫」を意味しないのはなぜだろうか。ソシュールはそれを解き明かす鍵として、「差異」に注目した。「ｉｎｕ」は様々な声質や高さで発音されることになるが、多種多様なそれらが一律にあの動物を指す同一のシニフィアン「ｉｎｕ」と理解されるのは、「ｎｅｋｏ」や「ｓａｒｕ」の発音との差異が明瞭に把握される限りにおいてである。一方、実在する動物の側には、そうした区別は存在していない。我々は、「ｉｎｕ」という音声が「ｎｅｋｏ」や「ｓａｒｕ」とどのような差異を持つのかを理解するまでは、それら何種かの四つ足動物を相互に区別することができない。これは文字についても同様であって、音声や文字という物理的側面（シニフィアン）において差異が認識されることが、言葉の意味（シニフィエ）を生む。それらは、実在し前もって区別される各動物の名称の記号として、たまたま定義されたものではない。ここでいう「犬」や「猫」、「猿」は、「動物」という同種のカテゴリーの中で差異を持つものであり、「範列」（パラディグム）関係にあると言われる。

だが言葉の意味はそれだけでは確定しない。「犬」に「権力の」という別の言葉が添えられれば、それは動物を指さなくなるからだ。そこである言葉は別の言葉と結合され、文章の全体において意味を確定することになる。ただ、「猫」には「権力の」という言葉は結び付かないが、「猫」が「球と」「じゃれる」は自然なつながりである。それゆえに言葉の「結び付き」もやはり他の「結び付き」との差異によって適切さを判定されていることになる。こちらの言葉の結び付きは、「連辞」(サンタグム) 関係と呼ばれる。発話者は、いくつかの言葉をそれぞれの範列から選択し、それらを結合して適切な連辞を作るという二重の操作を行っているのである。

バルトは同様のことが、財の選択に関しても言えると主張する。シャツ―ズボン―履き物という一式の衣服でいうと、シャツはワイシャツ/ポロシャツ/Tシャツの中から選択され、短パン/スラックス/ジーンズから選ばれたズボン、革靴/スニーカー/ビーチサンダルから選ばれた履き物と組み合わされる。衣服を着るにつけても、選択と結合が行われているのである。財も言語に似て、ともに選択と結合によって意味を帯びる記号なのだ。

ところで言語にせよ財にせよ、その意味は固定しているわけではない。たとえば「inu」は、「権力の」と繋がって「盲従」を意味することがある。これは「inu」というシニフィアンと「あの動物」というシニフィエが一緒になり、一つの単位の「表現」(シニフィアン) として「盲従」という「内容」(シニフィエ) を示している。このような二重構造は、コノテーションと呼ばれる。財の場合も同様で、たとえばピアノは音の出る楽器という道具として以外に、家庭生活の「余裕」や「豊かさ」を意味するだろう (かつての日本ではそうであった)。衣服については、ワイシャツにズボン、靴といえば、単に「フォーマル」とか「仕事」を印象付けるだろうが、シャツが白、ズボンと靴が黒で黒いネクタイも追加すれば、葬式の悲しみを連想させる。サンタグムにより、個別の部分に全体としてまとまった意味が付与されるのである。ここでは、商品の分類は物理性や機能性によってはおらず、意味的な差異にもとづいている。そうした差異の理解を共有しなければ、商品の異同を識別することはできないのである。消費者は、ある商品についての使い道がどのようなものなのか、経験を通じて知るしかない。

こうしたことに付け加えて、同一の商品の価値が時と所によっても異なるという後者の点を指摘したのが、ハイエクであった。彼は生産に関して、ある商品を生産するための最低費用は、通常どの瞬間にもただ一人しか知らないし、また需要がどれくらいあるのかも、競争を通じてしかわからないという。つまりある時、ある所における特定商品の生産にかかる最低費用や需要の大きさは、一部の人にしかわからないというのである。生産者ないし流通業者は、そうした自分しか知りえない知識にもとづいて商売を行い、利潤を得ている。そして誰かが利潤を得た結果、そうした知識がどのようなものであったのかについての理解が広まってゆく。このように、知識を伝達する場が市場だというのである。

これは、市場とは知識の発見と伝達のプロセスだという解釈である。経済において用いられる知識は、科学的なそれのように体系的・普遍的なものではない。リンゴは植物学的に分類されるだけでなく、生産しやすさや需要の大きさによっても分類される。さらにハイエクの見方によれば、意味の次元で同一とされた商品にも、経済的にはさらに異同が認識されることになる。

こうした事柄が重要であるのは、とりわけ新古典派においては商品の異同があたかも所与であるかのごとくに扱われ、同一物に関しては価格競争だけが行われるかのように言われているからだ。腹を満たすことだけが関心の的であるような場合ならば、食品はあくまで食べるという側面から評価される。けれども雰囲気を楽しむために外食したり、流行の料理を食べるというときに、我々は栄養の摂取以外の要因にも関心を払っている。

以上に述べた商品の異同に関する知識は、思考上共有されるルールないし制度1に属している。けれどもそれは、市場における流行の影響で、変形させられることもありうる。つまり、制度1・制度2・市場という三項は、相互に依存し合っているのである。

❖生産要素の商品化と市場社会の誕生

市場の中でも、制度とことさらに深いつながりを持つのが生産要素市場である。労働や資本・土地などの生産要素は、工業製品などとは異なり市場で取引されにくい商品である。それゆえ市場が自立することも困難であり、制度の安定を欠くことはできない。

一般の商品、たとえば工業製品が売買されるとしよう。それは企業によって供給され、消費者が需要している。それだけで話は完結しているように見える。だが消費者は、どこから収入を得ているのだろうか。彼・彼女は労働者として、また資本家や地主として、賃金・利潤・地代を収入としているはずである。市場社会において彼らの収入は、企業が労働や資本・土地を生産要素として作った商品が売れることにより、分配されたものである。ということは、商品化が容易に見える工業製品であれそれが市場化されるには、背後で同時に生産要素市場が定着していなければならない。市場社会が全体として成立するには、生産要素市場の独立が決定的な条件となっている。

我々は、収入の見通しのもとで消費の計画を立てている。十五〜十六世紀に「囲い込み」運動によって遊牧地が私有化され、土地から追い出された小作農は、賃金からしか収入を得ることができなくなった。現代のサラリーマンも、貨幣賃金を予算として消費している。けれども不況でリストラが予測され、月給やボーナスについて見通しが立たなくなれば、収入源が枯渇するのだから、彼らは消費を手控えようとするだろう。そして消費が減ると、商品が売れなくなるから、分配の原資も減り、実際に収入が減ってしまう。ということは、一般の商品が市場で安定的に売買されるには、生産要素からの収入が安定している（ると期待され）なければならないのである。では長期の収入の見通しは、どこから得られるのか。かりに労働市場が完全であるとすれば、転職の必要こそあれどこかで職と賃金を得ることが保証されるから、収入に不安はなくなる。労働市場でいくらでも適職を見つけることができるならば、将来の収入に不安を抱く必要はなくなるからだ。

だが、非自発的失業が存在するとすればどうか。不況で失業したきり収入の道が閉ざされるとなれば、消費はやはり手控えられることになるだろう。ここで、非自発的失業と自発的失業の区別が問題になる。スティグリッツ（Joseph Stiglitz）のように、「シカゴで解雇の憂き目に遭い失業中の元溶接工は、もとの溶接職場で働きたいのに働けない非自発的失業者なのだろうか。それともカリフォルニアのぶどう農園に行けば摘み取り仕事があることを知りながら、シカゴにとどまることを選んだ自発的失業者なのだろうか」と考える者にとっては、非自発的失業という概念そのものが存在しないことになる。

けれどもこうした主張には、暗黙の前提が隠されている。能力の別こそあれ労働者は均質であって、どの職場にも適応しうる、つまり可塑性を持つということである。特定の職場（溶接）だけにしか適さないという人はいない、人は容易に転職しうる、という前提である。なるほど単純労働の場合はまだそういえるかもしれない。けれども地域の顧客だけを対象に商いを営んできたような店主が閉店を余儀なくされて、パソコン会社に転職して若い上司の元で働くといったことは容易だろうか。人はそうした転職を望まないからこそ将来に不安を抱き、収入を蓄え消費を減らす。労働は商品として、個別性を持つのである。ましてや複雑な労働ならば、個別性はより高くなる。つきあい下手な人もいるし、機械を操作するのが上手でも人前での発表は苦手という人もいる。シカゴでの慣れた溶接工場を離れ、家族を残してカリフォルニアの農場へ一人で出かけるのにはやむなく同意するとしても、消費を手控えることは抑えようがない。

労働は、売る側にとっては個別性が高いだけに、いずれ売れるにしても、望む所得ですぐに売るのは困難な財である。それゆえにこそ資格制度などで能力の標準化が図られ、市場取引の可能性を高めようとされてきたのだが、それでも労働しか売るものを持たない人は、リストラの危機を感じると将来所得に不確実性を見出すだろう。

土地についても同様のことが言える。生産性だけで測るならば、多くの土地が肥沃度しか差を持たないように見えるかもしれない。しかしそこに一生住むことを考えれば、すべての土地は別だともいえる。交通の便、暴走族が横行しないか、日当たり、将来隣りに高層マンションが建たないか、震災で火災が発生するリスク、などを考慮すれば、土地は個別性のきわめて高い財なのである。金融もまた、個別性を持っている。借金をした人が返済できるかどうかは、まったく借り主の側の個別事情による。金融を銀行が専門に行ってきたのも、そうした個別事情を分析し返済可能性を算定する「審査能力」を専門的に持っているからである。

このように生産要素は個別性が強く、一般商品と同様の市場化はその分だけ難しくなる。ここで、生産要素市場については、国家や社会、企業による制度的な保障が要請されることになる。最低所得の保障や社会的な相互扶助があれば、転職に時間がかかってもその間の生活には心配がなくなる。キャリアや年金が別の会社でも通用するなら、転職に際しての所得への不安は抑えられるだろう。対照的に企業の長期的雇用や固定的な賃金プロファイルが制度として存在すれば、それだけ労働者は企業に定着し収入の見込みを立てやすくなるだろう。これらが制度として定着しているとき、そこから消費には個々の家計の習慣として支出がなされるのである。終身雇用制が普及したり失業保険制度が充実することによって人々の将来所得への見通しが確定するからだ。

もちろん、長期雇用制により労働が熟練し将来の雇用に不安を抱かずに済む一方で、労働者が社外に適所を求める機会を失うといった弊害も生じる。それゆえ制度は経済を安定させるばかりではなく、逆に障害となる可能性もある。弊害の方が大きい場合には、制度が淘汰されるか改変されねばならなくなる。資本に関しては、企業において固定資本を巨大化させるためには、少数の資本家ないし企業家の個人的な資産を当てにするのでなく、広く社会から資金を収集する必要が生じた。こうした要請に答えて、資本を小口単位で分割し、それを譲渡可能な株券として売却し資本市場から巨額の資金を調達する「株式会社」形態が登場した。けれども資本が市場で取引されるようになると、それは投機の対象ともなる。投機は企業がどれだけ収益を上げるかについての見通しとは直接関係なく、株価がどんな理由によってであれ上下動することからさや取りするのを目的として行われる。つまり資本は、一方では企業の産み出す利潤を胚胎する商品でありながら、他方では単なる投機の対象ともなる。要するに、生産要素市場を補完する制度といっても長所と短所を合わせもっているのである。

市場を生産要素のそれと製品のそれとに分け、制度との関係を考える経済思想の系譜がある。マルサスは消費に占める割合が大きいのは地主の奢侈品への需要だと考え、そこで地主に不利にはたらき、その消費支出を激減させるであろう穀物貿易の自由化に反対した。ケインズも、賃金の切り下げは、労働市場における超過供給を解消するというよりも、製品市場で需要減を招くという点に注意を促した。ポランニー（Karl Polanyi）は、土地・労働・貨幣は生活の基本条件を形づくっており、そうした社会の「実体的（substantive）」な部分は容易には市場化されないと考えた。

ポランニーは、市場が経済の全域に及ぼうとすると、社会の側はそれに対抗して自己防衛を図り、たとえば労働者に対して職の有無にかかわらず生活費を給付する十七世紀の救貧法（スピーナムランド法）が制定されたという。貨幣の市場化が進み国際金融市場が進展すると、管理通貨制度が制定されることになるとも言っている。彼らはともに、穀物法や賃金の固定性、社会の自己防衛といった制度により、「将来収入への安心」が生じることを見抜いていたのだと言えよう。

以上のように、市場が成立するには制度の存在が必要で、とりわけ信頼は不可欠である。なかでも生産要素市場の制度的安定は重要であり、他の市場の成否はその安定性に依拠しているのである。(12)

Ⅱ

第3章

貨幣について

❖通貨論争

貨幣とは何だろうか。我々は日々貨幣を得ようと働き、貨幣を払って消費している、つまり貨幣を用いて経済活動を営んでいる。それゆえ誰もが貨幣とは何かを知っているように見える。けれども貨幣とは何かと改めて聞かれると、これに答えるのはなかなか難しい。貨幣とは何かは、貨幣管理の実務に関する論争においても繰り返し論じられてきた。「金地金論争」以来、そうした論争は今に至るまで継続している。

十九世紀初頭、イギリスでは金本位制が採られていたが、フランスとの戦争の結果、戦費調達のため兌換銀行券が増発され、同盟国への援助に金の流出が続いた。それゆえ通貨と地金が減少することとなった。これを受けてイングランド銀行は一七九七年、銀行券の金との兌換を停止する(一八二一年まで)。その結果、インフレに加えて金価格が高騰し、ポンド相場の下落が発生した。ここでその理由をめぐり、「金地金論争」が勃発した。

一方の側を率いたリカードは、地金価格の騰貴は銀行券(紙幣)の過剰発行に起因するという「地金主義」を唱え、イングランド銀行を批判して貸し出しの収縮を求めた。一連の現象は地金価格そのものが騰貴したために生じたのではなく、別途銀行券の価値が下落したために起きたのであるから、兌換の再開だけが通貨価値への信頼を回復するというのである。一方、反地金主義者は、まったく対照的に、銀行券が減価したのではなく地金価格が騰貴したのであり、それは地金そのものへの需要増や国際収支の悪化に起因しており、さらにポンド相場の下落も戦費調達とナポレオンの大陸封鎖のせいだと主張した。こちらは、銀行券の発行量は為替相場や地金価格には直接には関係がないという解釈である。結果的には一八一九年の終戦を機に、兌換が再開された（一八二一年）。事実上、地金主義が支持されることとなったのである。

ところがそれにもかかわらず一八二〇年代から三〇年代にかけ、インフレーションとそれに続く恐慌、金流失が頻発した。そこで今度はイングランド銀行の発券制度をめぐり、通貨主義と銀行主義の間で通貨論争が交わされた。「通貨主義」（currency principle）は、基本的には先の地金主義のリカード説、さらにいうとヒュームの「正貨配分の自動調節原理」を唱えた。通貨が貴金属の正貨（金）のみであるならば、リカードの言うように、経済は通貨増大→物価騰貴→輸出減・輸入増→国際収支の悪化・為替相場の下落→金流出→通貨減→物価下落→輸出増・輸入減→金流入→通貨増→……という過程を反復するだろう。ところが通貨が正貨と銀行券、すなわち金貨と金兌換紙幣からなるとき、金貨が減少しても同時に銀行券が増発されるならば、通貨は減少せず、自動調節原理は途絶えてしまう。

そこで通貨主義者は銀行に、兌換義務を果たすだけでなく一〇〇％の金準備を要求し、さらには国際的な金の流出入に銀行券の発行量をリンクさせることを主張した。貨幣発行量を金にリンクさせることにより、その供給を銀行の恣意に委ねず、また自動調節原理を十分に機能させようとしたのである。

これに対して「銀行主義」(banking principle) は、通貨は鋳貨のみであり銀行券は商業手形や小切手と同様に信用であって、通貨主義による鋳貨・銀行券とその他の信用諸形態との区別は根拠がないと反論した。その他の信用も、銀行券とともに貨幣の機能を果たす(信用貨幣)ため、銀行券をいかに管理しようとそこで生じた不足は補われてしまうというのである。とするならば、恐慌の発生因は銀行券の増発ではなく、物価の変動にもとづく投機そして信用の濫用だということになる。それゆえ実物経済を活性化させるためには、銀行券は中央銀行が自由裁量で発券すべきだと主張する。

これらの論争は発券制度をめぐる政策論議ではあったが、貨幣とは何かをめぐって二つの対立する考え方が存在することを示している。地金主義から通貨主義へと受け継がれた立場は、貨幣とは金貨および紙幣のことであり、金貨も貴金属としてその一部に含まれる実物財の需給はそれ自体で独立しているから、銀行券の発行量は物価水準に影響するだけで、実物の生産面には影響しないとみなす。こうした立場はワルラスの一般均衡論にも通じるもので、貨幣の供給量は物価と比例すると唱える貨幣数量説を採り、市場の自動調節機能を円滑に働かせるために裁量的な紙幣発行に制限を設けようとする。また通貨の増発は、短期的には実物面を攪乱するが長期的には貨幣数量説が成立するから、貨幣供給率を一定に保つべきだとするフリードマンのマネタリズムもこれを継承したものだといえる。

一方、反地金主義および銀行主義は、貨幣とは貨幣の機能を果たすすべての信用も含むものだとみなし、したがって信用拡張によりその量は変動するのだから、中央銀行が裁量的に管理しなければならないと主張する。しかも信用として膨張したり縮小したりする貨幣量は実物面を左右するから、それゆえ発券量を操作する金融政策によって景気も安定化させるべきだと言う。これはのちのケインズ的な金融政策に通じる考え方である。

こうした対立する二つの見方は、貨幣とは何かに関わるいくつかの論点に即して生じてきた。それは、一つには貨幣の機能とは何であるのかという問題、二つには具体的にどのような素材が貨幣でありうるのかという問題、三つには貨幣は何のために需要されるのかという問題である。

❖貨幣の機能と実体

貨幣の果たす機能としては、通常三つが挙げられている。価値の蓄蔵手段、計算単位（価値尺度）、交換手段である。貨幣が存在せず物々交換がなされるとすると、いろいろと面倒な事態に直面する。我々は商品を購買する力を得るために働くのだが、働き終わったその場で提供した労働サービスの対価として商品を購入せよと言われると、困るだろう。

商品の選択は、給与の支払いとは別のタイミングで行う方が便利だからだ。賃金が貨幣で支払われ、貨幣が価値を蓄蔵してくれるおかげで、我々は時間の幅を広く取って商品を選択することができるのである。

価値の尺度に関しては、物々交換では自動車一台がシャツ何枚と交換されるか、蕎麦一杯で何本のビデオをレンタルできるかなどと相対価格で表示することになるが、それらのすべてを知るのはきわめて煩雑であるから、統一的な価値尺度が求められる。すべての商品価格を、貨幣の何単位と交換されるかで表示するのである。これが計算単位としての貨幣である。

また実際に手持ちの物を欲しい物と交換しようとすると、たとえば自分がシャツを持っていて自動車を欲し、実際に自動車を持っている人を見つけたとしても、その人がシャツを欲しいとは限らない。物々交換には、二人がともに相手の保有する商品を欲しているという稀な状態、「欲望の二重の一致」が必要になるのである。物々交換で欲しい物を手に入れようとすると、なるべく多くの他人が受け取りやすい商品を作らねばならなくなる。しかし全員がそう考えるならば、どこにでもあるような商品しか作られなくなってしまう。商品の多様性に限界が生じてしまうのである。ところが貨幣が存在すれば、シャツを売った人がその貨幣で自動車を購入することができる。つまり貨幣は、交換手段であることにより、スミスの注目した分業を発展させることができるのである。

これら三つの機能は、ほぼ共通に認められている。けれどももともとは銀行の預り証でしかなかった銀行預金が支払い手段として機能し始めると、銀行預金の支払い機能をも貨幣の機能と認めるかどうかが問題となり、意見は分かれる。銀行預金などの信用までも貨幣に含めると、貨幣の管理は信用全体の管理によって行わねばならない。これは、貨幣として実際には何が用いられているのかの判断にもかかわってくる。

日本では、円紙幣が貨幣として流通している。一万円紙幣は、貨幣として、一万円なりの価値を持つ商品と交換される。けれどもその紙幣は、交換された商品と比べて言うと、何かに使えるという意味での使用価値を有さず、さらには製造費用さえもかかっていない。つまりそれ自体は無価値であるのに、国家が貨幣と認めており人々がそれに従っているという理由で、貨幣として交換されているのである。このように商品としての価値を持たない貨幣を「不換貨幣」(fiat money) と呼ぶ。現代の経済においては不換貨幣が一般的だが、歴史的にはほとんどの社会において何らかの商品が貨幣として用いられてきた。こちらは「商品貨幣」(commodity money) と呼ばれる。金がその代表で、取引や決済に用いられる一方、装飾や金歯にも使われる。不換貨幣は、多くの場合は商品貨幣から進化したものである。

当初、金は交換に際しいちいち目方を量り品質を調べられていた。しかしそれでは面倒なので、政府が純度と重量を保証する金貨を鋳造することになる。政府が信頼されている限りで、この金貨が普及する。けれども政府への信頼が大きいならば、そもそも金貨だけが流通しなくともよい。政府が紙幣を、一定量の金と交換してやることを保証してやればよいからだ。そこで金貨やさらには商品ではない紙幣も、政府の保証があるならば流通しうることとなった。紙幣は金よりも軽いので、持ち運びも便利である。こうした貨幣制度は「金本位制」(gold standard)、紙幣は「金兌換紙幣」と呼ばれる。その場合、国家(中央銀行)は、紙幣の発行量の全額に相当する金を準備しなければならない。

ところが政府に信用があれば、紙幣の全額がつねに金への兌換が要求されるわけではないから、紙幣の全額を準備しておく必要もなくなり、保証発行限度を超える紙幣が発行されるようになる。その結果、最終的に、金との兌換が保証されない紙幣が登場する。政府に金と交換することを申し出る人がいない時期が続き、それでも紙幣が貨幣として流通するならば、「紙幣が貨幣として受け取られる」という経験への信頼から、不換紙幣でも構わないことになるからだ。

これは大きな変化である。貨幣はあくまで貴金属であり、それとの兌換を政府が保証するがゆえ兌換券が流通したはずだったのに、兌換されない紙幣までもが流通するようになったのである。こうして貨幣の実体は、金属である必要はなくなり、政府の信用でありさえすればよいことになる。さらに今日では、取引や決済は現金ではなく、小切手で行われている。銀行の要求払預金までもが実質的に貨幣として働くようになったのである。ここでは、信用までが貨幣の働きを果たしている。

こうした経過を見れば、貨幣は国家によって認定された特定の財（多くは金）として通貨となるが、貨幣として繰り返し交換されたという経験の蓄積により、元の財と兌換されない不換紙幣までも含めて貨幣とみなされるようになったことがわかる。そこでドイツ歴史学派のクナップ（Georg Friedrich Knapp）は、貨幣は国家がそれを貨幣だと宣言することで強制的に通用させられるようになるという、「貨幣国定説」を唱えた。貨幣を貨幣たらしめるのは、国家の強制力だというわけである。けれどもこの説では、国家が保証しないでも貨幣として通用するようなものが存在することを説明できない。冷戦崩壊直後のモスクワで、ルーブルよりもアメリカの煙草であるマルボロが信用され、流通したことがあった。国営の商店には商品の在庫がなく、闇市場には物資が豊富に存在したため、闇で交換手段として流通したマルボロが実質的な貨幣となったのである。もちろんマルボロは煙草であるから、商品貨幣である。これは、国家に信頼が寄せられている限りでは国家の支持するものが貨幣となるが、国家が信用を失うと国家に認定されない財が貨幣となってしまうことを示す例であろう。

そこで、貴金属は商品でもあるから、貨幣とは商品の一つだという「貨幣商品説」が息を吹き返す。これは、貨幣は物々交換される諸商品のなかの特定商品が自然発生的に選び出されたものとみなす説で、スミスやメンガー、新古典派が唱えている。貨幣の存在しない物々交換においては「欲望の二重の一致」が必要になり、その困難を避けようとすると、もともと商品である金などと手持ちの財をかりに交換しておき、それを最終的に欲しい財と交換するのが便利である。かりに交換される財が、結果的には貨幣になるというわけである。けれども実際には、先に述べたように商品貨幣から不換貨幣へと貨幣の実体は変化したわけで、それだけを見れば国定説にも分があるようにも思える。つまりここには、金→鋳貨→兌換紙幣→不換紙幣→(国家への信頼の低下)→商品貨幣→金→…という循環が起きているわけである。

とするならば、国定説と商品説のいずれかが正しいということよりも、貨幣とは貨幣として人々から信頼された何ものかだ、というべきであろう。金という商品だけが信頼されたときには金だけが貨幣であったが、国家への信頼のもと兌換を国家が保証すると、紙幣も流通する。しかし紙幣が他人から無条件に受け取られることが経験されると、紙幣そのものが信頼され、金の裏付けなしにも貨幣として通用する。さらに民間銀行の預金であっても、信頼を受ければ決済に用いられることになるが、信頼が揺らぐとより信頼されるものが貨幣として使われることになる。要するに貨幣とは、貨幣として信頼され、貨幣としての機能を果たす何ものかなのであり、商品としての価値や国家の認定は欠く場合もありうるが、信頼だけは欠くことができないのである。その意味で貨幣は、ヒュームの言う「黙約」としての制度の典型だといえる。

❖流動性と不況

では、あるものが貨幣とみなされているとして、それは実物経済の生産や消費の水準に影響するものだろうか。これまでにも貨幣の機能と実体に関して対立する見解があることを見たが、この点に関して対立はより明確となる。それは貨幣が貨幣そのものとして需要されるか否かに関わるからだ。これは、経済思想史の全体を貫く大きな見解の対立である。市場社会の起源をめぐってウェーバーとゾンバルトは、勤勉な生産活動と営利目的の商業のいずれをもって市場社会の中核と見るかで対立した。これは貨幣はあくまで生産と消費の媒介にすぎないと考えるか、もしくは保有したり蓄積したりする貨幣愛が支配的だと考えるかの対立でもあった。

実物財の市場が調整速度に差こそあれいずれ均衡するのだという立場を取ると、失業やその他の市場不均衡は、その調整をはばむように価格（賃金）が硬直的であるために生じるのだということになる。賃金が他の財の価格に比して比較的ゆっくりとしか変化しないのだとすれば、その分だけ労働市場では需給に不均衡が生じ、それが失業を生む。

賃金の調整速度に遅れの見られる期間を短期、すべての財の価格が調整されうる期間を長期と呼ぶとすると、失業は短期的にのみ起きうる現象であるのに、長期においても失業が残存するならば、それは価格を硬直化させるような人為的な規制があるせいだということになる。結局これは、失業の原因としてピグーが労働組合の賃金維持政策を批判したのと同様の見方であり、新古典派からフリードマンに至るまで共有されている。貨幣論でいえば、リカード以来の通貨主義に与する見方である。

それに対してケインズは、『一般理論』において、たとえ賃金が下がったとしても失業はなくならない旨を強調した。賃金は現実に硬直的であるが、かりに下落したとすれば所得が減って総需要も減退し、失業を招くはずだというのである。賃金率の下方硬直性を強調したのもケインズではあったが、彼は賃金の硬直性なしにも失業は起きると言っている。マクロ的には、総需要の項目には消費・投資・政府消費・純輸出を数えうるが、それらは所得を原資として需要される。とするならば、経済の全体に不均衡が生じるのは、所得が総需要の各項目として費消されないからだ。所得は貨幣で支払われるから、それは貨幣が消費財なり投資財なり輸入なりに投じられていないことを意味している。別の言い方をするならば、貨幣が人々の手元に残っているとき、需給は不均衡となり、不況が起きるのである。

通貨主義や（新）古典派は、そのように貨幣そのものが需要され、保有されることを認めない（ニーハンス、一九八二参照）。たとえば家計が消費を減らし貯蓄を増やしたとしても、貯蓄がすべて投資に用いられたとすれば、総需要は減退しない。古典派は貸付資金説により、投資と貯蓄を利子率が媒介することでこうしたメカニズムが働くとみなした。またフィッシャー（Irving Fisher）の異時点間選択理論では、貨幣そのものは商品ではないから効用を持たないとみなし、生涯を通じて所得を使いきることを前提するために、貨幣保有は長期的には解消されてしまう。超過供給は、将来における消費の伸びで吸収されるのである。

ではこれらの説に反して、貨幣が長期に渡っても保有される（貨幣愛が存在する）理由はないものだろうか。将来において思ったほど貨幣収入がないという危険がある。所得がなくなると予測されるならば、現在の手持ちの貨幣を失うわけにはいかない。これは所得の不確実性ゆえに貨幣を手元に置こうとする場合である。けれども、所得を何らかの商品に変えていたとして、それがいつでも市場で売り払えるならば問題ないことになろう。ということは、貨幣愛は、貨幣がどのような財とも交換されるが、財が貨幣と交換されるとは限らないという貨幣の性格（一般的受容性）に由来していることとなる。マルクスやメンガーも指摘していることだが、商品には「売り易さ」の相違がある。すべての財に中古市場が存在するのだとしても、いったん購入してしまった商品は、元の価格で売ることは期待できない。とりわけ投資財の場合、いったん購入すると等価での再売却は困難になる。それゆえに、設備を増やして生産した財がさほど売れないことのリスクは、相当に高いのである。貨幣には一般的受容性があり、他の商品にはない。それゆえに貨幣を保有することは安全なのであり、手放すことにはリスクがともなう。

ケインズは、財の売りやすさ、貨幣との交換されやすさを「流動性」（liquidity）と呼んでいる。流動性を手放してまで消費することに意義があるのは、消費財の効用がそれだけ明確だからであろう。将来の所得に対して、不安がある場合は、手持ちの貨幣を使わないでおこうとするだろう。投資しようとする企業家精神をケインズは「アニマル・スピリット」と称したが、それは非合理な性質というよりも、合理的に収益の計算を行ってもなお消し去れない不安を乗り越えて投資しようとする活動的な精神のことである。

ここで不安と呼んだのは、非合理な精神のことではない。同じことを予測する人がいたとしても、予測理由が異なれば、確信（confidence）の度合いは異なる。同じく明日雨が降ると予想した人でも、熟練の天気予報士と素人とでは、予測にともなう確信が異なるはずである。アニマル・スピリットの概念にしても、単なる野心や血気というよりも、企業家として投資が成功することについての確信の高さを含めて言っている。

流動性としての貨幣を保有することに意義があるのは、その取得や財との交換に、不確実性やそれがもたらす心理的な不安がともなうからである。つまり、貨幣の取得や費消に不安がともなうならば実物財市場に不均衡が起き、それが不況を招くことになるのである。

❖貨幣と投機

商品が生産され、賃金や利潤、地代が貨幣で分配されると、貨幣が今度は商品の購買力として働くことになる。人は所得を貨幣で得ると、その処分に関して選択を迫られる。その際の選択肢は、家計においては消費財を、企業では投資財を買うこと、貨幣として持つこと、そして投機として他の資産を買うことである。

消費財や投資財への需要が減退し、貨幣保有が増え、総需要が総供給に満たなければ、不況を招くことになる。こうした事態に対してケインズは、民間投資の不足を公共投資によって補うことを提案した。低金利により民間投資を刺激するという金融政策も、これを補完しようとするものである。

一方、貨幣の使われ方には、第三の選択がある。投機である。ケインズが述べるように、「企業が主としてそれを起こした人々やまたはその友人や協力者によって所有されていた古い時代には、投資は、一生の仕事として事業に乗り出す血気盛んで建設的衝動に駆られた人々がふんだんにいたことに依存して」（GT4-12。以下すべて同章より）いた。しかし「今日広く行き渡っている所有と経営の分離にともない、また組織された投資市場の発達につけて、時には投資を促進し、時には経済体系の不安定性を著しく高める、きわめて新しい要因が導入された」。

ここでケインズが「新しい要因」と呼ぶのは、証券市場が整備されたせいで、すでに投資が行われ現在稼働中の企業についても、株式市場によって価値評価が日々更新されるようになったということを指している。そのせいで、新規に投資を意思決定しようとする際には、既存企業を買収した場合との比較を考慮せねばならなくなる(「トービンのq」理論は、この比較を定式化したものである)。しかも株式市場は、とりわけアメリカにおいて「玄人筋の投資家」だけでなく、「素人投資家」にも開放されている。そこで「ある種の投資物件は、専門企業者の真正の期待によるよりもむしろ、株式取引所で取引する人たちの、株式価格に現れる平均的な期待によって支配される」ようになる。ケインズの目には、これが今世紀の経済の特質と映った。

「玄人筋の投資家」は、マーシャルの時代には、企業が新たに行う投資について詳細な情報と専門的な知識をもとに評価し、彼らのそうした行動が株価を決めていた。株式市場で彼らの存在が主であるとすれば、素人はそうした評価が下せないという理由で損をするし、それゆえに評価眼を向上させようとするだろう。市場競争は投資家の質を高めるということである。ところが株式のうちで「素人投資家」の保有する部分が大きくなってくると、そうとだけは言えなくなる、つまり株価は専門的な判断によっては形成されなくなる。株式投資の目的がキャピタル・ゲインを得ることだとすると、短期的な株価の変化に関心を持たねばならなくなり、そのためには株価を支配する素人たちの動向に配慮せざるをえなくなるからである。その結果、いわゆる「美人投票」が支配的になり、市場は不安定性を強め、資本の実物的な生産力を正確には反映しなくなる。

キャピタル・ゲインを狙う投機においては、そもそも専門的な判断にしたところが、決定的な予測の方式にのっとっているものではない。蓋然性の高い事象が必ず起きるとは限らないからである。判断は、最終的には根拠のない確信によるしかない。一方、情報も知識も持たない素人は、群衆心理にとらわれている。そして玄人にしてからが、株価を予測するにはそうした素人の群衆心理を算入せざるをえなくなっているのである。では同じく投機するとして、どうして玄人投資家は素人に勝ることができるのだろうか。ケインズは、それは「現在の事態が無限に持続すると想定する」という「慣行（convention）」が支配的だからだという。そこで、玄人投資家は、「投資物件からその全存続期間に渡って得られる蓋然的な収益に関してすぐれた長期予測をすることではなく、一般大衆にわずかに先んじて評価の慣行的な基礎の変化を予測する」ようになる。玄人は、素人が慣行にとらわれている間に俊敏に売り抜けようとするのである。

それゆえケインズは、下方への景気循環は、企業家や玄人投資家の抱く「資本の限界効率（への確信）の崩壊」→素人投資家の「幻滅」という回路で発生するとみなした。株式市場は、一部の人が売ろうとすると、全体が一気に売りに向かう傾向を持つというのである。逆の場合がバブルであり、要するに群衆心理は、他人の期待形成の影響を受けやすいのである。ケインズは述べる、「これはいわゆる「流動性」に主眼を置いて組織された投資市場の不可避の結果である」。株式市場の大衆化によって、株価が正しい資本の限界効率から乖離する可能性が高まったわけである。

ちなみに新古典派では逆に、株式市場のみならず外国為替市場、穀物市場、金市場などのように完全競争に近く完璧性の高い市場では、それだけ効率性も高いと想定している。それは、市場参加者がヒックスの言う「週」の間、好みや将来への期待を変化させないという前提のもとで主張される立場である。ここでは、バブルはあくまで予測もつかぬ天候の変化や技術革新ゆえに収益見通しに誤差が出ることから生じるとされる。しかしバブルはいずれはじけるので、将来期待は実体的な収益率へと収斂してゆくことになる。一方、ケインズの見方では、これら完璧性の高い市場においては売り買いが短期間に行われ、投機はいかに早く買い、早く売り抜けるかによって勝負が決まるから、他人の期待を予想せざるをえなくなり、また大勢に従うことになる。そうした状況下では、とくに素人の将来への期待は、玄人の意見に左右されやすい。素人が儲けるには、玄人のようにもっとも早い時期に決断することはできないにしても、他の素人には先んじなければならないからである。こうして、完璧性の高い市場ほど、逆に不安定性も高まってしまう。

ケインズの不況脱出策としての公共投資論は、しばしばこうした議論の文脈から引き剝がされ、単なる乗数理論として論じられてきた。けれども、そもそも投資の乗数効果など、国民所得の総額からすれば小さなものである。我が国の戦後経済の高度成長も、公共投資そのものの大きさによってではなく、民間投資を誘発したことによって実現されたという面が強かった。公共投資による景気の刺激は、企業家・投資家から上向きの社会心理を誘導したのである。また金融政策は、資産市場におけるバブルの発生や資産価値の過度の収縮に対抗することを目的としている。

貨幣経済においては以上のように、将来に対する確信に応じて人々は貨幣所得の処分を決定している。人々が将来の所得について確信し、また買いたいと思うだけの商品が存在するならば、個人消費や投資が増え、景気はよくなる。けれども将来への雇用不安が蔓延するならば、所得への不安も高まり、貨幣保有願望（貨幣愛）も強まる。それは総需要の減退を意味するから、経済は不況に向かうことになる。所得を消費ではなく投機に向ける人にあっても、将来への期待は他人をいかに出し抜くかに向けられ、絶えず変更されて市場は一方向に振れる可能性を高める。それは実物経済において効率的な生産と消費が行われないということでもある。

新古典派の見方からすれば、貨幣愛は存在しない。また、将来への期待も他人の影響は受けず安定的であって、市場は自由であるほど効率的になる。それゆえ非自発的失業を中心とする市場の不安定性は、あくまで経済慣行や政府の規制、無駄な経済政策のもたらしたものだということになる。それゆえ最近では、異時点間の資源とリスクの配分を効率化するという目的で、金融市場への規制緩和が支持されている。そしてそれは、ケインズ以前の古典的市場社会への回帰を促すかに見える。

けれども十九世紀のイギリスにおいては、資本家は企業に対し無限責任を負い、企業の倒産とともに破産の危機に瀕した。ところが今日の株式市場では、資本家の責任は有限で、損失の上限は株式投資した分に限られている。それが素人資本家をも投機に招き寄せ、企業の資金集めが可能になったのは事実だけれども、同時に資産市場には不安定性も持ち込まれた。ケインズ本来の貨幣経済の理解においては、新古典派の前提したような将来所得への確信や期待の安定性が現実には満たされないからこそ、経済政策が要請されたのである。

ここで、貨幣が経済の循環を媒介する貨幣経済としての市場社会の存続を維持するための条件が、明らかになる。それは、収入面に関していえば、将来に対し確信が持てることである。一般の消費者にとっては雇用が安定していること、企業にとっては売り上げが上がるだろうことなどである。こうした確信は、一部には制度によって支えられている。一方、支出面に関していえば、消費したくなるだけの商品が存在しなければならない。企業は作ったものが自動的にすべて売れるのではなく、売れ残る可能性があるのだからこそ、消費者が欲しいと思う商品を作らねばならない。これを消費者主導の製品市場と呼ぶとすると、そこで企業は消費者の価値観の動向をすばやく知り、それを商品として提供することによって利潤を得ることができるのである。さらに資産市場で投機が一般化すると、企業はそれにも対抗できるよう組織化を成し遂げなければならない。こうした条件が満たされるとき、人々は一般的受容性としての貨幣を手放し、経済が循環する。しかし不安があるなら貨幣保有は増え、総需要が不足して、循環がとどこおることになるのである。

II

第4章

消費について

❖消費における形式と経験

スミス以来、消費は経済における目的とみなされてきた。スミスはいう、「消費こそが、あらゆる生産活動の唯一無二の目標であり、目的である。そして、生産者の利益は、消費者の利益を増進させるのに必要な範囲でのみ、顧慮されてしかるべきものなのである。この命題は完全に自明のことであって、これを証明しようとするほうがおかしいくらいである」(WN4-8)。このくだりでスミスが批判したのは、重商主義にのっとり市場に様々な規制を行って、生産者の既得権益を保護しようとした当時の国政である。経済の特定の状態は、消費者の利益によってのみ評価されるべきだというのである。いわゆる「消費者主権」の宣言である。

ところが不思議なことに、消費の重要性をこれほど強調したにもかかわらず、当のスミスは「消費」がどのような活動であるのか、そこから得られる利益とは何なのかについて、ほとんど論及していない。「完全に自明のことであって、これを証明しようとするほうがおかしい」と書いただけで済ませてしまい、『国富論』の論述の大半は分業・貨幣・価格・利潤・賃金・地代という概念の説明や資本蓄積の経路、重商主義への批判、さらには公共政策など現実問題の分析に当てている。経済の目的としての消費の重要性は自明であるから、消費材生産量の最大化を実現するための生産体制に議論を集中するということなのだろう。

とはいえスミスの消費に対するそっけない扱いは、もう一つの著作『道徳感情論』を思い起こせばやはり意外というしかない。この本でスミスは「共感」なる道徳感情の生成過程について、詳細に理論的説明を行っているからだ。スミスにおいて消費は、こと理論の次元においては共感のようには生成過程を詳述するほどの重要性は持たなかったように見える。

ではなぜ、消費は実質的な分析の対象とされないのだろうか。学説史においてはスミス以降、消費に対する経済学の扱いは、さらに簡略化を進めている。自由貿易の必要を論証するために差額地代論や比較生産費説を考案し、生産過程につき洞察を巡らせたリカードは、消費に関してはほとんど何も述べなかった。階級対立という現実を資本主義の本質とみなしそれを剰余価値の「搾取」によって説明しようと試みたマルクスも、資本主義は利潤すなわち労働からの搾取によって作動すると考える立場に止まり、消費を表立って論じていない。ウェーバーは、勤労を動機づける「プロテスタンティズムの精神」が資本主義の精神の原型でありながら、資本主義がいったん軌道に乗るとその宗教性を失ってゆくことの論証を試みた。合理的な官僚制による支配が浸透し、資本主義は完成に向かうと予言したのである。ウェーバーにおいても、資本主義の原動力は労働だという視点が前提されている。

消費に対するスミス以来の姿勢は、現在に至る新古典派にも受け継がれている。マーシャルが定式化したように、形式上消費は生産の理論と並立されていて、生産はあくまで利潤の獲得を目的とするものだが、利潤は労働の対価である賃金、土地貸借の対価である地代とともに所得を形成して、さらに所得の大きさは消費する商品の種類や消費量などとともに消費者個々人が合理的に決定しようとすると想定している。つまり消費に関する意思決定は、今もなお経済学の礎石とみなされているはずなのである。

消費を論じるに当たり新古典派には、二つの特徴がある。消費は、消費者にとっては収入を制約条件とするときの支出である。二つの特徴は、支出と収入のそれぞれの取扱いに関わっている。

第一に、支出という意味での消費は、徹底的な形式化にさらされることになった。個々人が主観的満足の最大化を図るという消費行動に関する新古典派の仮定は、エッジワース(Francis Ysidro Edgeworth)からパレート、ヒックスと継承されるにつれ、そしてロビンズが主観的価値論の一掃を図るように経済学に「希少性」にもとづく定義を与えてからは決定的に、満足の最大化ではなく選択の形式合理性という方向で整理が進められた。いわゆる基数的効用論から序数的効用論への転換である。けれどもこうした転換が、新古典派消費論において何らかの実質的な進展をもたらしたとは言い難い。

というのも消費者が形式合理性を持つのだという仮定では、ある人がある商品群をなぜ選んだのかと問われると、「それが欲しかったからだ」という答えしか返せなくなるからだ。それゆえ新古典派においては、ある選択が流行や社会慣行という社会現象によるのか、企業の広告による消費者欲望の操作によるのか、単なる個人的な習慣によるのか、それとも未知ゆえに試してみたいという好奇心によるのかといった実質的な分析がまったくなされなくなる。

新古典派は基本的には方法論的個人主義の立場をとっており、個々人が自分の満足を最大化するように消費選択を行っていると主張しているが、といってどのような場合に消費は個人的なものとなり、どのような状況で他人を気にして行われるのか、という区別は経験的・理論的になされていない。新古典派は消費の経験的な意味を心理的な満足の数値表現ととらえ、さらにはその形式合理化をもって科学性の深化とみなした。それは消費を経験から切り放す過程であった。

とはいえ消費の形式化は、表面上は新古典派の綱領として徹底して押し進められはしたものの、その背後ではつねに疑惑にさらされてきた。新古典派自体においても、いくつかの政策の優位性の比較を行うとなると、消費者の（純額の）満足の総和である消費者余剰が持ち出されるように、実際には基数的な満足の向上が暗に厚生経済学の目標とされている。サミュエルソンによる顕示選好の理論のように形式合理的な消費理論を経験に結び付けようとする議論もありはするが、それが消費行動に関する具体的な知見を加えているとはいい難い。

第二は、収入に関する仮定である。新古典派は市場は例外状況を除き均衡している（もしくは長期的には均衡に向かう）と想定している。財の需給が市場により均衡させられるとすれば、作られた（供給された）ものはすべて需要・消費されるから、生産（供給）側だけを陽表的に論じておくだけでよい。その背後で消費は同額だけ行われると想定されているからだ。ここでは生産されたものが所得として分配され、すべてが需要に回されるということになるから、セー法則が成立している。

もちろん作られたものは消費されるのだから、消費がどのような経緯でなされるのかを分析することはできる。けれども実際、大半のテキストを見ればわかるように、経済学が対象としてきたのは企業であり産業であり市場であった。これは、個々の消費者の収入（所得）と支出に関しても実質的な意味を持つ問題である。というのも、すべての市場が長期的には均衡するなら、労働者は全員が雇用されることになり、以上が信じられるなら収入に関する心配はなくなって、合理的な消費者であれば生涯を通じて所得を使い尽くすはずだからである。

形式化および市場の均衡という新古典派消費論の二つの仮説にかんしては、妥当性において大いに疑問がある。それによって理論は簡潔になったが、消費や不況に関して著しく現実から乖離し、無内容な含意しか持てなくなってしまったからだ。もし市場が不均衡であるならば非自発的失業が存在しうることになり、将来の雇用や所得に関して確信を抱けなくなった消費者は、所得をすべて消費しようとはしなくなるだろう。ここで、貯蓄することと消費することのいずれがより大きな満足をもたらすかの比較が行われねばならなくなる。商品を売る企業からすれば、他の商品よりも魅力的な商品を作るべく努力するだけでなく、所得を貨幣として持ち続けることよりも大きな満足を得られるような商品を作らねばならないのである。それゆえに、企業はマーケティングという形で消費者が消費に対しどのような価値観を抱いているのかを、たえず分析しなければならなくなる。そうした消費の実質的な分析が、社会心理学や消費社会論、経営学のマーケティング論などで行われることになったのである。

そこで本章では、消費支出に関してはどのような動機が持たれているのか、消費者が所得（収入）に関してどのような理解を示すのかにかんする議論をたどることにより、消費に実質的な経験的内容を盛り込むこととしてみよう。とくに前者については、消費が社会の視線のもとで行われる次元と、あくまで個人の私的満足を満たすよう行われる次元とについて考察してみる。

❖消費の社会性

消費に関して実質的な議論を回復しようとしたのが市場の不均衡を想定したケインズであったことは、以上に述べた経緯からすれば不思議ではない。彼は消費関数を定式化し、消費性向という形で心理的経験としての消費をとらえようとした。

ケインズは消費の集計値Cと国民所得Yの比である平均消費性向C/Yが国民所得の増大とともに小さくなるとみなしたから、彼の考える消費関数は所得がなくても消費しようとする基礎消費C_0と国民所得に比例する部分cYの和という形で定式化された。限界消費性向cが零と一の間にあるという彼の主張は、投資乗数が一を上回ることを意味し、財政金融政策の有効性の論拠とされた。彼は、消費に対する利子率の影響は短期的には「二次的であり、相対的には重要ではない」と見る。これは、利子率を現在の消費を断念して将来に回すことから生じる利得と考える時間選好プレミアムと理解し、貯蓄は利子率が高いほど多い（消費は利子率が高いほど少なくなる）とみなす新古典派の消費観を否定するものであった（「貯蓄は現在の消費需要を減らす代わりに将来の消費需要を選ぶということではない。——それは現在の消費需要の純粋な減少である」GT4-16）。そして実際に多くのデータにより、限界消費性向の大きさが零と一の間にあり、消費の主要な決定要因が所得であることが確認された。

図9

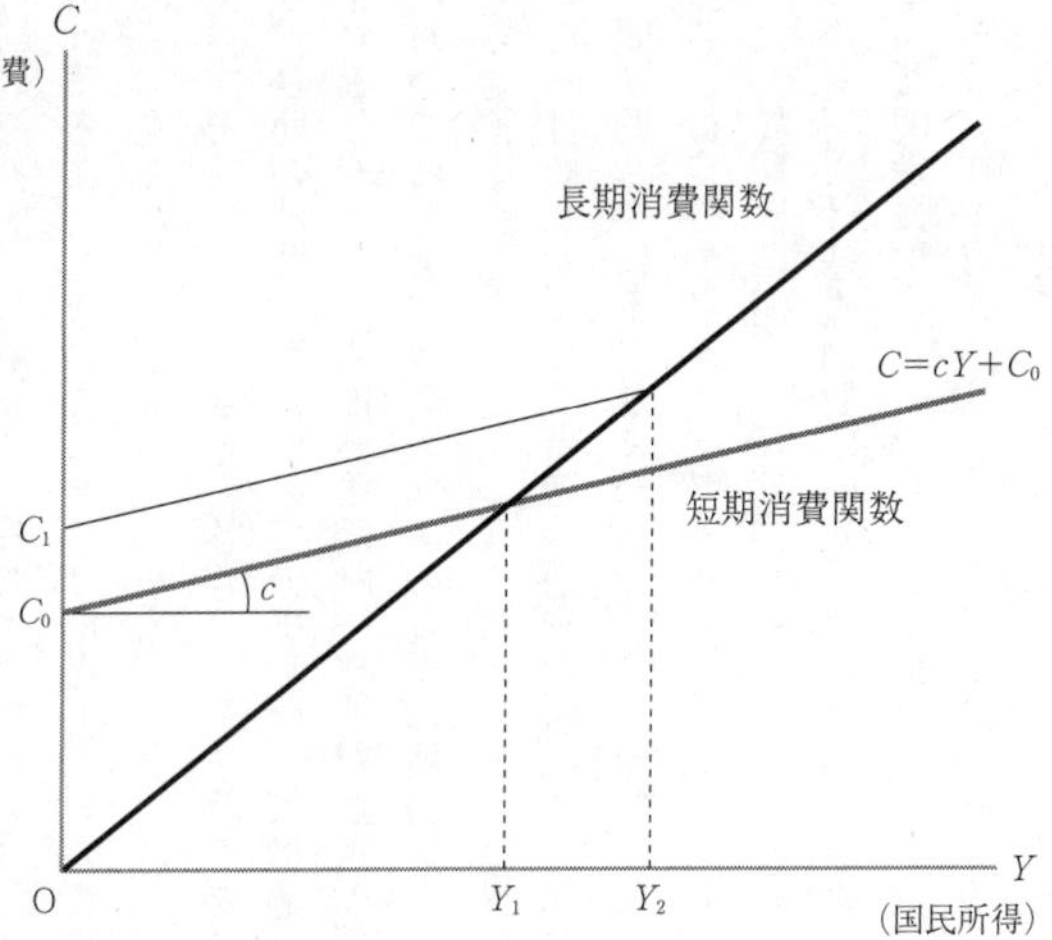

ケインズ型の消費関数によれば、時間の経過とともに所得が増大すると、平均消費性向は小さくなる。それゆえ貯蓄も増加するので、これを吸収するだけの投資が必要になる。そこで「長期停滞論」が唱えられたりもした。けれども後になって、所得の上昇と平均消費性向の下落には有意な相関は見出されないことが判明する。さらにクズネッツ（Simon Kuznets）が一八六九年に遡ってデータを検討し、長期的な所得の向上にもかかわらず平均消費性向が安定的であることを見出した。ここで、ケインズの定式化した消費関数と平均消費性向の安定性というクズネッツの

発見を無理なく説明することが求められ、ケインズ型のを短期消費関数、原点から出発（基礎消費C_0が零）し限界消費性向と平均消費性向が等しくなる直線を長期消費関数と呼んで区別することとなった。そこで問題となったのが、この短期消費関数と長期消費関数との関係である（以上の経緯については、マンキュー、一九九六参照）。

デューゼンベリー（James Stemble Duesenberry）は「デモンストレーション仮説」を提唱し、長期の消費関数について分析した。彼は個々人の消費行動が、他人のそれに大きく依存するとみなす。新古典派は所得を消費選択の制約としたが、階級制度のなくなった社会においては社会的ステータスの基準は所得であるから、それを表現するには消費活動を見せびらかす（「デモンストレート」する）しかない。この場合、個々人の消費は、所属していたり目標とする社会階層の消費習慣に強く依存することになる。そうであれば、消費は時間に関しては不可逆になるだろう。所得が実際には減っているにせよ、消費水準を下げることは自分のステータスが下がったことを自認することとなるからである。それゆえ所得の上昇期には消費は長期消費関数上にあるが、たとえばいったん経験したY_1から減少する後退期には基礎消費C_0の短期消費関数上をたどり、景気回復して所得がY_1を超えるとである。デューゼンベリーはこのように、個人の消費が社会の消費習慣を参照してなされ長期消費関数に戻る。Y_2からの後退期には、基礎消費C_1の短期消費関数をたどるというのると仮説することで、二つの点でケインズの消費観を越えることとなった。ひとつは消費が時間を意識してなされるという点、もうひとつはそれが社会に関わるという点である。

後者の、消費から得られる満足が社会の視線を意識してのものだと見る説は、ヴェブレンの『有閑階級の理論』を嚆矢としている。彼の主張は「見せびらかしのための消費(conspicuous consumption)」説と呼ばれ、衣服は「身体の保護のためというよりも、むしろ尊敬されるような外観のために」着るものであり、「ゆきずりの観察者に印象を与え、彼らから見られて自己満足を感ずるためには、その人の金銭的実力の刻印が、走りながらでも読めるような文字で書いてなくてはならない」と述べている。消費において満足するには、他人に見られねばならず、さらに他人との間で衣服の表現するイメージが共通に理解されていなければならないというのである。

消費を、自分が誰と同じ集団に属し誰と異なるかの表現とみなすならば、消費は所得との数量的関係においてだけでなく、どのような社会的意味を持つのかにおいても分析されねばならない。こうした「消費の社会性」に関する分析は、すでにジンメル(Georg Simmel)によって予告されていた。彼は、流行には、同調(模倣)と差異化という二つの契機が含まれている、と述べている。同調とは先行者のふるまいを追随者が模倣することであり、それにより特定のふるまいが流行となって、社会全体に普及する。一方、差異化においては、他人と異なることが強調される。それにより先行者は、新たな流行に先鞭をつける。このように消費における流行は、同調と差異化の二つの契機によって生じるのである。彼は、消費が他者の視線のもとでなされる社会的行為であることを、初めて明示した。ガルブレイス（John Kenneth Galbraith）は、現代の産業において広告が消費欲望の操作を行っているとして、「依存効果」説を唱えている。個人の欲望が広告を中心とする商品の意味世界のなかで形成されるために、それは広告により操作され、過剰な生産力に見合うだけの需要を生み出しているというのである。だが操作されるのが欲望だとすると、そこでは「自然な」欲望が存在すると前提されることになる。けれども自然な欲望と人為的に操作された欲望との間に明確な境界線を引くことは、困難であろう。

そこでボードリヤール（Jean Baudrillard）は、欲望の強制的拡張について、むしろジンメルの観点に接近しつつ論じた。今日の消費は、商品の機能が消費欲求を充足させる過程ではなく、人々が互いに差異化を競う営みと化している。広告は消費欲望を操作するのではなく、むしろ整序し、その中で消費者が自身を定位させるよう仕向ける制度だというのである。ボードリヤールによれば、消費財は、それのみが他との差異において認識されるものではない。消費する人もまた、他から差異化されるのである。ファッションやデザインなどへの「こだわり」は、消費者が個性的であることを発信する。消費はコミュニケーションとして、社会における消費者のアイデンティティを微調整する。人々は主体性や合理性を持って物欲を満たすどころか、消費を通じ自己のアイデンティティを社会において定位するよう強制されている、それが消費社会の現状だ、というのである。これらの消費の社会学は、社会心理学やマーケティング論に受け継がれ、膨大なデータを蓄積するに至っている。これが消費と経験をつなぐ議論の第一の流れであった。

❖消費の個人性

消費社会論において消費行為は、消費者が自らを社会の中で何らかの地位に位置付けるために行われるとされている。なるほど「人並み」の生活を求め、隣近所の消費水準に遅れまいと家電製品を購入したりすることは、発展途上にある多くの国で観察される現象である。けれどもある商品の消費には、周囲の目など気にせず、ごく個人的に満足を覚える側面があることも事実であろう。形式化された新古典派の消費論が、もともと持っていた消費についての理解は、そうしたものであった。そこで個人的満足の内実を探るという方向に、消費理論と経験とを結び付ける二つ目の努力が向けられることとなった。

ランカスター（Kelvin Lancaster）は、新古典派の選択理論の線を追いながら、財を特性の束に分解するという着想を示した。自動車には排気量や色といった多くの特性が含まれ、それらのそれぞれに対する効用の和が自動車の効用になるというのである。特性を識別すると、同じ排気量の自動車でも色が異なれば好みが違うことを説明でき、製品分化の現象を分析できるようになる。ところが財を特性に分解するとしても、成分の物理的特性のみで尽くされるわけではなかろう。どのような特性が識別されるかは、（誤解も含めて）消費者が財をどう認識しているかに依存するからだ。そして財の特性は、ランカスターが行おうとしたようには、物理的性質としてのみ我々の感覚に訴えているわけではない。

対照的に財の特性を、文化的なものにまで視野を広げて分析したのが、先にも言及したバルトやハイエクであった。バルトは、衣服などの持つ象徴的な意味は言語のそれに似ていると述べ、言語同様にそれが差異により体系的に理解されていることを示した。たとえばシャツ―ズボン―履き物といった一式の衣服は、シャツはワイシャツ／ポロシャツ／Tシャツの中から選択され、短パン／スラックス／ジーンズから選ばれたズボン、革靴／スニーカー／ビーチサンダルから選ばれた履き物と組み合わされるといった具合に、衣服を着るにつけても選択と結合が行われている。財も言語に似て、選択と結合によって意味を帯びる記号だというのである。商品の分類が記号の恣意性にもとづいているのだとすれば、消費は記号の意味内容を共有する文化ごとに異なる意義を与えられることとなるだろう。豚を食べることの意味は、イスラム圏とその他先進国とでは大いに異なっている。そのうえ同一の文化においても、時代や世代、地域や関心が異なれば、消費の意味は異なってくる。こうして消費活動は個人の領域に向かうこととなる。

ハイエクはさらに、同一の商品であっても「時と所」が異なれば、消費者は別の商品として認識するという見方を提示した。ハイエク以前にもオーストリー学派でハイエクの師に当たるミーゼスは、生産にかんするすべての事業は最終的に消費選択にかかわるのでなければならないと主張している（消費者主権）。ここでメーカーは消費者がどの商品に主観的な欲望を持つのかを分析すること、そして流通業者は同一商品であってもより高い評価を消費者が与えるよう、小売店に配置することを専門業務とするという理解が得られることとなった。

消費が文化的な意味にもとづいてなされるのであれば、意味がメディアによっても伝達されるために、消費はメディアの影響を大いに被ることとなる。フェイス・トゥ・フェイスの口コミ情報は、近代以前の大きな商品情報の伝達チャンネルであった。テレビを中心とするマスメディアは、広告のみならず様々な商品情報を家庭に送り込んでいる。その情報空間は公開的である。そのうえ最近では、情報技術（IT）の発展により、消費者の個人的な欲求は情報ネットワークを介して企業に直接伝えられることとなった。情報の双方向性は、消費の個人性にますます拍車をかけている。とりわけインターネットのサイトは特定の関心を中心に編集されるため、関心を共有する人々の間で専門的かつ濃密な具体的情報のやりとりが行われるようになった。インターネットにおいては、世代差や性差すら関係なく、匿名の情報交換が日夜行われるに至っている。ただし、インターネットにおいては、情報には誰でもアクセスできはするものの、特定の興味を有するという意味では閉鎖的な擬似対面空間が共有されている（第Ⅱ部第8章参照）。

ところで、商品についての価値は、個々人が自由に付与しはするものの、その評価になんら客観的な基準がありえないとはいえない。ある人の個人的な趣味について、他人が理解したり論評したりすることは可能だろうか。ロビンズは「効用の個人間比較の不可能性」を経済学を科学たらしめる基準として要求したが、為政者が国民全体の厚生水準を個人的効用の総和により計測することこそ退けられるにせよ、他人の趣味の評価については、我々が日常的に行っていることではある。Tシャツ・短パン・ビーチサンダルを着用した人が仕事中の役人でないことなどは、共通に理解されるだろう。

ヒュームは市場がもたらす消費における欲求の多様化と奢侈の洗練をもって文明社会の進歩とみなし、同時に趣味の基準を論じている。十六世紀から十八世紀後半にかけて、趣味論はヨーロッパの思想界で中心的に論じられたテーマであった。カント（Immanuel Kant）の『判断力批判』、ブリア＝サヴァラン（Jean Anthelme Brillat-Savarin）の『美味礼賛』などもその系譜に位置付けることができる。ヒュームは、人びとの感じ方は多様であるにもかかわらず、そこには調和をもたらすような何らかの規則が成り立っていると考え、それを「基準」と呼び示そうとした。

ヒュームによると、趣味の基準は「精妙な感情と結合し、訓練によって向上し、比較によって完全にされ、いっさいの偏見を払拭している強靭な良識」によって形成される。それによってどのような消費様式が趣味としてより優れているのか判断されるのである。ところがこのような基準を満たす人は、批評家にも稀だ、とヒュームはいう。趣味に関する評価は偏見のない訓練と比較によって培われるが、それを達成するのは稀な人だというのである。批評家をも批判しうるだけのモラルが消費者に求められるということなのだろう。

美食のような趣味的な消費ではなく、薬物やアルコール、ポルノや暴力的表現物、添加物や臓器売買など、生命や安全に関わるような消費については、商品の情報や使用結果、評価基準などが広くは知られていない場合の危険性ゆえに、日本などでは専門家の見地を入れつつ国家が基準を提示し、それにもとづいて供給に対して規制がかけられるのが通例となっている。こうした規制はパターナリズムであるが、しかし専門的な判断を行う官僚や医療関係者のモラルに疑問が持たれたり、また個々人の判断力の高まりに比して公共機関にとっても財の危険性の判定が困難になると、商品次第では規制の緩和が行われる傾向がある（逆に煙草のように、規制が進むものもある）。こうした場合にも、ヒュームのいう商品評価に関する公共性のある基準が、社会にあまねく浸透していることが求められよう。それが消費者のリスクに関する自己決定を補助するからである。

❖消費と時間性

消費に関するもう一つの論点は、所得との関わりである。消費と所得との関係は、経済学においては時間の次元で論じられてきた。フリードマンの「恒常所得仮説」は、ケインズの消費関数を短期的なものとみなし別途に長期の消費関数を定式化して、生涯に渡る所得に着目した。[13] 恒常所得とは人々が将来に渡って続くと予想する所得の部分であり、変動所得とは永続的ではないとみなされる不規則な所得である。そしてフリードマンは、消費が恒常所得に比例すると考えた。各人が予想する恒常所得に変わりのない限り、一時的に所得が減ったとしても、消費は減らないと見るのである。不況時にも消費支出がさほど減退しない理由は、デューゼンベリーのように人目や消費習慣によるとは理解されず、生涯所得に変化がないことに求められている。

けれども、生涯所得を予想すればある大きさを算出する人でも、同時にそれには不確実性がともなっていると感じることはあるだろう。自分の技能がある会社でこそ重視されるものの、その技能への市場評価が低かったり、勤務先の経営状態が芳しくなかったりするような場合である。そうした不確実性が高まれば、労働者は将来の雇用や所得を案じることとなり、現在の消費を手控える可能性がある。実際、不況時においては、「将来が不安だから」「雇用に不安がある」といった理由で、個人消費が減退するという現象はしばしば見られる。そのうえ長期的な雇用制度や取引に関する慣行が解体され、不確実性が高まったという予想が定着するならば、消費減退にはいっそうの拍車がかかるだろう。

フリードマンの主張は現在では多くの教科書において紹介されているが、所得にそうした不確実性を読み込んではいない。むしろそれは正反対に、生涯の所得に関してすべての人が完全に知っているという解釈になっている。そうすると恒常所得仮説は、生涯の所得を予算制約として各時点の消費を選択するということも意味するから、生涯で所得を使い切ることとなり、新古典派の全知的な合理性を持つ消費者観をいっそう徹底したものだということになる。つまりケインズが否定した、消費を利子の関数とみなすフィッシャーの異時点間の消費選択理論の延長に位置しているのである。

といって、それがデューゼンベリーの理論に勝るという決定的な証拠があるわけではない。恒常所得仮説は、形式合理的な選択理論に読み替えが可能であり、消費を経験的にとらえるというよりも、生涯にわたる所得を知っているという全知的合理性の仮定のもとでの形式合理的な消費理論を支持するのである。そして新古典派の消費理論と内的に整合的だという理由だけから、近年では強く支持されている。

けれども、我々は経験から、将来所得はあくまで「予想」にすぎないということを知っている。予想は他人の意見に左右され、ときどきに危うく揺れ動く。終身雇用制度が確固としていたり、経済が長期に成長しているような場合には、真実はどうあれ人は将来所得に関する予想について確信を抱いた。だがそれと同じ人が、制度や景気が不安定になれば、同じ予想値を持ったとしても不安を感じてしまう。

ケインズは期待や確信についての考察を、もっぱら投資の意思決定に集中させているが、それは消費者における消費の決断に関しても当てはまるであろう。将来が不確実な場合には、「確信」の度合いにより、企業の投資や生産活動のみならず、消費者行動も左右される。そして消費支出よりも貯蓄を殖やすことにより高い満足が得られるとすれば、消費は抑えられ貨幣が保有されることとなる。ここでも「貨幣愛」が問題となるのである。

Ⅱ

第5章

企業について

❖取引コストと企業組織

企業は近代の生んだ制度の一つである。[14] 市場との関係でそれがどのように形成されるのかについては、二つの対照的な見解がある。第一は、新古典派の企業観そのもので、企業家は生産を行う都度、生産要素市場から必要なだけ（限界生産力の価値が生産要素の価格に等しくなるまで）生産要素を調達するというものである。原材料はもとより、資本も労働者も生産期間においてのみ集められ、それが終わると解散する。人材も資本も土地も離合集散を繰り返す、砂のように流動的な企業という見方である。これをかりに「点としての企業」と呼んでおこう。

第二が、ある一定の期間は各生産要素が固定されるという、「組織としての企業」である。組織においては、ある一時点を取れば労働者は技術的な分業や職務上の上下関係によって関係付けられ、資本や土地などにしても企業に組み込まれて生産設備を形成する。つまり、空間的に統合されている。そうした統合は、労働者は職場にあって熟練が求められ、巨大プラントを形成する土地や資本についても、売却しようにも収益を回収するのに時間がかかるため、一定の期間は持続せねばならない。組織としての企業は、空間的な広がりのみならず、時間的な連続性をも有している。「組織としての企業」という見方は社会学や経営学でとられてきたが、現実をなぞる常識的な理解だともいえる。

双方の見解は、「点としての企業」が完全競争を想定するという理論的な仮定の上で描かれ、「組織としての企業」は現実の模写というふうに、前者が新古典派の理論との整合性はあるものの現実との接点が不明であり、後者は現実的ではあるものの理論的な裏付けに乏しかった。それゆえ両者は長らくすれ違ってきたのだが、双方の企業観に橋渡しをする思潮が現れた。それが、コースからウィリアムソンと引き継がれる新制度学派の企業組織論である。

新制度学派は、制度一般と同様、企業の組織化が取引費用の削減という目的で行われるとみなす。点から組織へという企業の移行は、取引費用の大きさが決めるというわけである。より正確には、市場と企業はともに資源配分機構なのであり、どちらをより重視するかが取引費用により決まるとみなすのである。

たとえばある商品を生産するプロジェクトにおいて、それを分業で作るときのそれぞれの専門家を労働市場で探してくるのには、労働者の能力や適性の判定、賃金交渉の面倒さも含めてコストがかかる。分業の各段階を分解してそれぞれの製品を原材料として市場で調達するとしても、一回限りの契約しかしないならば情報のやりとりにはコストがかかるし、まして製品が既知のものでないならば要望を伝えることは難しく、そのコストは増加するだろう。製品の安全性という点でも、原材料を未知の別企業から仕入れるのには危険がともなう。さらに、類似の原材料が市場で多く出回っているとき、それぞれの商品の質のよしあしを見極めるのにも、どこがより安い価格で売り出しているのかを調べるのにもコストがかかる。つまり労働や原材料の調達に市場を用いるのは、それなりに取引費用がかかるのである。それゆえそれらの提供者と長期の取引契約を結ぶことが有利になり、組織化する誘因が生まれる。

逆にいうと、新古典派が企業に組織は不要だと考えたのは、取引費用が存在しないに等しいとみなしたからである。取引費用が大きければそれを低減させるために企業には資本や労働が組織化されるが、昨今のようにインターネットなどを通じて情報が容易に入手できるならば取引費用はそれなりに低下するから企業組織はスリム化される可能性が出てくる。もちろん市場を生かすべきところを組織にしてしまうために生じるコストもある。労働のインセンティブの低下などだ。こう考えるならば、「点としての企業」と「組織としての企業」はなにも背反する企業観とはいえず、市場取引のコストが組織化のコストよりも安いときには市場取引が活用され、高く付くならば組織が拡大するというふうに、市場と組織のいずれを選択するかは取引費用の大きさで決まる代替的な見解だといえよう。

それでは、取引費用はなぜ発生するのか。ウィリアムソンはそれを、取引に関わる環境条件と取引者の人間的条件から考察している。新古典派では取引費用が存在しないとされたのだが、それは人間が合理的であり、情報をコストなしに入手できると仮定するからである。したがって、個々人が将来について知ることができず、情報処理能力にも限界があるなら、つまり「限定された合理性」しか持たないならば、取引費用が生じる。新古典派の全知的という意味で合理的な経済人においては、将来について予見し最適な取引相手も容易に探し出し、交渉を簡単に済ませることができると想定されている。市場環境が複雑になり不確実になればなるほど、情報の収集や意思決定のコストは増すこととなろう。

ウィリアムソンはさらに、市場取引には「機会主義」がともなうとも述べている。市場においては、自己に有利になるのであれば機会に応じて嘘やごまかし、脅しもいとわないといった「狡猾さをともなう自己利益の追求」が付きものだという。なるほどアジアのバザールやヨーロッパの蚤の市などを経験すればわかるように、一期一会の相対取引では価格の相場や品質などについて、売り手はさまざまな駆け引きを行う。明らかな違法ではないにしても、道徳的に悪徳に類し、つまり人間的な条件に関わるものである。こうした機会主義も、取引費用の要因となる。

もちろん市場では他の取引との選択肢が開かれている場合も多く、それが存在しない相対取引でなければ、機会主義は抑制されるだろう。とりわけ選択が可能になるのが、多数生産されている商品が取引される場合である。これに対しウィリアムソンは、「取引特殊的投資（transaction-specific investment）」なるものの存在を強調する。ある取引において特定の人的・物的な投資を行ったとすると、その投資の費用を回収するために時間がかかり、取引は継続されねばならなくなる。これは取引が少数化するということである。それゆえ取引特殊的投資が存在する場合、取引が市場で行われても、機会主義を招きがちになるのである。

❖利潤と創造的破壊

コースからウィリアムソンに至る新制度学派の企業組織論は、新古典派の市場観において取引費用が存在するとした場合に、企業が空間的・時間的広がりを持つ組織となるプロセスを明らかにした。他の制度同様、企業も取引費用の節約のために契約によって設計されるわけである。

だが、企業組織の形成を費用面からのみ分析できるとするのは、その収入に関して不確実性が存在しない場合であろう。けれども企業の供給する商品は常に売れ残りの可能性にさらされている。そこで企業は、生産の費用的条件だけでなく、売り上げや利潤の動向にも関心を持たざるをえなくなる。

企業論には、利潤（収入）面から考察する一連の議論がある。企業家（entrepreneur）という用語を初めて用いたのはカンティロンの『商業論』（一七五五）だといわれる。カンティロンは企業家を、先を読む独特な能力を持ち、危険を引き受けつつ事業活動を行う存在とみなした。企業家の獲得する利潤は、そうした能力と危険を引き受けたことに対する報酬だという。

カンティロンのこうした見方は、いくつかの方向で引き継がれた。ナイトは危険を二つに分類し、何らかの方法で測定でき保険などで保障しうるような危険をリスク（risk）と呼び、測定が不可能な不確実性（uncertainty）と区別して、革新的な企業の得る利潤は後者の測定不可能な不確実性に立ち向かったことに対する報酬だとみなした。不確実性を利潤の源泉とみなすナイトの理論は、企業の果たす役割に関して重要な洞察を与えた。これを出発点として、不確実性の内容と企業の対応が特定化されていったのである。知識の具体性・断片性という視点から新古典派の市場観そのものの改編を迫ったハイエクの市場論を受け、カーズナー（Israel M. Kirzner）は、市場において新たな利潤機会を発見するのが商人の役割であるとし、企業家にも同様の役割を見て取った。いまだ供給されていないが潜在的には需要されている商品があるとして、それを生産し提供するのが企業家だと理解するのである。当然、企業家の得る利潤は、そうした役割に対する報酬ということになる。利潤機会に対処する存在としての企業家というカーズナーの理解においては、市場にすでに存在するがまだ誰も気付いていない利潤機会を発見したり、そうした作業に資源を投入する危険を冒すとき、企業家は所与の市場環境から利潤を得るとされている。けれども企業家は、ときに自力で市場に訴え、その流れを変えようとすることもある。企業は消費者にとって未知の領域の商品を創造し、過去の商品のイメージを変更するような広告を打ち、価格引き下げを可能にするような技術革新を行っている。シュンペーターが経済発展の原動力とみなした「創造的破壊」である。それは新製品の創出から新生産方法の発見、新しい販路の構築、新しい原料供給源の開拓、独占の形成やその打破までを含んでいる。つまりそこで「破壊」されるのは、消費者の既存の欲望、費用の技術的条件、商品と原材料の流通経路、独占の状態など、市場環境の現状なのである。これは市場環境から受動的に利潤機会を見出すという理解を超えた企業家像である。

市場や環境の現状からいち早く利潤を得るだけでなく、市場や環境そのものの創造的破壊を通して利潤を獲得しようともする存在として企業を規定すると、企業は市場や環境と相互に影響を及ぼし合う存在だということになる。企業はそうした相互の影響関係のなかから利潤を獲得しようとするのだが、こうして「組織としての企業」は、取引費用削減のみならず、収入も考慮した利潤獲得の営為との関連においてとらえねばならなくなる。「組織としての企業」は、環境が不確実にあるときに存在理由を持っていると、統一的に理解されるのである。

❖企業組織と経営環境

企業を商品の需要に関して不確実性を有する市場に直面する存在とみなすとき、それが組織を持つことにはいくつかの根拠がある。第一に、消費者の価値観を読みとり、その知識を商品として実体あるものに仕立てるのに組織が個人より優れている。第二に、企業が組織化されることで、労働者は流動する市場に向け商品を作り販売するための技能を企業内部で修得できる。これは技能形成の問題である。第三に、企業の組織化は、いちいち労働市場に直面しないで済むように雇用を企業内部に制度化する。それによって労働者は将来の生活への見通しを立てることができ、安心して消費に所得を振り向けられる。雇用制度ゆえに、本来の不安定なはずの所得が安定化するのである。第四に、個々の商品の需要が不安定だと、商品種を増やすことで不確実性を縮減しようとし、組織は巨大化する傾向をもつ。鉄鋼業などでは技術的にも工場を巨大化し、費用を逓減させねばならない。ただし、企業が組織化され巨大化すると、その維持のために資金が必要となり、株式会社化しなければならなくなることがある。これは、企業が投機にさらされる可能性を持つということでもある。それゆえ株式会社は、投機に面しても安定的に経営されなければならない。従来、これらの諸点は、企業組織論において、組織と環境の関わりを解き明かすという形で論じられてきた。

十九世紀末期から二十世紀の初頭にかけてイギリスやアメリカの工場では、故意に工員が仕事を遅らせ、一日分の仕事量を増やさないようにする「怠業」現象が現れた。テイラー（Fredrick Winslow Taylor）はこの怠業現象を分析し、人間が本能的に楽をしたがることもあるが、それ以上に、努力して働き、出来高を増やしたばかりに工賃単価が下がることへの組織的な抵抗という面が強いと主張した。ここで組織的怠業を除去するために、職場の工員や経験工任せだった当時の成り行き管理を修正して科学的管理法が提唱され、今日にいう「古典的組織論」が確立された。組織論は、当初は労働者を働かせるのに要する費用を削減するための技術であった。

科学的管理法においては、時や所を問わず最良の組織化の方法が存在すると仮定され、それを探るという姿勢がとられた。けれども一九六〇年代から組織化に関する調査研究が進み、組織化には唯一最善のものが存在するわけではなく、環境における技術や不確実性といった諸条件に大いに依存していることが確認された。

バーンズ（Tom Burns）とストーカー（Macpherson Stalker）は、官僚制のような「機械的管理システム」は安定的な環境に適しているが、対照的に不安定な環境には権限と統制がネットワーク状になる「有機的管理システム」が適していることを指摘した。またウッドワード（Joan Woodward）は、経営のパターンが生産技術の相違に応じて異なることを見出した。ローレンス（Paul R. Lawrence）とローシュ（Jay William Lorsch）はこれらの研究を展望し、最適な組織形態は市場や技術の環境に条件付けられて決まるとする理論を「コンティンジェンシー理論（contingency theory）」と名付けた。経営学の分野でも、企業組織と経営環境の相互依存関係が確認されていたのである。

では、企業が空間的・時間的に広がりを持つ組織であるとき、組織と環境の相互依存はどのような状態にあるのだろうか。高橋伸夫はトンプソン(James D. Thompson)の研究などを踏まえながら、組織において開発・改良された技術的合理性にもとづくプログラム群であるテクニカル・コアが経済性を発揮するためには、プログラムが反復使用されねばならず、そのためにはそれの置かれた状況が反復的である必要があるとして、組織はテクニカル・コアを外部環境の影響を受けにくい内部環境に密封するものだと主張する。会社制度とは、市場という外部環境と事業もしくは内部組織を隔離するような「境界」だというのである。

個人が借金(他人資本)により事業を始めようとすると、決められた期間で返済しなければならないが、会社が自己資本を出資されるならば、利益が出なくとも利子を支払わずにすみ、事業リスクを出資者に負担してもらえる。と同時に有限責任制とすることで、出資者は事業リスクに対し、出資額を限度として弁償の責任を負えばよいことになる。これは出資者と会社の財産を隔離するための制度である。また、出資者が死んだとして、人間としてのその人に関しては遺産相続に際して分割相続や相続税などがあり、後継者が財産をそのまま引き継ぐことはできない。一方、会社の持分に関しては確定資本金制により払い戻しが禁止され、譲渡のみ可能とされているため、出資者の死という個人的事情で資本金が目減りするという事態にさらされない。これは会社の寿命を構成員の寿命から隔離するための工夫である。

会社が境界によって内部環境を外部環境から隔離することは、資本以外の生産要素にも及んでいる。生産工程において境界に位置する部分では、外部から持ち込まれた原材料の質的な多様性を同質性に変換するという標準化が行われる。鉄鋼の場合は鉄鉱石やコークスを銑鉄にし、織物の場合は紡糸により各種繊維を糸にするといった具合にである。また在庫は、境界において市場の変動を緩衝化する工夫である。これら「境界」により内部環境を外部環境から隔離する制度的な工夫が企業組織だというのである。

企業が環境の内部と外部を隔離する境界だとすると、それとは別に「組織」を定義することができるようになる。高橋によれば、組織とは「システム」であり、要素間の関係である。したがって組織は企業の境界からはみだすことがある。顧客は企業の外部にあるが企業と関係を持ち組織化されている。部品供給業者の形成する「中間組織」も、複数の企業の境界にまたがって存在することが稀ではない。自動車産業では、部品供給会社から販売店まで複数の企業が企業間関係を結び、法制上は別法人ながら緊密に連携し合って、一つの組織を作り上げている。とりわけ現在では、システムとしての組織と境界としての企業のこのような相違が、ネットワーク組織や分社化、海外への工場の移転と企業内貿易などをもたらし、複雑な生産単位を形成している。

図10　システムとしての組織・境界としての企業

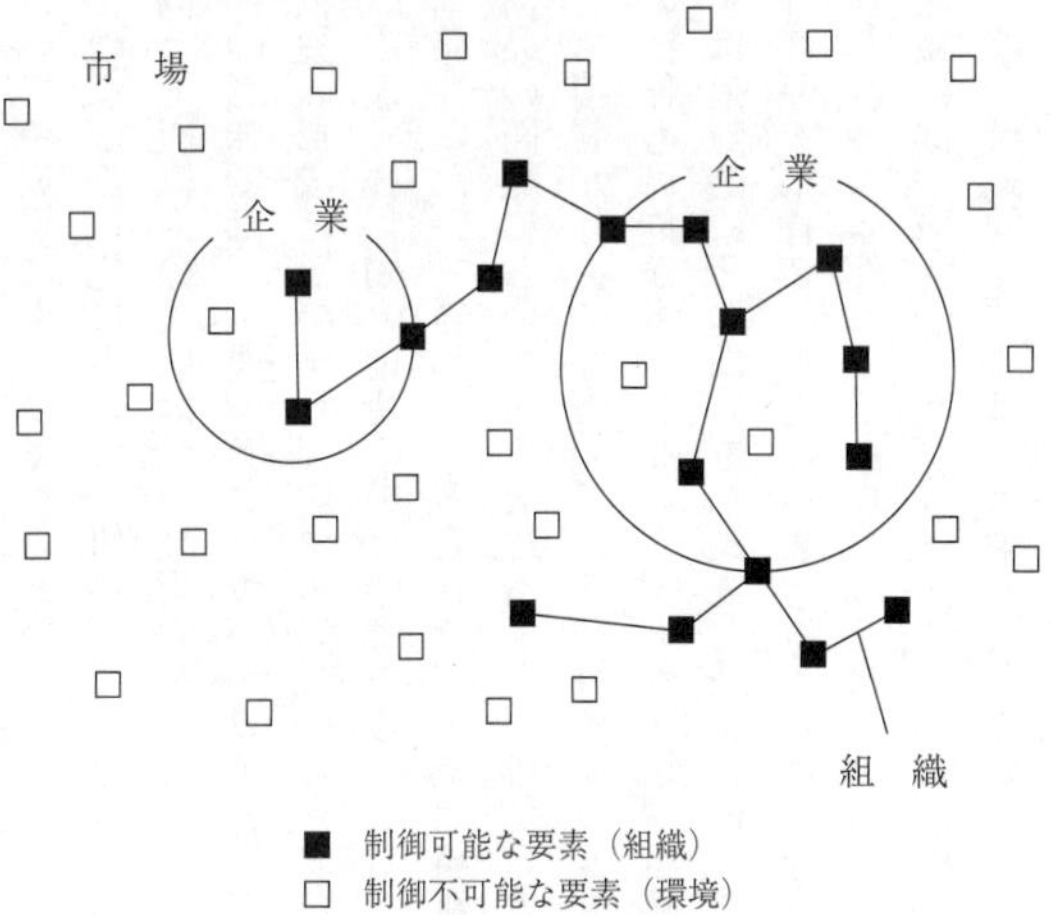

出所　髙橋伸夫『経営の再生』有斐閣、1995年

❖知識創造の場としての企業

では、企業組織は利潤を獲得するためにどのような活動を行っているのだろうか。これは先の第一の論点である。企業がある活動を行えば利潤が得られると考えるのは、期待にすぎない。取引費用も含め、ある商品を生産するための最低費用について自分だけが知っているというのが本当か否かは、市場によってのちに示されるのだし、またある企業が提供する商品に対する需要がどれだけ存在するのかも、競争を通じて判明する。したがって、利潤を獲得するため

に行う特定の企業活動は、それがどれだけ費用を削減するのか、また需要を喚起するのかについての仮説にもとづくものといえる。つまり企業とは、成員の誰かが提起した利潤獲得につながる仮説について、組織ぐるみでその信憑性を検討し、確からしいとなれば実現に向けて組織内の人間関係や技術力を動員するような制度なのである。

その意味では、企業のテクニカル・コアとは、利潤追求において一定の成績を収めてきた仮説の形成とその実行に関する知識の体系のことである。つまり企業は、野中郁次郎が述べるように、知識創造の場なのである。そして知識の創造に関して個人よりも組織の方が創発性において優れている限りで、企業は組織であることを選んでいる。

商品の開発において、企業は消費者の価値観という環境要因に関心を持たざるをえない。そして消費が社会的なものである限りではガルブレイスが想定したように広告を通じた欲望の操作も可能かもしれないが、それが消費者個人の解釈により自由に形成されるならば、企業は追随的にそのあり方を調査し結果に即して商品開発を行わねばならなくなる。ここで、商品を形作る知識とはどのようなものかが問題になる（以下、野中他、一九九六、松原、一九九六）。

知識には、形式的（顕在的（explicit））なものと、暗黙的（潜在的（tacit））なものの二種がある。形式的な知識は、言葉や数字で表すことができ、整理されたデータや方程式、明示化された手続き、一般的な法則として他人に伝達されるものである。コンピューターで処理しうる情報や学会で発表された研究の情報は、ここでいう形式的なものである。一方、暗黙的な知識とは、主観にもとづく洞察や直感に類するものであり、熟練職人の技能のように明示しがたい技術として結実し、思いや情念を支配するものである。その多くは個人にとって操作可能であるにすぎず、そのままでは他人に伝達するのは困難である。職人が弟子に技術を伝えるのに言葉でなく体験を重視するのは、それゆえである。したがって技術のうちマニュアルに表現できるのは、形式的なものに限られる。

暗黙知は、職人が身振りで伝えるのと同様に模倣によって伝達されるものだが、そうしたやり方では資本主義における商品生産には活用することができない。伝達スピードが遅すぎるからである。したがって、商品生産の現場において暗黙知は、形式知に変換されねばならない。商品が市場交換されるに当たっても同様に、交換条件は信用という暗黙の要素によってだけではなく、価格という形式性を持つ数値によって形成される。

組織内におけるそうした暗黙的および形式的な知識の変換のプロセスを、野中は「組織的知識創造の理論」として体系立てている。野中によれば、企業内において知識は、四つの変換モードによって社会的相互作用のうちに創造されてゆく。現場で商品開発しようとしている個人が言葉にならないイメージとしてとらえたものが、組織により最終的には形ある商品として生み出されるのである。

そのプロセスは、①個人の暗黙知からグループの暗黙知を創造する「共同化」(Socialization）、②暗黙知から形式知を創造する「表出化」（Externalization）、③個別の形式知から体系的な暗黙知を創造する「連結化」（Combination）、④形式知から暗黙知を創造する「内面化」（Internalization）、そして①へ戻るという四つの変換モードによって構成されている。これらを経ることにより、知識は以前よりも発展したものとなって最終的に商品として市場に姿を現すのである。

より具体的に述べると、共同化とは、現場で実際に仕事を体験しながら技術を模倣し修得するプロセスである。著名な例としてＯＪＴがあるが、開発プロジェクトのメンバーが温泉旅館などでの合宿においてブレーン・ストーミングを行う（ホンダの「タマ出し会」など）といったものもある。松下電器が自動パン焼き器を開発した折、開発主任は有名パン職人に弟子入りしたが、おいしく作るための決定的な技術を説明してはもらえなかった。しかし観察の結果、職人は「ひっぱる」だけでなく「ひねり」も加えていることが判明した。これは観察および模倣によって暗黙知が伝達（共同化）された例である。

表出化は、個人が持つ言葉にならぬイメージを、アナロジーやメタファーを駆使しつつ対話を通じて「コンセプト」と呼ばれる言語表現にまとめる作業で、ホンダ・シティが「マン・マキシマム、マシン・ミニマム」（車内での人のスペースを最大化することを標語化したもの）というコンセプトによって開発された例がこれに当たる。

連結化は、開発の現場で生み出されたコンセプトを、企業トップの編み出した理念につなぐことをいう。無数の酵母を操作する現場の技術では、事実上、無限種類のビールを製造することができる。一方、企業理念は、それだけではあまりに抽象的である。アサヒビール株式会社の企業理念である〈Live Asahi for Live People〉は、中間管理職が「コクとキレ」というコンセプトをもって媒介することで、製造現場の技術と合体させられ、スーパードライとして商品化された。両者は、「コンセプト」によって連結され、内実を得たのである。連結を行うのは、具体的には中間管理職である。

内面化は、企業にとっての重要な体験を蓄積し、後続する人材に伝える作用をいう。ゼネラル・エレクトリックは顧客からの苦情や問い合わせをデータ化し、自社製品については百五十万種の起こりうる問題を想定し、解決策を準備している。また、ホンダの社員は本田宗一郎の伝記を読むことによって、ホンダの企業文化を内面化することができる。

このように、企業組織は知識創造の場と理解することができる。つまり、個人が知識を最終的な商品の形にまで創り上げるのではなく、商品開発の前線の個人によって感じられた知識の萌芽が、組織の中での対話によって他人にも理解できる「コンセプト」となり、それは中間管理職によって組織がそれまでに作ってきた既存の知識と関係づけられ、さらに技術的な生産可能性や利益獲得の可能性を検討しつつ練り上げられて、最終的に具体的な商品が開発されるのである。

ビールを例にとっていうと、酵母は無数にストックされているので、技術的には無限の形に商品化することができる。そして消費者の欲求に合わせてそのうちどれか一つに絞り込み、その味に言葉で形容を与え（「コクとキレ」など）、ネーミングとラベルのデザインを案出して広告し、出荷の期日まで決めるというふうに、市場が要請する速度で次々と知識創造と意思決定を重ねていくことを可能にするのが、組織における協働作業なのである。

以上は、図11のようにまとめることができる。企業組織における知識創造の過程は、形式性―暗黙性と、同質性―差異性の二つの軸によってとらえられる。暗黙的かつ同質的な知識を暗黙的なままで差異化させるのが「共同化」であり、暗黙的に差異化されたその知識を形式化させるのが「表出化」であり、次いで形式的かつ差異化された知識を同質化させるのが「連結化」であり、最後に形式的かつ同質的な知識を暗黙化させるのが「内面化」である。

ここで、実際の企業組織の形態との対応を示しておくと、知識の共同化および表出化が行われるのは企業の階層構造から一時的に離れて柔軟に組織される「タスクフォース」であるが、これは個人が言葉にならないイメージで感知していることを個性（差異性）ある言葉として表現するのを助ける機構である。また、知識が連結化され内面化される作業は、企業の本来の組織である「ビューロクラシー」において行われる。これはいったん差異化された知識を組織の言葉の中に当てはめ同質化してゆくのが官僚的な組織に向く作業だからである。さらに、タスクフォースとビューロクラシーの双方をつなぐのが中間管理職の

図11

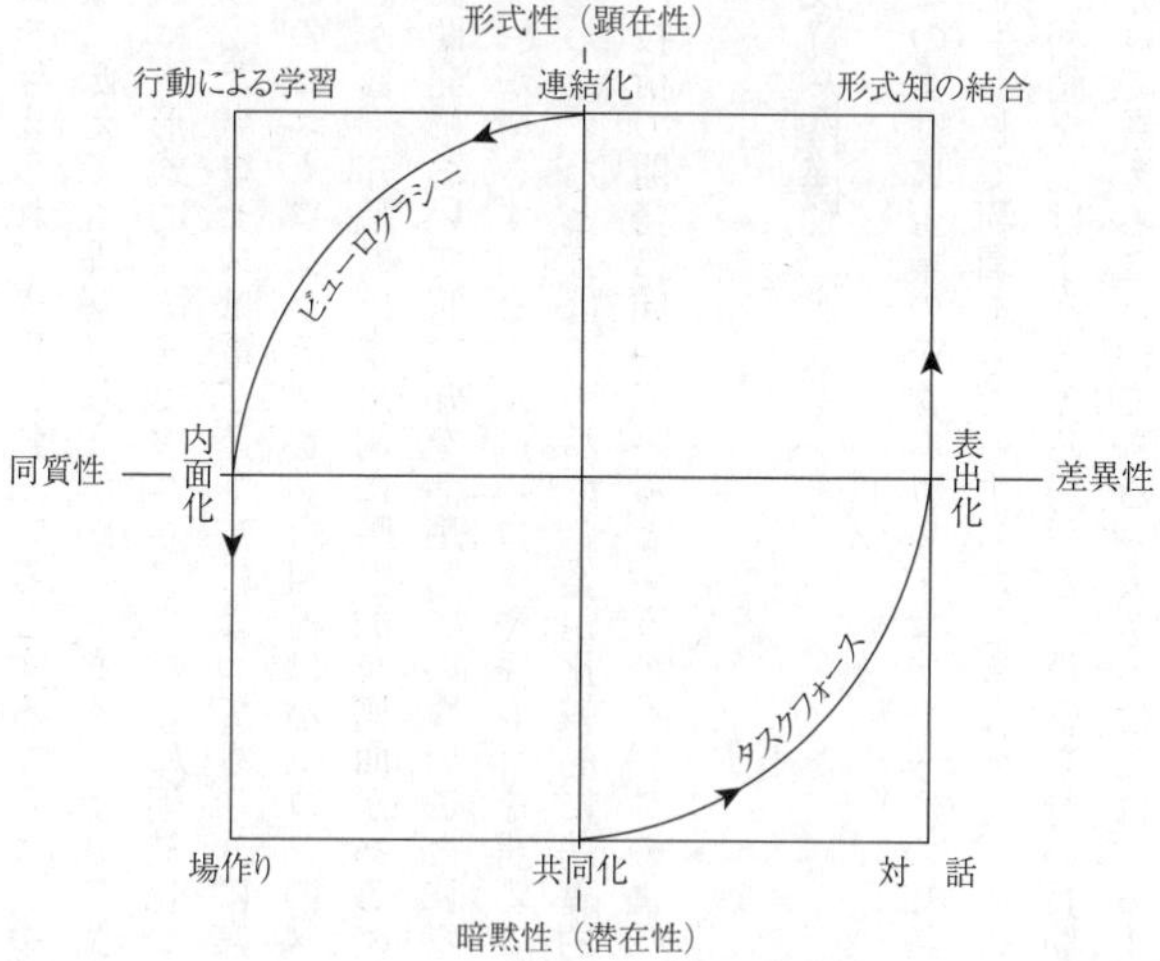

働きである。最近では創造的な商品開発を急ぐあまり、知識を差異化するのに適した企業の形態であるフラットな組織が注目を浴びているが、これだけではせっかく表出された知識の多くが整理され共有されることなく消失してしまう。そうしないためにはビューロクラシーと、それにタスクフォースをつなぐ中間管理職が必要なのである。

これまで中間管理職は、しばしば存在意義の不明なものとみなされるきらいがあった。それは、これまでの議論からすれば、知識が形式的な面だけを持つとみなされているからである。というのも、商品開発の前線において感知された知識がすでに形式を与えられて表現されているとするならば、中間に立つ人々を飛ばして直接に上級管理職に伝えても理解されうるからである。そして個人によって形式的に表現された新たな知識は、形式的なままでマニュアルなどに連結化つまり体系化されて後進に伝えられる。こうしたプロセスは電子メールによっても十分に媒介され、したがって、知識を保持するためのビューロクラティックな組織はパソコンのメモリにとって代わられて、不要になる。

しかし、知識には本来的に暗黙的な側面があるのだとすれば、形式知だけを扱う企業は商品開発において暗黙知を活用していないことになる。そうした企業のパン焼き器は「ひねり」ができず、ビールは「コクやキレ」を得ることができない。形式知を生み出すのに特化した、たとえばアメリカ企業が比較的に基礎的・普遍的な技術を開発し、日本企業が応用技術の開発に向いているというのも、このような組織の特性によるものであろう。

❖投資と投機

このように企業のテクニカル・コアを一個の知識創造の場と考え、それこそが過去の経験を生かして利潤をもたらすのだとみなすと、その活動を日々の生産と販売において短期的に利潤を上げようとする局面と、投資を行い長期的に利潤を最大化しようとする局面とに分けて考えることができる。大ざっぱには、カーズナーの唱えたような利潤機会の発見が短期、シュンペーターの言う「創造的破壊」が長期における企業の行動目標であろう。投資は利潤獲得に関する知識創造の場としての企業に対して行われるのだから、具体的には機械や建物といった実物資本の購入に向けられるにせよ、知識創造の場の拡張こそが最終目標となるはずである。したがってそれは同時に、研修やOJTなどを通じて機械や建物を知識創造に用いうるようにする、労働者の技能形成もともなわねばならない。これは先の第二の論点である。一般に技能形成は、ドイツ型の職業別労働市場ないし日米型の内部労働市場において行われるとされている。前者は工場の技能者から銀行の出納係まで、職業ごとに企業外に公式の訓練機関を制度化し、修了者には技能資格が認定され、その資格保有者として雇用される。一方、日米では未経験者を雇い、企業内のオン・ザ・ジョブ・トレーニング（OJT: on the job training）で簡単な仕事から内部訓練を始め、技能が高まれば内部昇進させる。企業が市場において時と所により特殊な利潤獲得機会を見出し、それに即して商品を作り出そうとするなら、後者によって企業に即した技能を形成することが有利ということになるだろう。

そうした技能は、しばしば取引特殊的投資となる。つまり、技能のうちある企業でのみ必要とされるものが存在するとすれば、その技能を身に付けるという（人的資本）投資は取引特殊的投資に相当するのである。そうした人的資本投資が企業特殊訓練といった形で行われるとき、労働者が行う労働サービスの売り手である労働者と買い手である企業の間では、取引の継続性が求められる。というのもそうした技能は他の企業にとってはさほど重要ではないため、市場では評価されないが、当該企業では必須とみなされるのであり、企業特殊的訓練を要するような労働ほど、組織内に定着することになるわけである。

だが労働者にとっても、特定企業においてのみ活用しうる技能を体得することにはリスクがともなう。突然解雇されるならば、その技能には汎用性がないために労働市場では他企業からは評価されないからだ。企業特殊的訓練を行うためには、それを修得する労働者にとって将来に渡り永続して雇用されるという何らかの保証がなければならない、もしくは保証があるという期待が形成されねばならない。終身雇用制や長期的取引慣行といった企業に関わる諸制度は、そうした期待を培ってきたのだといえよう。そしてそれは、第三点として述べたように労働者の生活に見通しを与え、消費計画を安定させもするのである。

企業における投資が以上のようなものだとして、それを実行するという決断は経営者が下す。企業の経営者は、長らく所有者でもあった。ところが企業が巨大化すると、経営上の意思決定は所有者の思惑を離れて、専門的経営者に委ねられる。「所有と経営の分離」にもとづく「経営者革命」である。それにより、経営者は投資にせよ独自に決断することができるようになった。ところが資産市場が発達すると、経営者支配には暗雲がたれ込めることとなる。これは、第四点の問題である。

というのも、資産市場から集められた資金は設備投資に当てられるばかりではなく、資産市場において他企業を買収することにも用いられるからである。そうなると、企業を長期に渡り経営するよりも、合併や買収を繰り返す傾向が生まれてくる。企業は知識創造を通じて利潤を獲得する統一的な組織というよりも、それ自体が売買の対象とみなされるようになる。ここで、経営が投機に左右される可能性が現れたのである。

企業が買収によって規模の大小を変えるならば、境界によって組織の内外を区切り、内部の維持を図ったりするような工夫は必要なくなる。また、労働者に内部労働市場で自前の訓練をする必要もなくなる。これは企業の組織化に反する傾向だといえよう。ケインズが不況の深刻化とともに懸念したのも、こうした投機化によって企業が創造力を喪うという事態であった。

II

第6章

市場と公正

❖自由と平等

社会主義が百年に満たない歴史の試練に耐えられなかったことから見ても、市場制度が現代の経済システムに不可欠であることは明らかだろう。けれどもかといって、市場が放任されてよいとは言えない。

一つには、「市場の失敗」(market failure)の問題がある。規模に対して収穫逓増があったり外部経済が発生したり、(サミュエルソンの定義でいえば共同消費が可能で排除不可能な)公共財の供給に当たっては、市場は効率的には作用しないことが知られている。「市場の失敗」が避けられない以上、公共部門がそれに対処することが要請される。二つには、市場が自動調節作用を持つか否かという問題がある。市場経済には景気の変動がつきものであるから、政治を含む市場以外の制度による安定化が求められる。そして三つには、市場が効率的であったとしても、その結果としての資源配分や所得分配が公正だとは限らないという問題がある。分配状態がどのようなものであるのかは実証に関わるが、その公正さの評価は価値判断にもとづく。つまりは規範理論の対象になる。

市場原理に従って活動したとき、ある人は豊かに、ある人は貧しくなる、つまり所得格差が生じる。それは放置すべきだろうか、それとも何らかの再分配がなされるべきだろうか。強制的に所得の移転を行うのなら、その評価基準は公正と社会的に認められたものでなければならない。そうした評価基準としては、どのような選択肢がありうるのだろうか。この問題は従来、経済学においては厚生経済学、政治学や法哲学の分野では正義論において扱われてきた。

正義論においては、対照的な二つの見解がある。「自由至上主義（libertarianism）」と平等主義（egalitarianism）である。ロック（John Locke）は自由・生命・財産からなる所有権（property）の安全を図ることを正義とみなし、その保障に当たる政府を構想した。彼はとりわけ労働によって得られた財産の保障を強調し、これを拡大解釈したノージック（Robert Nozik）は、所有権と個々人によるその自由な行使を至上の権利とみなし、「税は強制労働である」と主張して再分配を拒否する「自由至上主義」を唱えた。この立場では、私有財産権の自由な行使が社会にどのような結果をもたらそうとも（多少の再分配によって避けることのできる飢餓や死が多発しようと）、所有権に制限を加えられるよりはましだ、と考える。これは、各人は社会が物を生産するに当たり、どれだけ貢献したのかに応じて分配を受けるべきだという「貢献（merit）に応ずる分配」を支持する立場だといえる。人は、労働を提供したことで追加的に生産される物財（限界生産物）を取得すべきだ、という考え方である。この立場はハイエクと同じく、次に述べる平等主義のみならず、「功績（desert）」や「努力」に応じ所得を与えるべきだという「社会的正義」をも「幻想」として拒否している。

一方、平等主義は、ベンサムに始まりＪ・Ｓ・ミルやシジウィック（Henry Sidgwick）が彫琢した功利主義（utilitarianism）により、正当化された（ただしミルは精神的満足を求める「質的」功利主義者として、物欲を追求する他の功利主義者と区別されることもある）。功利主義は物事のよしあしを帰結から判断するという「帰結主義」をとり、またその判断を人々にとっての「善」の総和にもとづかせ、さらに善とは幸福（効用）のことだとみなした。しかもそれは個別行為のみならず社会を規制する一般的なルールに対しても適用され、それゆえ公正な分配の原理とは、集団全体の効用を最大化させるものだということになる。

以上は、図でいえば次のようなことである。

いま、Ａ・Ｂ二人の所得の分配を考えるとして、図においてＡＢが所得の総額でありＡからＢへ向けて測るのがＡの分け前、逆にＢからＡに測るのがＢの分け前だとしよう。またＡの所得に対する限界効用の申告がａａ′で表され、Ｂの所得に対する限界効用の申告がｂｂ′で表されるとしよう。このとき、仮に所得が平等のＣで分配されているとすると、Ａの効用はＡａＥＣ、Ｂの効用はＢｂＦＣになる。ここで功利主義の原理で分配するならば、最適な分配はＤということになる。なぜなら効用の総和（集団全体の幸福）はＡａＧＤ＋ＢｂＧＤで、その方がＥＦＧだけ大きいことになるからである。

ただし功利主義の原理に従う限り、Ａは所得においてＡＤを得ていてＢのＢＤを大きく

図12

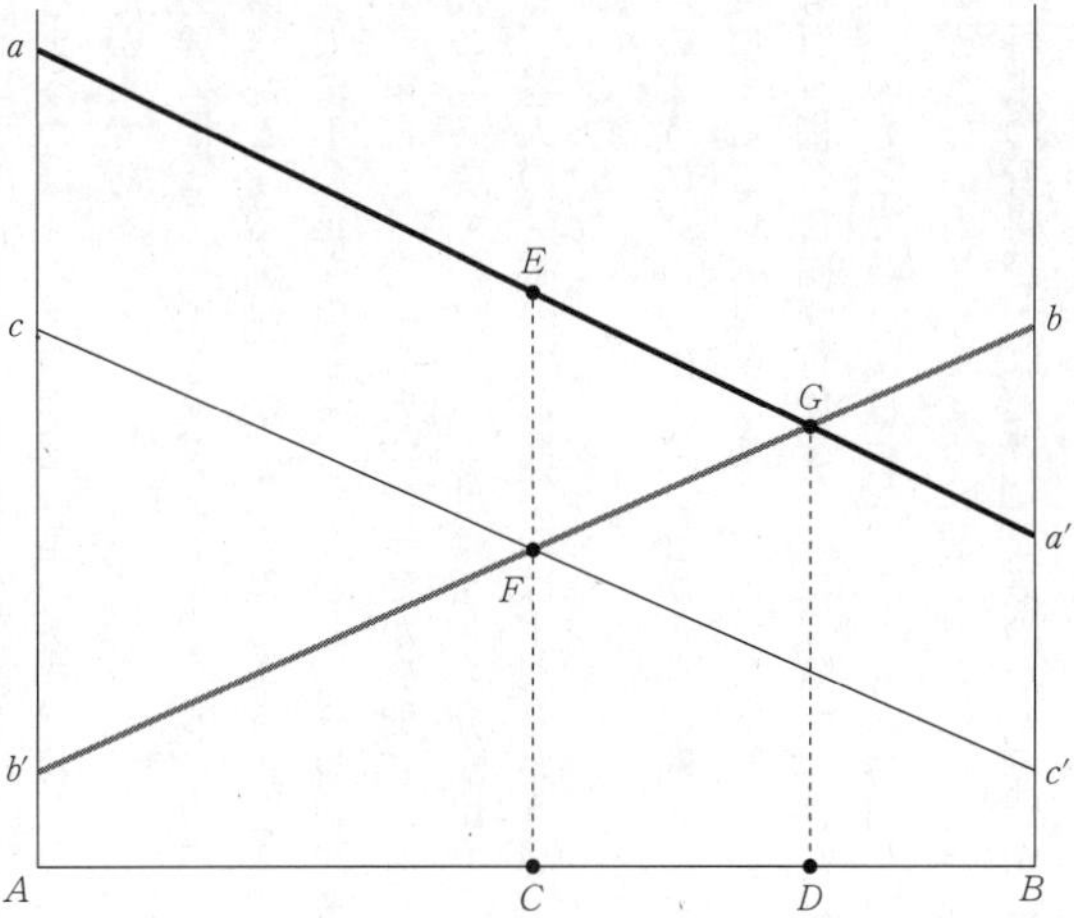

上回り、個人として得る効用もＡａＧＤでＢのＢｂＧＤをはるかに越えている。つまり不平等であることをも公正とすることには注意しておきたい。この結果は、Ａは自分の（限界）効用をａａ′のごとくＢのｂｂ′よりも大きく申告しており、そうした申告を聞き入れて「集団全体の幸福を最大化する」という功利主義の公正原理を適用したからこそ生じている。

これに対してピグーは『厚生経済学』（一九二〇）において、Ｃ点すなわち平等になるような所得の再分配こそがもっとも望ましいことを、功利主義に特殊な仮定を加えることで論証した。Ａの限界効用がｃｃ′のようにＢのそれに等しい（効用関数の同一性）と仮定するなら、Cこそが最適な分配点になるというのである。功利主義が不平等を帰結してしまうのは、人々の効用に差があり、しかも各人の効用に関する申告をそのまま受け入れたからである。

「必要（need）に応ずる分配」という考え方は、読んで字のごとく必要とするだけ受け取るべきだとする立場だが、先の例のように各人の主張するものを彼の必要と認めるには、個々人に不公正な申告を行わないという規範が共有されておらねばならない。また多くの場合、申告された「必要」の総額が分配される総所得を越えると思われるが、そのときは各人の「必要」にウェイト付けをして分配比率を決めねばならなくなる。ピグーはそれに対し、各人の「必要」は同等のはずだという想定を付け加えることにより、平等主義を導いたのである。

このように、再分配をすべきか否かに関しては、自由至上主義と平等主義という両極端に位置する二つの見解がある。前者に関していうと、ノージックはいかなる帰結を招こうとも所有権の自由な行使を各人に保障すべきだという観点を強調するが、そこでは特定のルールのもとで競争が行われ、ある者が勝利し別のある者が敗退するようなゼロサム・ゲームが想定されているように思われる。ところが再分配がなされないために市場競争の結果、将来の所得がどれだけになるのかも不確かになるならば、人は将来に備えて貯蓄をし、それだけ消費や投資を控える傾向を持つだろうから、経済の水準そのものが低下する可能性がある。ゲームの結果はマイナス・サムであるかもしれないのだ。税による再分配には好況時に徴税額が増えて消費や投資を減らし不況時には逆というように、「自動安定化」機能があることがしばしば指摘されるが、それにとどまらず、不確実を緩和することで貯蓄を抑え所得を消費や投資に回させるという意味でも安定化機能を有しているのである(この点は後述する)。

そうだとすると、自由至上主義には、再分配を拒絶したせいで、守ろうとしたはずの資産など個人の所有権を逆に毀損しかねないところがある。一方、完全な平等主義を採るならば、そもそも人々が市場において競争を行う動機がなくなってしまう。こちらもまた市場活動から得られる成果そのものを縮小させかねないのである。そこで、双方の立場のいずれかに偏らぬ第三の立場が求められることになる。

❖新厚生経済学における公正

ところが正義論に関して経済学が辿った道は、分配のための最善の規範を求めるという観点からいえば、奇妙なものであった。というのも、それはよりよい価値判断を志向するというよりも、価値判断からより中立的な規範を求めるという方向を目指していったからである。

まず、ピグーの主張は、ロビンズの徹底した批判を受けることとなった。ピグーや彼が依拠する功利主義は、個人の効用を基数的に測定できるものとし、しかもそれが個人間で比較可能だと仮定している。だがそうした測定や比較は、為政者が行うのだとすれば恣意に走りかねないし、およそ経験科学を基礎付けるものとはいえそうにない。そこでロビンズは、ピグーらの旧厚生経済学に対して新厚生経済学を提唱し、効用を序数的にのみ測定可能とし、個人間比較は不能とみなした。いわゆる基数的な効用から序数的な効用へ、ないしは効用理論から選択理論への転換が推奨されたのである。

その結果、所得分配に関する公正さの基準としては、「パレート最適性」つまり「他人の状態を改悪することなしには何びとの状態をも改善することのできない状態」が導かれることとなった。それは要するに、分配状態を変えるのは、各人の現状を保証しつつ一部の人の状態が向上する場合に限り承認されるということを意味している。そして分配の変更がもはや認められない極限点が、パレート最適である。そして、完全競争の理想的市場においては価格メカニズムによってそうした最適状態が自動的に達成されることも論証された。「厚生経済学の基本定理」である。

けれどもパレート最適性は、公正さに関してあまりにも弱い基準だといわねばならない。なぜなら、それに適う条件は各人の限界代替率が等しくなるということだが、それを満たす点は契約曲線と呼ばれるように無数の点を含み、その中のいずれがもっとも望ましい点であるかは、別の価値判断を導入することによってしか選び取られないからである。とすれば、分配の公正さを論じていたはずが、せいぜい経済には無駄がなく効率的であればよいという話になり、それ以上の再分配に関しては口をつぐむしかないことになってしまう。新厚生経済学の確立により、経済学者は倫理的な判断を外部に委ね、自ら科学的・実証的な経済分析に専念すればよいという二分法が定着することになったのである。

バーグソン（Abram Bergson）とサミュエルソンはこうした事態を受け、「社会的厚生関数」（Social Welfare Function）を考案した。これは諸個人の効用関数を変数として含むような上位の関数として設定され、代替的な経済政策の優劣を判断するための社会的選好順序（すなわち「公共善」（public good））を記述しようとするものである。社会的厚生関数によって具体的に表現される社会的選好は、経済学の外部から与えられる。経済学者の任務は、その含意を関数の形で定式化することである。

では、社会的選好とは、誰のものなのか。サミュエルソンはそれについて、「慈悲深い専制君主、あるいは完全な利己主義者、あるいはすべての善意の人々、人間嫌いの人、国家、人種、群衆心理、神など」のいずれの信念であってもよい、と述べる。けれども、社会的選好はそのように特定個人の意思ではなく、各人の選好を基礎情報としつつ集計的に導出されるもののはずであった。そこでアロー（Kenneth Joseph Arrow）は、この集計のプロセスないしルールに着目して、社会的選択理論を唱えた。ところがそのアロー自身が

『社会的選択と個人的評価』(一九五一)において、個人が表明する選好順序に自由度を最大限認める限り、(いくつかの条件から成る)「民主的」なプロセスによって社会的選好を導出することは論理的に不可能であるという、衝撃的な結論を導いてしまう。これは「一般不可能性定理」と呼ばれている。

❖リベラリズムにおける公正

新厚生経済学は分配の公正について、自由至上主義が何よりも優位におこうとする個人の自由と厚生経済学が平等主義という形で持ち出した社会的な選好とを架橋する試みの一つであったが、皮肉なことにその結論は、その架橋が民主的なルールのもとでは不可能だということであった。

こうした経済学の見解に対して政治哲学者のロールズは、『正義論』(一九七一)以来の諸論考において、正義にかなうと思われる諸原理の比較検討を行い、自由至上主義と同じく「個人の自由」を優先させはするものの、そこに含まれる権利の細目については政治的自由や精神的自由などの「基本的な自由」に限定し(これは「第一原理」と呼ばれる)、そうした基本財が平等に分かち合われることを求めた。そして職業や地位に関する均等な機会のもと、公正に競争が行われた結果としての社会的地位や所得の格差は容認する(「公正な機会均等の原理」)。そしてもっとも不遇な生活を強いられている人の境遇は最大限改善されねばならない(「格差原理」)とする「第二原理」も打ち出し、合わせて「正義の二原理」を提唱した。

これはつまるところ、福祉主義的な最低保障の原則である。形式化を推し進めた結果、新古典派に率いられた新厚生経済学がアローの不可能性定理にたどり着いたのとは対照的に、ロールズはこの二原理で、正義の名の下において個人の自由と所得の再分配の両立を可能にしたと主張するのである。

ロールズは当初、この二原理が、人々が自分の社会的経済的地位を知らず(「無知のヴェール」)、しかも互いに第三者的な立場に立ち相互に無関心かつ合理的であるという「原初状態」において、全員一致で選ばれると想定していた。これはつまり社会契約論的なモデルである。基本的な権利を認め機会が均等であるときに人々はどれだけの所得格差までを公正として容認するのかという問題に対し、自分に才能や遺産が与えられているか否かを知らない人であれば、誰もが最低所得の最大化を合理的に選ぶはずだ、と主張したのである。人々のこういう行動様式は、「マキシミン原則」と呼ばれる。

この議論は、合理的な個々人が自分の置かれた社会的地位に関し無知であるという特殊な状況において自らの効用を最大化するという社会契約モデルの形をとっていたために、様々な批判を招いた。(ハーサニ(John C. Harsanyi)のように)不確実性の下での個人的選択原理としては伝統的なマキシミン原理は時代遅れであるとか、無知のヴェールという非歴史的な仮構は正義の二原理の普遍妥当性を要請するものであって、歴史のただ中において生きている人間が道徳やイデオロギー、宗教、慣習を背負いつつ体感しているはずの正義とは別だ、といった(コミュニタリアンによる)批判である。

けれどもそもそもロールズは、功利主義が、リベラリズムの至高の価値である個人の自由さえ計算の結果によってしか擁護しようとしないことに対し、強い嫌悪を表明していた。なかでも個人の差異や複数性に関する公正さは、効用や目的合理性からは導かれず、価値合理的な「道理性」(the reasonable)に属すると主張する。

とするならば、人々が自分の社会的経済的地位を知らず、互いに第三者的な立場に立ち相互に無関心かつ合理的であるといった前提は、理論上の仮構というよりも、むしろ正義を構想する者にとってのモラルだということになるはずであろう。とすればそこから導かれる正義の二原理にしても、社会契約によって普遍妥当性が論証された人間本性というよりも、特定の歴史的文脈において提起された仮説であり、その実行可能性やそれが満たされた社会の安定性は、その歴史的文脈に依存していることになる。実際ロールズは『政治的リベラリズム』(一九九三)において「重なり合うコンセンサス」を唱えるに至り、正義に関する様々な解釈には異質な点もありはするが通約可能だと述べ、リベラルな言論の緩やかな連帯を、アメリカの公共文化に見出そうと努めている。

❖市場と公正

以上のように、個人の自由と分配に関する社会的合意を調停する正義論は、新厚生経済学においてはアローの一般不可能性定理にたどりついたが、ロールズを代表とするリベラルな政治哲学は、「自由の優位」を共通点として最低所得を保障するという分配の正義に関し、重なり合うコンセンサスが得られるという見通しを得た。総じていえば、我々の日常的な常識では、ロールズの主張の方が支持されているというべきだろう。というのも、経済の周辺にも、リベラリズムに親和性を持ち、広く承認されている分配規範が存在しているからだ。

たとえば徴税に関しては、累進制が一般に公正と認められている。税負担の累進制は、所得のもたらす限界効用が所得の増加に従い逓減するとしたとき、富者の支払う一円の犠牲は貧者のそれを下回っているとして正当化されてきた。これは効用の測定と個人間比較の可能性を前提とする議論であり、新厚生経済学以降は容認できないはずであろう。それにもかかわらず累進税制に関しては、税率の累進の度合いにこそ反対意見はあっても、制度そのものを批判する人は滅多にいない。それだけ人々の正義意識に根付いた制度だといえそうだ。

さらにいえば、新制度派を名乗りつつ、制度を取引費用の削減という視点から理解し、経済史を再構成しようとしたノースにしても、個々人が利己的なだけでは経済や社会は存続しえないと主張している。利己心に突き動かされる個人は集団に属することの利益は得ようとするが、その費用は負担しようとしない（フリー・ライダー）なら、集団は形成されようがないからだ。それゆえノースは、論理的にいって、集団や社会から恩恵を受ける代わりに進んで費用を負担するような価値観やイデオロギーが個人間で潜在的・無意識的に共有されているはずだとみなす。とするならば、経済学においても、合理的な存在としての個人という仮定や、個人間の効用比較や基数的な効用概念を排除するという要請は、暗黙のうちに破られていることになるだろう。

また公共サービスへの負担については、利益を受ける当事者に求める「応益原則」だけでなく、支払い能力のある富者がより多く負担すべきだという「応能原則」も、公正感覚に合致するものとして採用されている。スミスにしても、人は「立場の交換」により他者に同感したならば、その手続きを繰り返すことで最終的には特定の当事者にも自分にも偏らない「公平な観察者」の共感に達するといっている。これは、人々が潜在的に共有している公正さの感覚を顕在化させるための手続きとして述べたことだと理解できるが、さらに彼は、「すべての国家の臣民は、その政府を維持するために、各人それぞれの担税力に比例して、いいかえれば、各自が国家の保護のもとで、それぞれ手に入れる所得にできるだけ比例して醸出すべきである」(WN5-2) と述べている。これは応能原則を示した言葉である。

また経済人類学は、資本主義の成立以前に様々な形の贈与が社会を結ぶ紐帯の役割を果たしていたことを、モノグラフをもとに実証している。アルカイックな社会の首長のみならず、西欧中世の君主にとっても、気前よく人民に大盤振るまいすることは一種の義務であり、受け取る側の人民にもそれは権利と受け取られていた。富者のこうした義務は、応能原則として普遍化される以前に、一種の公正さの感覚を持って社会で共有されていたのである。つまり再分配を公正と感じるのは歴史的に形成され社会に共有される感覚であり、そのことは論理的にも経験的にも了解されているのだといえよう。現存する公正感覚は、ロールズ的な福祉主義の想定する正義論と、親和性を持っているのである。

けれどもロールズの議論を振り返ってみると、理論上かなり偏った限定があることに気付く。リバタリアニズムと同様に、「個人の自由」の優先を説いている点である。彼はその範囲内で、道理的な人間であれば認めざるをえないような最低所得の保障を導こうとする。これはあくまで個人、すなわち「私」にとっての「善」に即した「公正」さの要請だといえよう。だがここで二点の疑問が湧く。いずれも、ロールズの想定に反し「公正」さとは「私」ではなく、「公」に属する規範ではないか、という問題である。ここで言う「公」とは、市場制度を安定させ発展させることに関する正義である。

第一は、市場は現代社会において不可欠な制度なのだとすると、それが適正な形で存在し機能することこそが「公正」といえるのではないか、という疑問である。第二は、最低所得を保障しさえすれば、それ以外の公的な制度なしに市場で個人は自由を追求しうるか、という問題である。

まず第一点について。そもそも新古典派は、例外状況を除き自由な市場は自動調整作用を持つと想定している。けれどもこれまで幾度か述べたように、人々は将来所得に不安を抱くとき貨幣保有を進めようとし、総需要の不足を招く可能性がある。消費者や企業が消費や投資を手控え貯蓄しようとするのは、将来への不安に対処しようとしてのことである。もし将来の所得に関して最低水準も見通せない(と予想する)なら、消費者は貯蓄を増やし、それだけ需要は減退してしまうだろう。最低所得の保障は、市場を機能させるために、公的にビルト・インされた安定化装置となっているのである。とすれば、第一の論点として挙げたように、分配に関する「公正」は、個人の自由や権利に関わる規範というよりも、市場が健全に機能するための公的な制度なのだということになろう。これは先に自由至上主義の限界として指摘した点であるが、こうした再分配は福祉主義のように個人の権利として求められるのではなく、市場の機能を守るためにこそ要請されるのである。

第二点について。新古典派では、人々は合理的であり、市場で交換活動を自由に行うとされるが、現実には市場において個々人が自由を追求するには、相応の経験が必要である。

セン（Amartya Kumar Sen）が途上国の貧困に関して述べたように、「恵まれない人々は、自分の窮乏状態と折り合いを付けてしまう傾向がある」。自分が送りたいと思う生活とはどのようなものなのか、想像する気力も失せてしまうからだ。先進国においても、医療や薬剤などを素人の消費者が自己責任で選択するのは能力からして不可能であろう。その経験を修得するには、公的な教育制度も求められる。センは、「恒常的に欠乏状態に置かれている人々」に対し、「基礎教育、初歩的な医療、安定した雇用というような社会的、経済的要因は、それ自体重要であるだけではない。人々が勇気と自由をもって世界に直面するような機会を与えるうえで果たすことのできる役割も重要」だと述べる。そして、「ある人にとって達成可能な諸機能の代替的組み合わせ」としての「潜在能力（capability）」を現実に開花させる方策をもって、正義とみなしている。

センは途上国の貧困を想定しており、それは妥当なものだが、彼の主張は一般的に市場をより発展的に機能させるための条件として理解することもできる。ハイエクのいうように市場とは人々が「特定の時と所」において有益だと発見した知識を利用する制度なのだとすれば、その知識を見出した人がチャンスを自分の利益に結び付けることが容易でなければならない。ところがある科学技術的な発見が経済的利益を生むのだとしても、発見者がその技術を商品化し販売する方法や所有権に関して法的な保護を得るための手段などを持っていなければ発見は経済的利得をもたらさず、発見そのものが促されなくなるだろう。

多くの技術者が企業組織に属するのは、個人よりも組織がそうした条件を備えていると期待してのことだが、技術革新を進めるためには、それは誰にとっても容易にアクセスできるようなものでなければならない。

先進国の市場経済においては、各人が「特定の時と所」で利潤獲得機会を発見し、それを自由に利用することが潜在能力の発揮に相当しているといえる。義務教育で「読み書き算盤」が重視され、それ以上の知識に関しては図書館の公開や行政府の開放性が求められるのも、それらが人々が市場において新知識の発見という潜在能力を開花させ、利得を現実のものにするための条件となっているからである。これらは共同消費される公共財というよりも、市場で自由に活動するための物的な基盤なのである。

これは生産者においてのみ当てはまる事柄ではない。医療や薬物など生命に関わる財・サービスの消費に関して自己決定を迫られる消費者は、それらについての専門的知識や判断基準を得る権利を持つ。一般の消費者は医療サービスや薬物に関して専門的な知識を有しておらず、しかし生命の安全を自ら守る権利は持っているからだ。もちろん専門知識への評価は、公共部門によってではなく民間が提供することも可能ではあろう。しかしその場合も、評価の基準は私利を満たすようにではなく、「公正」に提起されねばならない。「個人の自由」は、それを可能にする公正かつ開放的な情報基盤が存在してこそ現実化されるのだというべきであろう。

Ⅱ

第7章

グローバライゼーションについて

❖スミスとグローバライゼーション

制度は適正なものでありさえすれば、市場と相互に影響し合いながら、互いを安定させ発展させる。所得分配についての公正さという感覚も、特定社会において歴史的に形成されるものである。そうだとすると、西欧で絶対主義国家の中から近代的な市場経済が勃興してきたのも当然といえば当然ではあった。国家が制度の受け皿となり、慣習としての公正感覚にもとづきつつ市場を整備するだろうからである。

だが市場は、いち早く国家の枠を越えて展開された。国家「間」においては、市場を支えるはずの制度や公正さは国家によっては保障されない。そのとき市場はどのような状況を招くのだろうか。これは要するに、経済のグローバライゼーションは何をもたらすのか、という問題である。

二十世紀最後の四半世紀には、グローバライゼーションが急展開した。自由貿易、企業の多国籍化、資金移動のそれぞれで、市場は国境を越えて発展していった。それは一方では先進国経済を著しく効率化し、途上国には発展の機会を与えた。他方、とりわけ国際金融市場においては経済危機が各地で頻発し、その規模も頻度も加速度的に増しているように見受けられる。市場経済はグローバライゼーションによって、発展と衰退いずれの道を歩むことになるのだろうか。

グローバライゼーションというと、ごく最近のできごとのように思われるかもしれない。けれども経済史をひもとけばわかるように、近代の市場社会にはグローバライゼーションを軸に勃興したといえる面がある。

ヨーロッパの商人が地元の市場から離れて初めてグローバルと呼びうる取引を行ったのは、十五〜十六世紀の大航海時代であった。当時、外洋を航行する戦艦や商船が建造され、商業活動は急速に拡大した。ヨーロッパの商業交易の中心である北イタリア（地中海）はイタリア商人に占められていたため、ポルトガルのヴァスコ・ダ・ガマが喜望峰を経て、カリカットに到着する。これが「地理上の発見」であり、この冒険の当初の目的は香辛料を得ることだったが、彼はそこで中国・インド・東アフリカの三大大陸を海洋で結ぶ壮大な交易網を目の当たりにする。これは第Ⅰ部第1章でも触れた通りである。

当時この「インド洋世界」は、胡椒や様々な香辛料の他、木綿・絹・砂糖・コーヒーから陶器・阿片・染料のインディゴなど、ありとあらゆるものを交易する世界の貿易中心地であった。中世において先進文明はアジア周辺にあり、ヨーロッパは周縁でしかなく、ガマの発見によりヨーロッパの商人はグローバルな商業活動に巻き込まれていく⑮。

さらに十六世紀末からインド洋に進出したオランダは、軍事力をもってポルトガルの基地を制し、やがてはヨーロッパへの香辛料の提供を独占する。こうしてヨーロッパの商業交易が、その中心を地中海からネーデルランドすなわち北海域へと移行する。「商業革命」である。こうして十八世紀末から起きる産業革命によりイギリスがヨーロッパ経済を支配するまで、ポルトガルやスペイン、オランダの商人によって、ヨーロッパには東洋の奢侈品が大量に流入していった。

このように貿易は拡大し、それに伴って重商主義思想が提起されることとなったのである。そしてその延長上で、自由な市場と貿易が各国に利益をもたらすことを初めて体系的に説いたのが、スミスであった。スミスは『国富論』で自由貿易の利益を説く一方、それへの規制の論拠となった重商主義を厳しく批判した。具体的には、十六世紀から東インドとの貿易に際して講じられた諸規制と、その思想の背景となる貨幣経済観への批判である。アメリカにおける植民地との貿易は、各国が航海条例と軍事力により排他的に行っていた。各国は国民にアメリカにおける自国の植民地との直接貿易を自由に行わせていたが、たとえば非英国民は、イギリスが植民地との貿易から得ている利益から閉め出されていた。そのうえインドとの貿易では、さらに東インド会社という排他的独占会社が、他国民はもとより他の英国民による資本投下や直接輸入までも排除していた。

こうした独占を国策とする論拠とされたのが重商主義で、貿易差額とそこから得られる金銀の拡大をもって国富の増大とみなし、輸出を奨励し輸入を規制することを国家の政策目標として推奨していた。けれどもスミスの目には、それはイギリスの一部の製造業者と商人が利益を支配している現実を隠蔽するイデオロギーとしか映らなかった。自国および他国の製造業者や商人、そしてすべての消費者が損害を被っていたのである。そのことをスミスは、規制が資本の適正な（自然な）投下を妨げるという理屈で説明した。

東インドとの貿易は、当初はポルトガル人が支配していた。十六世紀になってポルトガルの権益を侵したのがオランダである。ところがオランダは東インドとのすべての貿易を単一の会社に独占させてしまった。のちにイギリスもデンマークもスウェーデンも、このオランダ方式を真似たのである。けれどもスミスによれば、国家による干渉などなくとも、投資家個人の私利に任せておくならば、より高い利潤とより低いリスクを求めて資本は配分され、自然とその社会全体の利益を高めるはずである。「事の自然な成り行き」として、資本はまず農業に、次に製造業に、最後に外国貿易に投下されるだろう。この順は、等量の資本投下により活動させる生産的労働の大きい順でもある。それゆえ自然に任せれば、より多くの生産的労働が働き、各国はより大きい国富を得ることになる。

ところが重商主義にもとづく規制は、資本の自然な配分を攪乱してしまう。スウェーデンやデンマークのような貧乏国がその典型的な例だ、とスミスはいう。わずかな資本を東インド会社の独占貿易という、遠くリスクのかかる冒険に投下していたのである。東インド貿易はかくのごとく各国を富ませずにいる。「ヨーロッパが、これまで、東インドとの通商から得た利益は、アメリカとの通商から得た利益よりもはるかに少ない」（ＷＮ

4-1）。

スミスの主張は、規制が撤廃され資本（および労働）が利潤の多寡に応じて移動させられるならば、国はより多くの生活資材で富むだろう、ということである。だが彼が、グローバライゼーションを無条件に肯定したのではないという点には注意しておきたい。スミスが述べたのは、資本の自然な移動を妨げてはならないということだった。資本はまず農業、次いで製造業という国内の産業に投下されるのが自然であり、それでも余るほど豊かである限りで、外国貿易に投じられるべきだと言うのである。資本を自国には適切に振り向けず外国へ投下するスウェーデンやデンマークのような国は豊かになれない、というのが彼の見立てなのであった。

グローバライゼーションは今日に至るまで拡大を続けてはいるものの、スミスの時代からすでに議論の的であり、その是非が様々に論じられてきた。スミスは「自然」という彼固有の概念によってその進むべき筋道を示した。けれども市場社会の進展とともに近代社会は発展し、それとともにスミスのいう「自然」さは自明の規範とはみなせなくなった。スミス以降に展開されたグローバライゼーションとは、「自然」さを喪失する過程だったとさえいえる。ではスミス後の経済思想史において、グローバライゼーションはどのようにとらえられたのだろうか。理論的には、モノの移動（自由貿易）、ヒトと資本の移動（多国籍企業）、カネの移動（投機の国際化）に関して、その是非が問われてきた。

❖自由貿易の是非──リカードとリスト

商品の取引からいうと、まずリカードが「比較生産費説」を提起し、自由貿易を肯定する明快な論理を説いた。リカードは次のような数値例を挙げている。今、イギリスとポルトガルの間で、ラシャとワインの生産が行われているとしよう。商品一単位を生産するのに要する労働の仮想値が、図の通りであるとしよう。このとき両国はどのように国際分業を行うべきだろうか。

ここではいずれの商品の生産に関しても、イギリスの必要とする投下労働量の方が大きい。つまりポルトガルの方が絶対優位にある。ある財は生産費（投下労働の絶対量）の小さい国から大きい国に輸出されるのだとすれば、二国間では二財とも貿易されない。ところがリカードは、この数値例の場合でもイギリスはラシャを、ポルトガルはワインを輸出するのだという。なぜだろうか。

図のように、両国で労働の総賦存量は変化しないで二つの生産に振り分けられるとすると、各国で貿易のないときに生産され消費される二財の量は斜線部で表されている。斜線を生産可能性曲線と呼ぶとすると、原点との間で区切られる三角形が生産可能な領域である。ラシャの生産量を示す横軸との角度は六分の五と八分の九というように異なっている。

図13

	ラシャ	ワイン
イギリス	100	120
ポルトガル	90	80

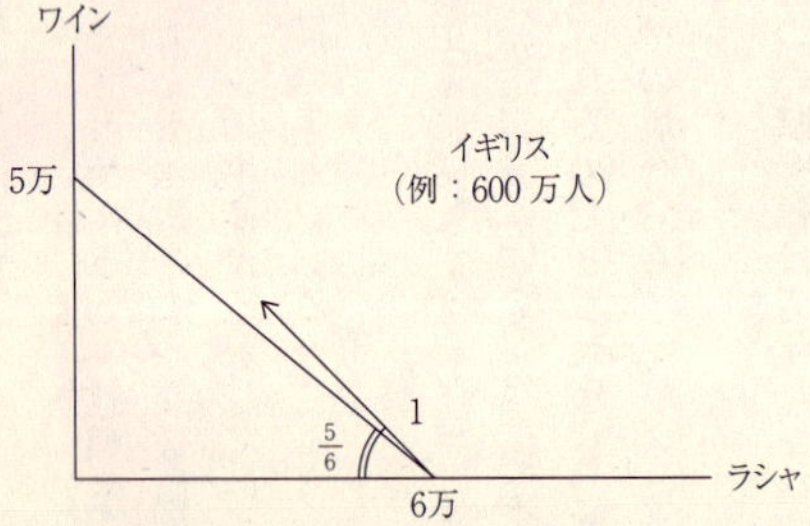

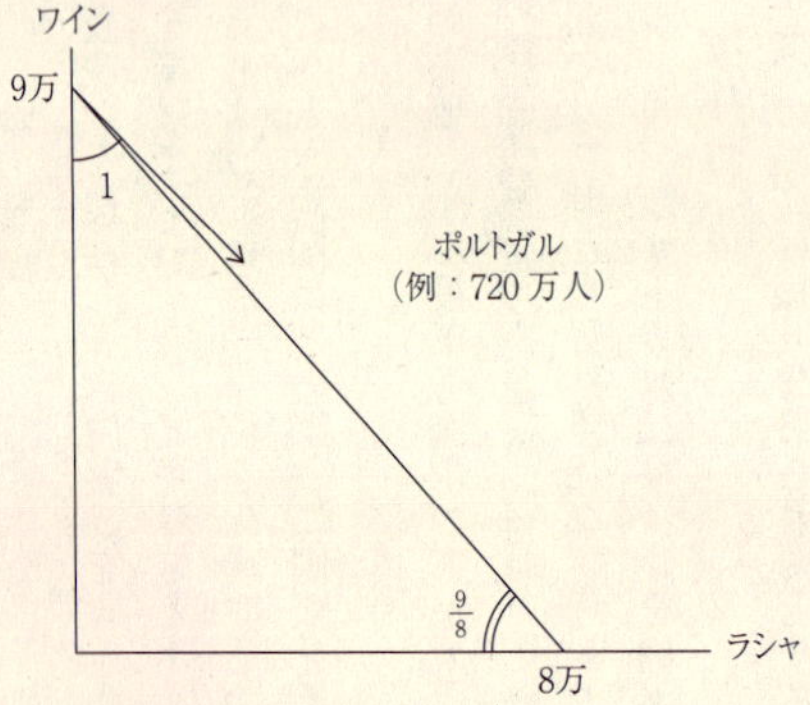

このときイギリスがラシャ作りに特化し、ポルトガルがワイン作りに特化したとして、しかるのちに一対一の量で交換する貿易を行ったとしてみよう。このとき両国民が消費することのできる領域は、矢印のように拡張されることになる。この論理でいえば貿易する必要のないのは生産可能性曲線の傾きが等しいときだけである。この傾きは、ラシャを一単位作るために断念しなければならないワインの量を示しているから、ラシャの費用をワインで表示するものである。その値はイギリスの方が小さいから、ラシャについてはイギリスに比較優位がある、といえる。そして絶対的な生産費には関係なく、ある国は生産費に関して比較的に優位にある財を輸出すべきだということになる。したがって、ほとんどすべての国が自由貿易によって利益を受けることになる。

リカードの自由貿易論は、国家によって生産費ないし技術状態が異なることを前提しつつ、特定商品の生産に特化する方向での国際分業を唱えた。つまり労働や資本は移動せず、商品というモノだけが移動する場合に、両国の経済厚生が向上することを論証したのである。それは労働のみを生産要素とみなすという点の非現実性等にかんし、のちに修正が試みられたが、こうした正統派の思潮に対し思想史上では、自由貿易論もまた先進強国のイデオロギーであり、それから国民経済を保護せねばならないという反駁が影のようにつきまとってきた。なかでも当時の後発国・ドイツから強力な反論の声を上げたのが、リスト（Friedrich List　一七八九―一八四六）の『経済学の国民的体系』（一八四一）であった。

十九世紀前半のドイツは、ウィーン会議により一八一五年に連邦が発足したものの、政治単位は三十九を数え、経済的にもまったく異なる三つの地域から成っていた。工業化の進んでいたライン・プロイセン、零細土地所有経営の支配的な西南ドイツ、貴族農場が巨大化した封建的なエルベ川以東のプロイセンである。なかでも最大の領邦プロイセンは近代的な関税制度を採用し、それまで領邦内でいくつもの度量衡や関税が設けられていた煩雑な体制を一新しており、それを基礎に一八三四年にドイツ関税同盟が成立した。これはドイツにおける国内市場を統一するもので、中南部諸邦にて台頭しつつあった商工業者の利益を保護しようという反発もあったが、東部ドイツで農産物輸出に積極的だったプロイセンの主導により、自由貿易に即した関税率が採用された。

その結果、産業革命を達成しつつあったイギリスの安価な工業製品は、一重だけとなった低い関税障壁を乗り越え、ドイツ奥地にまで浸透していった。これにより勃興しつつあった諸産業、なかでも繊維産業は大きな打撃を受けることとなった。ドイツにおいて近代化=工業化の芽は、イギリスとの競争およびそれとの国際分業を進んで受け入れようとするプロイセンや各領邦の封建貴族、すなわち農業支配者によって、まさにつみ取られようとしていた。こうした事態に直面したリストは、ドイツを国民国家として自立させるため、産業資本を育成すべく保護関税を唱えたのである。

リストは述べる。「世界の現状のもとでは一般的自由貿易から生まれるものが世界共和国ではなくて、支配的な工業・貿易・海軍国の至上権におさえられた後発諸国民の世界的隷属よりほかにないということには、きわめて強い根拠が、しかもわれわれの見解では、くつがえすことのできない根拠がある」。古典派経済学の主張する自由貿易が先進的な強国の論理でしかなく、それに従えば対等な分業どころか隷属に陥るしかない、というのである。それゆえ弱小国が自らを強国の経済的支配から守るには、保護関税をはじめとする保護制度が必要と唱えた。

リストの主張には、いくつかの論点が含まれている。

まず、経済には発展段階ないしは国によっての強弱があり、同じ段階の強国の間では自由貿易でそれぞれが繁栄する（世界共和国）が、段階ないし経済力が異なると強者による弱者の支配（世界的隷属）が行われる。これは経済発展段階説である。リストはその段階として、「未開状態、牧畜状態、農業状態、農・工業状態、農・工・商業状態」の五段階を挙げ、とりわけ第四段階に達し第五段階の外国貿易（商業）を目指す国民は、先進国に対し保護貿易を実施すべきだとする。発展段階自体はスミスも想定していたが、リストはこれを保護貿易の正当化に用いた。国内商業が成熟する前に外国貿易を行うと、国際分業体制に組み込まれてしまい、隷属を余儀なくされる、というのである。

ただしリストは、古典派経済学の後発国への適用を、全面的に拒否したわけではない。それは工業製品の外国貿易に関してのことであって、関税により保護された国内市場においては自由競争が行われねばならないという。しかも国内経済がイギリスの水準に達したあかつきには、保護主義は撤廃されねばならないとする。これはいわゆる「幼稚産業の保護」論である（農業については、どの段階でも自由貿易を良しとしている）。

次に、経済の単位を国民においてとらえるという視点。国民は、個々の人間が属する政治体制や法制度、経済段階や教育・技術・文化などの要因によって他と差異を持つのみならず、集団として有機的に結び付いてより大きな生産力を得るという。これが「国民生産力」の理論である。

リストはスミスの自由貿易論を国民の差異を見ないコスモポリタニズムとみなしたが、それはちょうど、十八世紀・啓蒙主義の合理的で普遍的な理性にもとづく文学や思想に対する反動として、ナポレオン戦争における国民意識の高揚をきっかけに現れたロマン主義の思潮と軌を一にしている。それは人類を普遍的な視点からとらえるよりも、個々の国家や民族が持つ独自の歴史や特質に注目する。とりわけ政治的ロマン主義は、フランス革命の普遍主義が国民を人類の観点からとらえ、またイギリス古典派経済学が経済自由主義を唱えることに対して批判の矢を向けた。リストもまた、国民の文化的・政治的な独自性を重視したのである。彼によると、保護貿易はより安価な外国製品を閉め出し、それだけの損失を国民に与える。けれども同時に保護主義は、国民の内部に農・工・商の「均衡的発展」を促す。それは損失を補って余りあるはずであった。

こうしたリストの主張は諸小邦に分裂していた封建制下のドイツを近代国民国家に統一するという目的のもとで現れたが、晩年の彼は超国家主義をとるに至り、批判を招いた。けれども彼のいう国民の文化的政治的独自性は、歴史的に形成された制度の国家間の差異と理解することもできる。しかも彼は、国民経済の発展段階が頂点に達した際には、貿易を自由化すべきだとの見通しも有していた。その意味では、単なる自閉的なナショナリストと見るべきではなかろう。

❖企業のグローバライゼーション

リカードの比較生産費説はその後、不問に付されていた輸出財と輸入材の交換比率（交易条件）がどの水準に決まるのか、比較優位をもたらす要因は何か等をめぐり、精緻に展開されていった。ヘクシャー＝オリーン＝サミュエルソンの定理は、比較優位の発生因を労働・土地・資本の賦存量の差に求めた。そして生産要素の賦存量が異なり、しかし生産技術や消費パターンが同じである国どうしが貿易するならば、生産要素量が異なっても要素価格は均等化することが論証された（要素価格均等化）。つまり生産要素の賦存量が異なり、労働や資本は各国内に残っても、貿易により商品が移動するならば、要素が移動したのと同じ効果が生じるというのである（小宮他、一九七二）。

ところが現実には、多くの企業が国境を越えて経済活動を行っている。それにともない、生産技術や企業経営に関するノウハウ、労務管理などの経営資源も移動する。これを企業活動のグローバル化（ヒトの移動）と呼ぶとすると、それは貿易（モノの移動）の活発化と同時に起きている。これは、自由な商品貿易だけでは要素の移動を完全には代替できていないことを意味している。

第二次大戦後の日本を例にとっていうと、一九六〇年代には資源開発を目的とし、企業が海外で事業展開していた。その背景には、各国が国際取引に対し厳しい規制を敷いていたことがある。ところが七〇年代には、資本移動に関する規制が次第に緩和され、為替制度も変動レート制に移行した。そして八〇年代は電気機器・自動車の欧米への輸出によって貿易摩擦が深刻化したため、現地生産が活発化した。これは先進国に対する企業活動の拡大だが、一方、製造業では急激な円高への対抗策として製造コストを下げるべく、企業が生産工程の一部をアジア諸国に移す傾向が見られるようになった。工程は各国に複雑に分割され、企業内で貿易が行われるようになったのである。現在では、製品は日本市場へ逆輸出されたり、第三国へ輸出されるようになった。これが企業のグローバライゼーション（多国籍化）の現状である（鴨、一九九八）。

こうした経験からいうと、資本および労働という生産要素の賦存量が異なると、各国に生産の比較優位が生じて貿易を行う動機が生じるが、しかし貿易摩擦により輸出が要望通りには行われなかったり為替レートが急激に変化したりすると、商品の貿易とともに要素価格差に応じて資本が豊かな先進国から途上国に流れることがわかる。資本移動といっても、企業が丸ごと移動するには制約があるなら、生産工程のうち製品開発や研究開発といった資本集約部門を先進国内に残し、最終製品の組立工程のような労働集約部門のみを賃金の安い途上国に移すといった国際分業化が起きるのである。これは、企業における「境界」を、組織としてのシステムが乗り越える現象だといえる（図14参照）。

新古典派経済学では、こうした国際分業は生産効率を上げ消費の可能性を広げるものとして、肯定的にとらえられている。けれども企業のグローバライゼーションが経済摩擦を多発させているのも事実である。そもそも自由貿易は各国の企業を国際的な競争にさらし、産業間の構造調整を強いるために経済摩擦を起こしがちである。企業のグローバライゼーションには、そうした摩擦への対応という面があった。だが多国籍企業の活動に対しても、否定的な見方は潜在している。

代表的なのが、帝国主義論である。十九世紀末期、ヨーロッパ諸国はアジア・アフリカ諸地域を植民地化し、安価な賃金で生産を行い、宗主国内における余剰物資を売りさばく市場とした。帝国主義は、軍事力を駆使して途上国を植民地とし、公的にも支配権を確立しようとするものであった。そうした意味での植民地体制は二十世紀の後半において次々に解体し、今日の多国籍企業の活動は、軍事力による政治的支配から離れた自由な経済取

図14　日産自動車のR&Dネットワーク

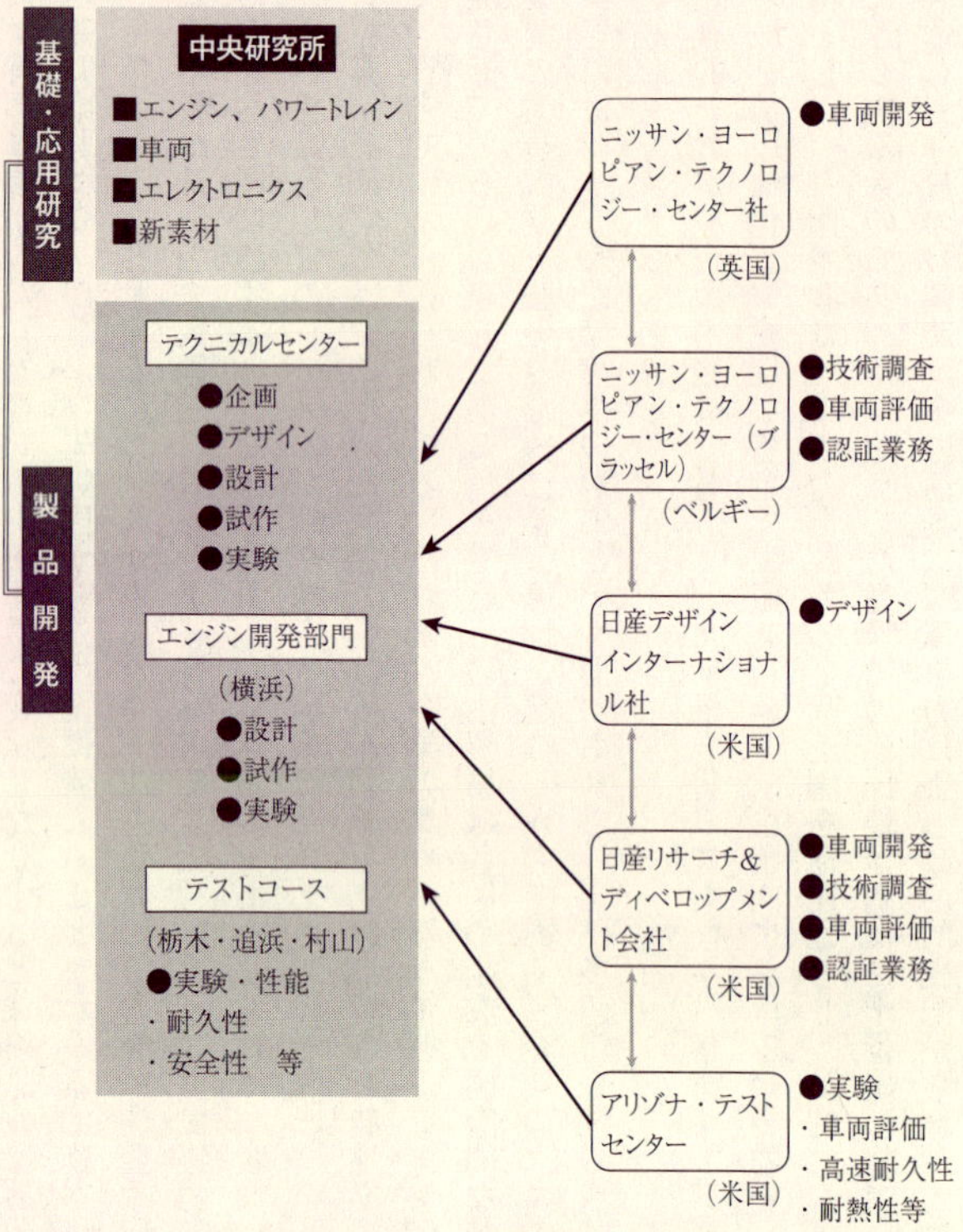

出所　日産自動車『NISSAN』1989

引として展開されている。

それにもかかわらず、多国籍企業が国際的な支配‐従属関係をもたらしているという理解には、いまだ根深いものがある。低開発国の経済発展を分析したシンガー（Hans Wolfgang Singer）や多国籍企業における権力を論じたハイマー（Stephen Herbert Hymer）、世界システム論のウォーラーステインらである。けれども彼らの論理は個々に分岐しており、とりわけマルクス主義の影をひきずる資本主義理解の妥当性には疑問がある。企業によるグローバライゼーションの難点は、国内にあっては自由な企業活動が政府による所得の再分配（法人税）や市場を維持するための公共政策を通じて公正さを実現するよう修正されるのに対し、国際市場においては公正さが実質的には保障されていないところにある。

❖国際金融のグローバライゼーション

貿易が行われ、一国の経常収支が黒字になると、その国から赤字国に貸し付けるという資金の流れ（カネの移動）が生じる。とりわけユーロ市場が成立してから以降、資金には逐次国籍がなくなっていった。国際的な資金供給システムの確立は、企業や途上国の資金調達を容易にした。昨今では、一日一兆ドルを越える外国為替取引が行われるといわれる。実に貿易の五十倍にも相当する規模である。金融技術が急速に発展し、リスクが低下したために、投機が大規模化したのである。

　国際金融のこうした現況は、「投機の国際化」と呼ぶことができる。ケインズは二十世紀前半の株式市場に素人投資家が参入したことで、株価が正しい資本の限界効率から乖離する可能性が高まったと考えた。そのうえに金本位制のもとで金をためこんだ貿易黒字国が金を退蔵したために不況が深刻化したと見た。そこで一九三〇年代には「国家的自給」(自由貿易批判)を唱えるに至る。そして戦後のブレトンウッズ体制では国際資金移動に制限がかけられ、金融に対する規制は国ごとに異なっていた。ところがそうした規制が効率的な資金配分を妨げるという新古典派の主張が支配的になると、アメリカを中心とする先進国で規制は緩和されていった。自由化された金融市場は国際的に連動するようになり、そこに金融技術の発展が加わって、投機が大規模化したのである。

　高度な金融技術を修得した投資家には、類似の行動様式がある。投資機会を見つけると集中的に資金を供給するが、引き上げるのもまた素早いということである。こうした行動は、個々人の期待を相互に依存させ、また不安定化させてもいる。その結果、国際金融市場は完全競争に近づいているにもかかわらず、再三に渡って一国の命運を左右するほどの混乱を引き起こした。通貨価値の暴落や、経済破綻である。二〇〇七〜八年に世界を襲ったアメリカ発の金融危機は、今も記憶に新しい。

　こうした事態を前にして、国際金融投機に長らく携わりアジア金融危機ではその演出者として批判された相場師のソロス（George Soros）さえも、『グローバル資本主義の危機』では「グローバル資本主義に覆われた世界経済は、不安定化した国際金融により崩壊の危機にある」と述べ、国際的な規制網の必要性を力説した。ソロスの解釈では、国際金融市場には、観察者が同時に参加者でもあるという「相互作用性」が働いている。それゆえ期待は個人間で相互作用を起こしてしまう。投機が市場にもたらしがちな不安定性は、グローバル化した国際金融市場ではいっそう強まっているというのである。

ストレンジ（Suzan Strange）も、『マッド・マネー』で「貪欲と恐怖とは、今日の国際金融システムの行動においても、日々もっとも顕著な人間感情である」と述べている。株式市場に参加する貪欲な投資銀行は顧客の資金で投機し、恐怖にかられると雪崩を打って逃避する。相場を張る貨幣は狂気をも帯び始めた、という見立てである。株価の暴落が一瞬にして伝染し、各国で「恐慌のドミノ効果」が起きかねない状態となっているのである。

こうして金融のグローバライゼーションは、一方では企業や途上国に資金調達の可能性を開いたが、他方では生産活動を投機資金の奔流に投げ込むこととなった。新古典派は、人々の期待形成は独立になされ、投機もまた市場を均衡させるとみなす。ところが現実には、とても市場が均衡しているとは思えない不安定性が生じているのである。そこで資金の流れを適正化するため、国際的な金融監督機構や信用保証公社の設立、金融商品取引の許認可化などが施行されているが、金融市場では参加者の自己責任と情報の公開だけを義務づければよいという新古典派の立場をとる者も多く、事態はまだ流動的である。要するにここで生じているのは、一面では資金調達チャンネルの国際化であるが、他面においては投機による市場不安定性の国際化である。とりわけ後者が広まる場合、一国の規制だけでは対応できない点が懸念されるのである。

❖国際経済機構とグローバライゼーション

以上のように、市場社会においてはモノ・ヒト・企業・カネが自由に国境を越えるグローバライゼーションが、一方的に進展しているように見える。けれども市場の拡大は光射す領域を広げはしたものの影の覆う領域を消し去りはせず、市場と国家の関係は変質しこそすれ途絶えそうにない。

まずリカードの想定したように、自由貿易が認められ国際的な決済が金で行われたとすれば、国際的な経済機構の役割は決済と貿易のルールの設定と監視にとどまる。ここでは、自由市場が世界を覆うと考えられていた。ところがイギリスの運営する国際金本位制は、十九世紀末から一九一四年までしか存続しなかった。そもそも金本位制は、豊かな金鉱が分散して存在することを前提しており、それがかなえられないためにポンドが金に代わる国際通貨として用いられたが、イギリスの経済的地位の下降とともにポンドに対する信認が低下し、金不足が露呈したのである。

次いで登場した管理通貨制度のもとでは金のような「本位」がなく、国際的な自由市場の広がりを支えるには決済と貿易に関して国際経済機構の役割が重くなる。そして両大戦間に広まった保護主義・二国間貿易主義および貿易のブロック化は国際経済の縮小を招き、破滅的な世界大戦をもたらした。そのことへの反省から、第二次大戦後のブレトンウッズ体制においては、IMF協定のもと一定の金で兌換されるドルを国際決済手段とし、各国はドルに対して為替平価を固定した。これにより各国は、通貨の相対価値を固定させられ、同時に為替相場を固定レートにつなぎとめる義務を負うことになった。また、平等な市場アクセスを確保するため、無差別かつ多国間の貿易をめざすGATT(General Agreement on Tariffs and Trade)が設立され、貿易に関する多国間協定として関税の引き下げや貿易制限の撤廃に尽くした。IMF・GATT体制においては、安定的な為替レートのもとで自由貿易が志向されたが、それと同時に固定レートを維持すべく資本移動が規制された。さらに、決済に用いられるドルを供給するのにアメリカは国際収支を赤字にせざるをえないが、それはドルへの信認を低下させるというディレンマをもたらした。こうした制約の範囲内ではあるが、国際経済は安定的に発展したのである。

このような内容をもつブレトンウッズ体制は、国家の強固な枠組みを前提した制度であった。他国とは異なり固定レート維持のため経済政策を縛られるということのないアメリカが、信認を低下させすぎない範囲で国際収支の赤字によりドルを供給する。また各国は資本移動を実質上、規制されていた。GATTは先進国と後進国を一律に扱おうとしたが、これに対して資源の乏しい途上国から批判が起き、南北問題の存在を容認する「新国際経済秩序（NIEO）」が国連で宣言された。要するにこの体制は、最強国たるアメリカの支えにより先進各国が自由貿易を行い、途上国は特恵を与えられるというもので、国際分業を理想とはするものの、現実には各国は不均等な発展を余儀なくされた。

そして変動相場制への移行とともにブレトンウッズ体制が崩壊すると、国家の枠を越え一気に経済グローバリズムが展開されるかのような状況となった。資本移動が自由化され、ユーロ市場が成立し、国際的な金融取引は拡大した。企業は多国籍化し、貿易は水平分業のみならず垂直分業によっても進展した。また途上国の発展様式も、従来とは一変した。一九八〇年代には、保護主義の変型としての「開発主義（developmentalism）」にもとづき独裁的な政治体制のもとでキャッチアップ型の工業化を遂げるものがアジアをはじめとして登場するようになった。こうして自由化された市場は世界を結び付け、国家の枠を越えて効率的な経済を実現するかに思われた。そうした楽観を吹き飛ばしたのが、前項でも述べた国際金融危機の頻発であった。

金融危機を受け、各国の経済制度は新古典派経済学の市場観に沿って、改革されてゆくこととなった。新古典派は先進国と途上国、旧社会主義国の区別なく、一律に市場自由化政策をあてはめる。アメリカが日本に求めた構造改革案にせよ、ＩＭＦや世界銀行などの経済開発に関わる国際機関が融資の条件として途上国や旧社会主義国に要請した改善政策（コンディショナリティ）にせよ、基本的に新古典派的な経済思想に沿ったものであった。

それらは財政・国際収支を均衡させインフレを落ち着かせる「マクロ経済管理」と、自由化・私有化を進める「構造改革」とから成っている。物価や失業率、国際収支などマクロ的な経済変数の管理に関してはマクロ経済学を用い、また自由放任しても価格メカニズムが十分に作用するように所有権や契約の法整備、流通基盤の構築などを進めるのが構造改革である。企業の淘汰は市場にまかせ、市場は政府が干渉する産業政策から自由でなければならないとする。これらはすべての国につき物理法則のごとく、時と場を選ばずオールマイティに適用しうる経済政策とされる。しかも制度は合理的な人間が契約して設計するのだから、一気に実行するならば（ビッグバン・アプローチ）健全な市場が形成される、という。国による経済の相違とは需要や投資に関するマクロ的な関数の違いにすぎず、制度の歴史的な様式により人間の行動様式に差があるなどとは考えないのである。

ところが前述したように、グローバライゼーションのもとにある現代の市場社会は、新古典派の想定からは大きくかけ離れている。人々は、依然として合理的でバラバラの個人ではなく歴史的に生成した慣習的な制度にとらわれて生きるものであり、しかも将来は不確実であるだけに制度に従う割合は大きい。そして市場を支える制度は歴史的な時間の経過のなかで生成してきたものだから、急激な改革には適していない。

グローバルにも好況期には市場による自動調整がはたらくが、無理な改革は制度を動揺させ、人々は制度の将来に不安を抱くと貨幣愛を持つから、不況期には総需要不足が起きる可能性がある。さらに投機は、金融市場が国際化・完璧化し、手法が電子化されたことで、不安定化した際の衝撃度を強めている。さらに国際化した市場に対して所得の再分配を施行する機関が存在せず、経済の自由化が不平等化を進めているという理解のもと、不公正の感覚は高まっている。実際、ＩＭＦや世界銀行の一律の新古典派的な構造改革路線がどれだけの成果をもたらしたのかについては疑問がある（大野、一九九六）。

こうしてグローバライゼーションの光と影の両面を見るためにも、その光の部分を拡大解釈する新古典派の経済思想の相対化が必要になっているといえよう。

II

第8章

経済思想のゆくえ

❖構造改革と消費不況

一九九〇年代の経済思想は、実践面ではほぼ新古典派のそれが支配したといえる。国際収支赤字国にIMFが国際金融界から協調融資を取り付ける際の条件として提示したのは、マクロ・安定化政策と構造改革であった。九七年のアジア通貨危機においても韓国が求められたのは、緊縮財政と金融引き締めによる為替相場維持政策というマクロ安定化政策、そして財閥支配体制という構造改革であった。不況の長引く日本に対しエコノミストが主張しつづけたのも、構造改革であった。

新古典派の経済観は、単純化していうと二本の柱から成っている。人間は合理的であるから、消費者は所得の制約のもとで消費から得られる満足を最大化し、企業家は技術の制約のもと利潤を最大化しようとする。さらに財の市場にせよ労働・資本・土地など生産要素の市場にせよ、完全競争状態にあるならば価格メカニズムにより少なくとも長期的には需給が均衡するとされる。この長期の均衡においては、経済は効率性からいって経済厚生上望ましい状態にあるとされている。

とすると、短期的にはマクロ安定化政策を講じるにせよ、長い目で見れば経済は市場の自由な動きに逆らうべきではないことになる。長期においては非効率性が生じるはずはないから、もし生じるとすればそれは価格の自由な動きを阻害するような慣行や政府の規制、労働組合などの団体行動などがあるからだということになる。短期的にマクロ経済政策の介入が必要であるとしても、賃金が価格の中で例外的に調整速度が遅いためで、それを補完するためだとされる（それも無駄であり、いっさいの介入は廃止して賃金のゆっくりした調整に任せるべきだとする新自由主義の極端な立場もある）。こうして非効率的な企業や努力しない労働者は淘汰される。しかし資本にせよ労働にせよ、必ず別の活用先・就職先が見つかるはずである。これも市場が調整するからだ。

新古典派は理論を物理学など自然科学に模しており、それはいついかなる場所でも当てはまるとされている。つまり歴史にも地域にも依存しない理論とみなされている。途上国であれ先進国であれ、いつどこでも成り立つとされる。それゆえ日本において長期的な課題として多くの経済学者が唱えたのも、構造改革であった。長期に渡る不況の原因は、規制や慣行のせいだとされたのである。たとえば流通における大型店舗規制法や雇用における終身雇用制、政・財・官の三者によって作り上げられた生産者優位の経済体制などである。これらが緩和されて市場が自由化すれば、価格メカニズムにより経済は均衡に向かい、景気は回復し、消費者主権が満たされる（消費者優位）という。消費者優位には、ＩＴ革命も大いに寄与すると想定された。インターネットは価格や商品に関する情報を普及させるからである。またＩＴ化は取引費用を削減するから、取引費用ゆえに生成した諸制度も不要になるとされる。企業の中間管理職や流通制度などのことだ。

こうした議論には、通常は明確には述べられないが、実はさらに二つの仮定が潜んでいる。一つには、貨幣（ないし資産）はあくまで最終的には消費財を購買するために保有されるということ。生産が行われると企業は労働を始め、働かせた生産要素に支払い（分配）を行う。それを得た人はその一部を消費財購入に回し、残りを貨幣としてとりあえず手元に残すか資産に持ち替える。ところが長期を見越せばいったん貨幣として残されたり資産化していた分はいつかは消費財購入に使われる。貨幣保有からは効用を得ることはできないからで、それゆえ遺産を例外として貨幣を保有し続けるという「貨幣愛」は存在しないとされる。

二つめは、我々は消費するに当たり予算すなわち所得については生涯に渡るものも含めてよく知っており、その予算のもとで消費選択を行ったならばどんな満足が得られるかも事前に明確で、生涯にわたり合理的に選択がなされるというものである。所得は投機に用いられることもあるが、その場合も予測収益率は経済の実物収益率に一致する。誤差はバブルを生むがいずれはじけて実物収益率に収斂するからである（第Ⅱ部第3章参照）。

こうした条件が満たされているのならば、構造改革を進めるしか抜本的な解決策はない。生産額に等しいだけの所得を分配された消費者は最終的にはすべての所得を消費しきるはずだから、それは生産したものがすべて売れることを意味している。セー法則が成り立つのである。それゆえ後は政府の介入や取引慣行を撤廃し、競争をより激しくしてやって、生産性が上がるなり新製品が登場するなりすると、それだけ消費者の満足度は高まる。生産についての効率化や技術革新と競争の奨励だけが新古典派の長期的な景気刺激策になる。生産側さえ考えておけば需要は自動的についてくると見るからだ。

けれども九〇年代の日本に顕著なように、個人消費に異変が起こっている。戦後の日本では、不況からの回復期において、まず投資部門が復調し、それに個人消費がつづくのが通例であった。また所得に比して消費はさほど減らず、景気を下支えする傾向があったが、最近ではそうした歯止め（ラチェット）効果が目立ってきかなくなってきた。いわゆる「消費不況」である。また設備投資も低調で、企業は一九九〇年代半ばからは貯蓄主体に転換した。設備投資と消費を中心として、需要が自動的には回復しなくなったのである。

オーストリー学派的に言えば、設備投資の目的は最終的には消費財の販売にあるから消費に限ると、その原因として考えられるのは、新古典派の想定に反し消費の意思決定の際に重要な所得について消費者が確信を持てないでいることが考えられる。戦後の日本経済においては、とりわけ五〇年代後半に解雇をめぐり労働争議が頻発して以降、長期雇用が大企業を中心として定着した。そうした雇用制度により、所得の増減こそあっても雇用そのものについてはさしたる不安は抱かれてこなかった。将来への確信とともに制度は「信頼」を胚胎するものである（第Ⅱ部第2章参照）。ところがそうした長期の雇用制度が揺らいでいる。

それは根本的には不況に起因するだろうが、後押ししたのは「構造改革」である。新古典派は、生産が行われさえすれば需要は長期的には等量だけ発生するとして、短期的にはマクロ安定化、長期的には構造改革を唱える。けれども経済の「構造」は人々の期待形成の基盤となるものであり、それだけに動揺すれば不安を拡散させる。ここに、経済の「構造」と貨幣愛の関係を分析する必要が生じてくる。「構造」は歴史的に生成した制度やそれが胚胎する「信頼」によって形成されるものだから、そうした「人々の信念」について分析するのが経済思想の課題になる。

❖欲望拡大の軌跡

近年では国際的な投機活動が実物的な生産をはるかに上回るほど拡大している。その背景には、資本移動に対する規制が二十世紀の最後の四半世紀において先進各国で次々に撤廃されていったこと、投機を分析する工学的な知識が蓄積されたこと、その分析に用いられるコンピューターが発達したこと、さらにはデリバティブのような金融商品が開発されたことがある。つまり制度において生じた変化がある。それにより、一国内の経済が、世界市場におけるバブルと資産デフレの影響も直接被ることになった。

このような制度の進展により経済には大きな変化が生じたが、その背後で「信頼」も変更を余儀なくされている。スミスはより安全な国内投資を求めたが、それは「自然」観念に由来する提案であった。人が安心して所得を貯蓄に振り分けず消費するには、雇用の安定が必要である。そして企業組織は雇用制度にもとづき築かれている。さらに政府は応能原則という我々の公正観念に応じつつ所得の再分配を行っている。制度の変更には、こうした所得への「信頼」がともなっているはずである。一方、消費に対する欲望も、それぞれの時代の価値観や人間関係、メディアのあり方によりその性格が規定されている。それを時々の制度の「型」としてまとめ、その推移を表したのが図15である。

欲望が確実に拡大するには、しかるべき社会的装置がなければならない。市場経済は時々にそうした装置を生み出し、それによって欲望の拡大を可能とし、延命を図ってきた（第Ⅱ部第4章）。図では経済史上に登場した、消費拡大のための制度を類型化した。

近代初期の市場社会に登場した第一類型の「階級型・競争資本主義」においては、公開の場で他人の視線を意識しながら消費がなされた。消費は、自分がより上の階級に属していることを表示するときに魅力を持つ。階級関係が流動化した近代初期のイギリスにおいては、貴族的な消費様式をその他の階級が模倣することへの規制（「奢侈禁止法」）が逐次廃止されていった（川北、一九八六）。そこで新興の産業資本家たちはジェントルマンに成り上がろうとし、貴族たちの振るまいに同調しようとした。マナーの教則本が売れたのも

図15

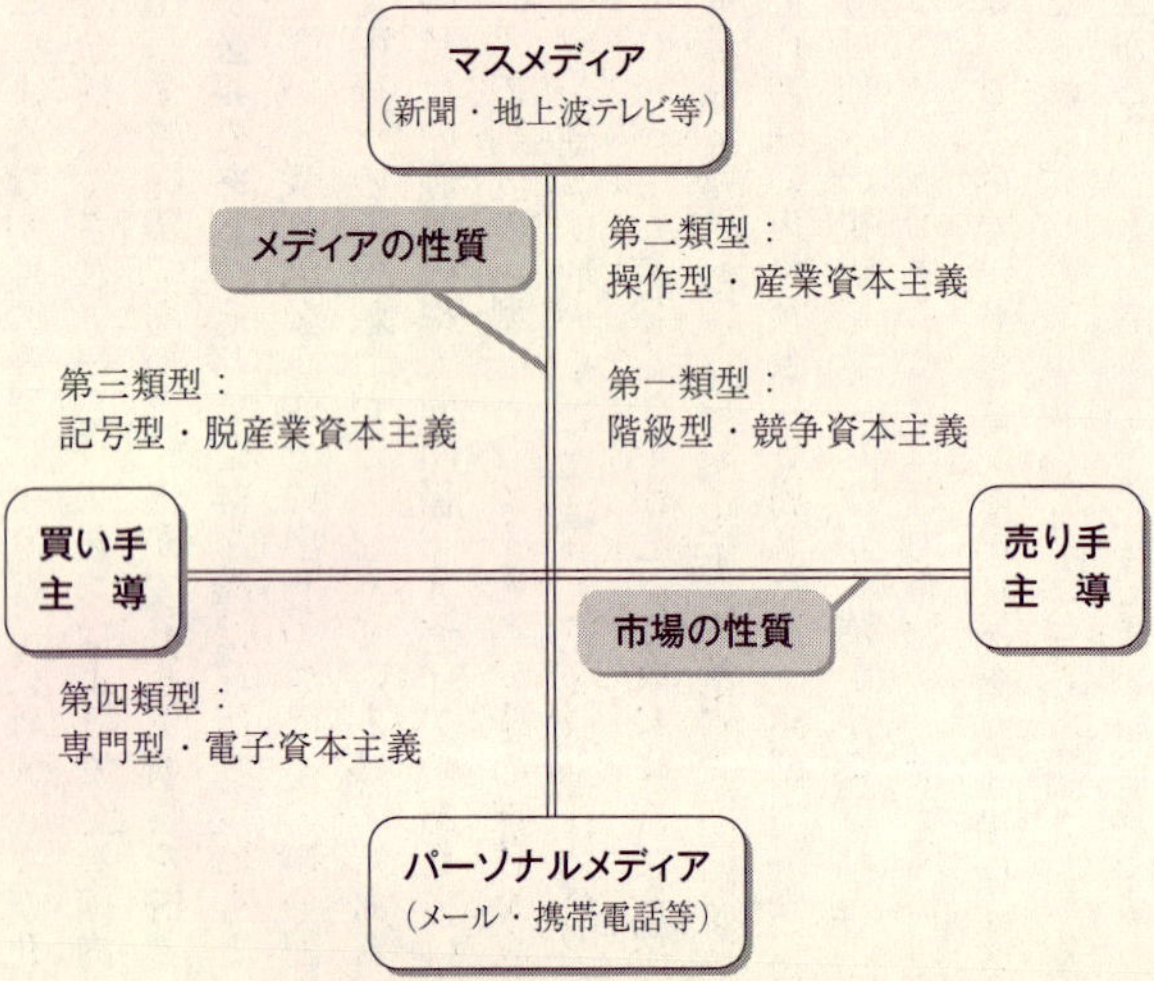

（松原、2000、一部改訂）

そのせいである。貴族にある商品のブームが起きると、より下層の人々がそれを模倣しつつ「見せびらか」し、流行は雫がしたたる（ジンメルのいう「トリクル・ダウン」）ようにして広がってゆく。消費は、ジェントルマン「らしく」振る舞うさまを未知の人々に見せびらかすようにして競われたのである。

同様のことは、二十世紀初頭のアメリカでも起こった。ヨーロッパでは資産家のシンボルであった自動車を大衆が購入し始めたのである。これがT型フォードとその生産方式の誕生の背景にある消費欲望の変化である。

フォード(Henry Ford)は、労働者に働く動機を与えるために賃金を上げ、一方製品としての自動車の価格を下げた。そこで労働者は所得を高め中産階層を形成するに至り、自分の作った自動車を購入しうるようになる。自動車は憧憬の的であり、階級制度の名残りが消費を牽引したのである。

第二類型は、「操作型・産業資本主義」である。二十世紀中葉のアメリカでヨーロッパ起源の伝統的な階級制度が影響力を失うと、高次の階級という「憧れ」も消失する。それゆえ上位の階級を象徴する消費財が魅力を持つということもなくなる。そこでリースマン(David Riesman)がいくつかの著作で述べたように、消費者は階級に代わる新たな価値観を求め、他人との関係を気にし始めて、「人並み」の水準に達することが社会的な価値とみなされるようになった。けれども「人並み」の基準は、階級のように既存の社会制度ないし慣習として所与であるわけではない。何が人並みであるのかの常識は、もっぱら当時発展し始めたマスコミにおいて形成される。企業はガルブレイスが「依存効果」と呼んだ効果を狙い、マーケティングとしてマスメディアに働きかけ、自社商品が「スタンダード」でありそのモデル・チェンジは機能を進歩させるというイメージの形成(操作)に励むようになる。

第三類型は、「記号型・脱産業資本主義」である。ボードリヤールはガルブレイスを批判して、消費社会においては経済成長が単純に「豊かさ」を、モデルチェンジが機能の高度化をもたらすものではないことを主張する。人が消費に魅力を感じるのは、ある消費財が単に機能的に進んでいるからではない。商品は、機能が上でなくとも、記号的差異によって魅力を放つこともある。iMacは、機能というよりも斬新なデザインでヒットした。

同様の理由で消費は記号化してゆく。この過程が強力であるのは、商品のみならずそれを消費する人もまた記号化されてゆくからである。人は自己の社会における位置を、消費活動を通じて確認するのである。ここでは「自分」までもが消費の対象とされ、ガジェットやキッチュのもたらす奇妙な差異にも個性が見出されてゆく。シミュレーション世界の到来である。

ところが消費が記号化したとしても、その意味は階級が確固としていた時代ほど確実ではない。消費者は商品の記号的意味を自由に解釈し、自己についてもその自由を用いて個性を表現するからである。ここで企業は、消費者の個人的欲望を無視できなくなる。消費者調査を通じた消費者寄りの物づくりや、POSシステムを用い消費者の欲求にたえずキャッチアップするコンビニエンスストアの品揃えが、ここで実施されることになる。

最後は第四類型の「専門型・電子資本主義」である。電子ネットワークにおいては、マスメディアでは扱われなかったような、専門性が高く、商品の情報ストックを検索でき、また具体的・個別的なものまで含まれる商品知識を伝達する点で、未曾有の領域が開かれつつある。

図ではこれらの類型が、二本の軸によって分類されている。縦軸はメディアの性質を表していて、上にテレビを代表とするマスメディア、下にインターネットを中心とする電子ネットワークを配してある。先（第Ⅱ部第4章）にも述べたが、マスメディアは公開的ではあるが、電子メディアは電子メールや携帯電話は言うまでもなくインターネットさえも専門的ないし特殊な関心に沿ってサイトが運営されているため関心外の事象については実質的に閉鎖的である。

横軸はどのような商品を生産するかについての基本的な指針を表しており、右は生産者が自らの属する業界かせいぜい流通業の範囲までを考慮してものづくりを行っている（いわゆる「売り手市場」）ことを示している。たとえば第一類型の「階級型・競争資本主義」では、階級的により高次の人々の消費する商品を価格的により安価に作るべく企業が相互に競争している。消費者はそうした競争の結果、「良い品をより安く」手に入れることができれば、それを評価するような価値観を持つとされる。また第二類型の「操作型・産業資本主義」では、何が良い商品であるかの評価は企業が広告を通じて操作している。しかも市場は寡占的であるから、価格は硬直化しマーケット・シェアの獲得が競われている。

横軸の左は商品が消費者の望むように生産され提供される状態を示している。第三類型の「記号型・脱産業資本主義」では、消費者はすでに機能的に「良い」とか「安い」だけでは反応しない。ある商品（たとえばカメラ）に関して、専門家である生産者からすれば機能が向上したとはいえないモデルチェンジであっても、(シャッターを「押すだけ」といった) 消費者にとって使いやすい機能が付けば市場で評価されることになる。極端な場合、単なるイメージや記号的な差であっても、支持されれば売り上げに莫大な違いをもたらすこともある。日本では、ビールは目隠しでの試飲テストを行うと消費者のほとんどがブランドの区別を誤ることが知られているが、それにもかかわらず売り上げには極端な差がある。ここでは企業のCMによる一方的な操作は有効ではない。何が「良い」商品であるかを決める権限が買い手に移った (しかも買い手がブランドの異同を味覚で理解しているのではない) という、いわゆる「買い手市場」となっているのである。

これらの消費資本主義の型においては、それぞれ消費活動は異なった意味合いを持って営まれている。消費の動機は、「より上位の階級への憧れ」であったり、「より良いものをより安く (多く)」であったり、「自分にとっての使いやすさ」や (コンビニエンスストアのように)「いつでも欲しいものが手に入る」であったり、(インターネットのオークションのように)「希少でしかも個人の思い入れの深い商品が居ながらにして購入しうる」であったり、時代を追って異なっている。

もちろん、新商品は新たに欲望を呼び起こす。けれども個々の商品の変化だけでは、開発しうる欲望には限りがある。流通形態も含めた資本主義の「型」じたいの改編により、消費欲望は逐次拡大させられていったのである。そして消費欲望が順調に開拓されているかぎりで、消費支出も好調を保つ。けれども消費が貨幣所得を投じるだけの魅力を失えば、貨幣は退蔵されるか投機に回される。そうした貨幣が再び商品に投じられない限り、経済は消費不況に陥るのである。

❖経済学における相関的思想の再興へ

市場経済に関して類型化されたこれらの諸制度は、時々の価値観によって支持され、飽きられると廃棄されてきた。「操作型・産業資本主義」は、市場を独占する巨大メーカーや流通業者によって形成された。彼らが生み出した未曾有の大量生産と大量消費は、物的に「豊かであること」の感触を思い知らせてくれた。けれども、ただ多いだけの消費は、土地の広さなどをともなわなければ空間の限界に突き当たる。また、単に安いこと以外の価値も求められるようになる。

ここで、商品イメージそのものの差異化が要望されることとなった。「記号型・脱産業資本主義」の登場である。新商品は、古くからある商品をより多く消費することよりも、「新しい」という点で評価されるようになる。記号的な差異が利潤を生むとなると、新商品のアイテム数が増えることとなる。けれどもそもそも記号的な差異は機能にもとづくものではなく消費者にとって判断されるにすぎないから、「新しい」か否かの判断は消費者の認知に依存している。同一の商品であっても、置かれた場所や時期が異なれば別の商品と解釈されるかもしれない。

この点を重視したのがコンビニエンスストアで、狭く地価の高い土地の店舗では棚には空間的コストがかかるから、ある時・ある所にもっとも適した商品を配置するよう、POSシステムによって顧客から情報収集を行い、商品の集配を行っている。それゆえ消費者にとってプラスの差異が認められない商品は「死に筋」とみなされ、排除される。日本では新商品数は一九八〇年代に増加したが、九〇年代に入ると「死に筋カット」によって減少していった。

けれども、コンビニエンスストアのような狭い店舗で販売しようるのは、いかに効率的にしたところでマスメディアで宣伝されるような一般的な商品でしかない。この点の限界を破るのは専門店だが、それが成り立つためには情報が安価に伝達されねばならず、マスコミは専門誌によって細分化されはしたものの、媒体としては不十分であった。専門情報を詳細かつ安価に流すには、インターネットが適している。インターネット上の無数のサイトでは、それぞれが何らかの専門的なテーマに絞って情報を集め交換している。「専門型・電子資本主義」では、インターネットや多チャンネル・テレビのような専門化された情報基盤のもとで、市場が成立している。

ただしマスコミは信頼性を強く求められるが、インターネットなどでは一般に、情報の信頼度はさほど高くない。けれども専門的であればあるほど専門家の見解に追随するしかない消費者も存在するわけで、その点に矛盾がある。また、専門性は情報の詳細さや密度を上げることで深められるが、しかし一方でその他の話題との関係が不明確になる。新聞などは話題が並列されているため、専門にしか関心のない読者も、無関心な情報を目にすることができる。こうしてインターネットの定着は、興味のない話題や他者に無関心な人々を生み出す。このように市場経済は、商品をより魅力的に見せるための制度を、人間関係や社会的な価値観の変化をともないつつ段階を経て高度化させてきたのである。

けれども現在、ことに先進国において消費は、かつてのような輝きをもってはいないように見える。大量生産・大量消費が環境に対して破壊的であるとか、市場はゴミ問題を処理できないとか、豊かな国の贅沢な消費は貧しい国の乏しい消費のもとでなされているといったこともある。これらは重要な問題群ではあるが、外部経済や公共財、分配に関わる事柄として政治的には処理されよう。ここで重視したいのは、市場経済の諸制度は商品を「売る」ことに関しては極限まで技術を高め洗練したにもかかわらず、「使う」のに関しては市場外のことであるために、関与しないということである。

消費は、「購入」と「使用」の二つの局面から成っている。消費者に商品を「購入」させる制度としては、先に述べたような様々な型が歴史を追って登場してきた。けれども消費には、商品を使用するという部分がある。

ヨーロッパなどでは、ブランド品は長い伝統を持ち、一貫したポリシーで作られており、買う側もまた一貫した使用法に関するポリシーを持っているものとされている。各人のポリシーは、たとえばバッグの使いこなしに表れ、いつどんな背景、どんな雰囲気のもとで持つかについての解釈が表明されている。それゆえ街は、歩く人の着こなしやバッグの持ち方も含めて一個の文化性を示している。つまり消費における「使用」は、文化性を含んでいるのである。経済に関する思惟を思想と呼ぶなら、その対象は「購入」だけではなくこの文化性にも及ぶべきであろう。

ただし、ここでいう消費の文化性の向上は、たとえば見せびらかしのための消費を行わない、といったことではない。あるブランドのバッグが社会に対し「見せびらかし」の意味を持つことに気付きながら、それを個人的に使いこなすよう配慮することも、文化性の向上と言える。そこでは、消費に関する社会的・個人的・時間的な意味について、多重的な配慮がなされているはずだからである。市場社会の豊かさとは、そしてヒュームが「趣味」の概念に託したのは、幾重ものそうした配慮によって形成された文化のことであろう。

ヒュームは「(奢侈の) 洗練された時代はもっとも幸福であるとともにもっとも有徳な時代でもある」ことを論証しようとして、「大哲学者や大政治家、有名な将軍や詩人を生み出すのと同じ時代には、通常熟練した織布工や船大工がいるものである」と述べている。「洗練された技術が進歩すればするほど、人々はますます社交的になる…彼らは都会に密集してきて、知識を得たり交換したり、自分たちの機知や教養を、また会話や暮らしとか衣服や家具とかの好みを、見せびらかしたりするのを好む」。「産業活動と知識と人間性」は互いに高め合うというのである(ヒューム、一九六七)。

第I部第8章で取り上げたように、消費が経済の根幹を担っているという考え方は、批判を込めてヴェブレンが提起したものであった。また市場の自由化を推進する考え方は、ハイエクによって定式化された。

ハイエクとヴェブレンの市場観は対照的だが、しかし両者には共通点もある。研究者が経済を外部から観察し分析して操作さえしうるとみなすような工学的な経済観を、破棄した点である。ハイエクによれば、知識は主観的であり取引は個々の場所と時間において行われているだけだから、観察者が外部からその全体を観察し何らかの関数で表現しうると考えるのは「知識の僭称」である。人々が従っているルールも、統計的に発見したりするものではなく、観察者が自らがそれに従っているものとして自己解釈しうるだけである。ハイエクの自由主義は、市場への干渉を否定するだけでなく、研究者の立場の特権性をも問うようなものであった。ヴェブレンもまた、研究者の思考の「制度」を批判的に検討することをもって、経済学の課題とみなした。

我々は経済的な現実を外部から観察できないのだとすれば、同様に思考の制度についても客観的に分析しうるような視座を持つことはできないだろう。ある制度を批判したとしても、それはまた別の思考習慣にもとづいてのことであるにすぎないのだ。とするならば、我々は思考の制度から自由にはなれないことを自覚したうえで、自らのよって立つ制度がどのようなものであるのかについて自省し相対化し続けるしかない。

社会科学においてそれぞれに専門化し分岐した個別分野を相関させることが必要なのは、それゆえなのである。これは、個々の専門分野を自明のものとしたうえで、学際的に社会現象を分析しようという呼びかけにとどまるものではない。既存の経済学を自省し相対化するには、他の社会科学の専門領域が参考になる。諸分野を比較・相関させようとすると、それぞれが暗黙のうちに前提している思考様式が相互につきつける矛盾点が浮かび上がってくる。社会科学の相関とは、学際的に個々の専門の言い分を交差させるのみならず、個々のうちから優れた点を拾い劣った点を捨てる作業なのである。相互に照らし合わせ修正しつづける作業こそが、「相関社会科学」だということになる。

これは社会科学の諸分野について、矛盾に配慮しつつ相関させるような思考態度のことである。ヴェブレンにせよハイエクにせよ、またヒュームやスミス、そしてマルクスやケインズにせよ、学説史を彩る巨人たちが取り組んだのは、そうした意味での相関社会思想としての経済学なのであった。経済思想史を振り返ることの意義は、先人たちのそうした貢献に触れることにあるのだといえよう。ヒュームの言い方にならえば、経済思想の「社交性」こそが、「産業活動と知識と人間性」を高めるのである。

註

第I部　経済思想の歴史

(1)　スミスは、「初期未開」の社会において、「他よりきびしい労働」、「なみならぬ技能と創意」を示す労働に対しては、働いた時間をこえて支払われるよう「斟酌」されると述べている。

(2)　D・ウィンチはスミスの社会理論について、「諸個人が利己心を合理的に追求する」というホッブズの原子論、ロックの契約論、ベンサムの功利主義など、「基本的に十九世紀」的な視点とは無縁だったと強調している。

(3)　ただしこれには諸説がある。ブローグはスミスの視野には産業革命はなかったというが、対照的にホランダーは産業革命を察知していたスミスの洞察力を讃えている。

(4)　リカードの場合、セー法則は、個々の商品が投下された労働量の価値通りに売れることを意味している。

(5)　機械や建物といった生産要素としての資本は異質であるため、資本の集計は市場価格（価値）によって行われることになるが、その可能性をめぐってサミュエルソン、R・ソローらアメリカの新古典派とJ・ロビンソンらイギリス・ケンブリッジ派との間で激しい論争が行われた。

(6) ちなみに十九世紀半ばから一九三〇年頃まで勢力をふるったドイツ歴史学派は、古典派の自由貿易論および普遍的体裁の理論への反発から、各国の独自性や歴史性をくみとり、利己的社会に対抗する国民経済の理論を構想した。ロッシャーらの旧歴史学派、シュモラーらの新歴史学派からゾンバルトやウェーバーまでの三世代を擁した(第Ⅱ部第7章参照)。

(7) この諸点は、大野(一九八八)の要約による。

(8) フェルプス(一九九一)参照。

(9) 岩本ほか(一九九九)参照。

(10) 小野(一九九二)参照。

第Ⅱ部 経済思想の現在

(11) これはハイエクの「デイヴィッド・ヒュームの法哲学と政治哲学」(『市場・知識・自由』ミネルヴァ書房、所収)の解釈である。

(12) 制度論の経済学における近年の成果としてはホジソン(一九九七)や植松ほか(一九九八)、社会学については盛山(一九九五)を参照されたい。

(13) フリードマンの消費理論をケインズ、フィッシャーとの関連でとらえる解釈については、マンキュー(一九九六)参照。

(14) 二一七頁の言葉では、「制度2」。

(15) 川勝(一九九七)、フランク(二〇〇〇)。

参考文献

全般

第Ⅰ部

1　ハイルブローナー、八木甫ほか訳『入門経済思想史　世俗の思想家たち』筑摩書房（ちくま学芸文庫）、二〇〇一（Robert L. Heilbroner, "*The Worldly Philosophers*", 1952）…読み物風に綴られた経済学説史。伝記の部分が親しみやすく書かれている。
2　八木紀一郎『経済思想』日経文庫、一九九三…経済学説史の標準的な内容について、平易に解説されている。
3　大田一廣ほか編『経済思想史』名古屋大学出版会、一九九五…狭義の経済学にとどまらず、隣接社会思想をも紹介しながら経済思想史の全貌に迫っている。
4　西部邁『近代経済思想』放送大学教育振興会、一九八七…社会経済学の立場から著した経済思想史。
5　三土修平『経済学史』新世社（新経済学ライブラリ10）、一九九三…学説の数学的記述に力点を置いている。
6　伊藤誠編『経済学史』有斐閣、一九九六…マルクス学派の著述に詳しい。

7　シュンペーター、東畑精一・福岡正夫訳『経済分析の歴史』上・中・下、岩波書店、二〇〇五―二〇〇六（Joseph Alois Schumpeter, "*History of Economic Analysis*", 1954）…経済学説史の古典。

8　ブローグ、久保芳和他訳『新版　経済理論の歴史』全四巻、東洋経済新報社、一九八二―八六（Mark Blaug, "*Economic Theory in Retrospect*", 1978）…経済学説史としては最高峰とされる。

9　大野忠男『経済学史』岩波書店、一九八八…近代経済学の立場から書かれた通史。

第Ⅱ部

1　猪木武徳『経済思想』岩波書店、一九八七…ハイエクの知識‐市場論を基軸に語る経済思想。

2　竹内靖雄『市場の経済思想』創文社、一九九一…資本主義を企業のあくなき貨幣獲得競争の観点からとらえ、しかも規制や国家の廃絶を求める独創的な自由主義経済思想。

3　間宮陽介『市場社会の思想史』中央公論新社（中公新書）、一九九九…「自由の変容」の観点から綴る経済思想史。

4　佐伯啓思『市場社会の経済学』新世社（新経済学ライブラリ17）、一九九一…市場社会を制度の変化の観点から理解する独創的な経済思想。

第Ⅰ部　経済思想の歴史

第1章

ポメランツ＝トピック、福田邦夫・吉田敦訳『グローバル経済の誕生』筑摩書房、二〇一三（Kenneth Pomeranz=Steven Topik, "*The World that Trade Created: Society, Culture, and the World Economy, 1400 to the Present*", 1999）

ヒューム、小松茂夫訳『市民の国について』上・下、岩波書店（岩波文庫）、一九八二（David Hume, "*Essays, moral, political, and literary*", vol. 1-2, 1752）

――、田中秀夫訳『政治論集』京都大学学術出版会、二〇一〇（"*Political Discourses*", 1752）

――、木曾好能訳『人間本性論』第一巻、法政大学出版局、一九九五（"*A Treatise of Humane Nature*", 1739-40）

坂本達哉『ヒュームの文明社会』創文社、一九九五

ケネー、平田清明・井上泰夫訳『ケネー経済表』岩波書店、二〇一三（François Quesnay, "*Tableau économique*", 1758, 1759, 1766）

岡田泰男『経済史入門――現在と過去を結ぶもの』慶應義塾大学出版会、一九九七

村上泰亮『反古典の政治経済学』上・下、中央公論新社、一九九二

ウェーバー、梶山力訳『プロテスタンティズムの倫理と資本主義の《精神》』未來社、一九九四（Max Weber, "*Die Protestantische Ethik und der »Geist« des Kapitalismus*", 1904-05）

ゾンバルト、金森誠也監修・訳、安藤勉訳『ユダヤ人と経済生活』荒地出版社、一九九四（Werner Sombart, "*Die Juden und das Wirtschaftsleben*", 1911）

――、金森誠也訳『恋愛と贅沢と資本主義』講談社（講談社学術文庫）、二〇〇〇（"*Luxus und Kapitalismus*", 1913）

佐伯啓思『貨幣・欲望・資本主義』新書館、二〇〇〇

第2章

スミス、水田洋訳『道徳感情論』筑摩書房、一九七三（Adam Smith, "*The Theory of Moral Sentiments*", 1759）【本文中、TMSと略記】
――、大河内一男監訳『国富論』全三巻、中央公論新社（中公文庫）、一九七八（"*An Inquiry into the Nature and Causes of the Wealth of Nations*", 1776）【本文中、WNと略記】
岡田純一『アダム・スミス』日本経済新聞社、一九七七
ホランダー、大野忠男他訳『アダム・スミスの経済学』東洋経済新報社、一九七六（Samuel Hollander, "*The Economics of Adam Smith*", 1973）
ホント＝イグナティエフ編著、水田洋ほか監訳『富と徳』未來社、一九九〇（Istvan Hont＝Michael Ignatieff (eds.), "*Wealth and virtue: the shaping of political economy in the Scottish enlightenment*", 1983）
ルソー、小林善彦訳『人間不平等起源論』中央公論新社（中公文庫）、一九七四（Jean-Jacques Rousseau, "*Le Discours sur l'origine et les fondements de l'inégalité parmi les hommes*", 1755）
鈴木信雄『アダム・スミスの知識＝社会哲学』名古屋大学出版会、一九九二
伊藤哲『アダム・スミスの自由経済倫理観』八千代出版、二〇〇〇
松原隆一郎「スミスにおける競争と倫理」『経済学論集』第五六巻第四号（一九九〇・一二）
ウィンチ、永井義雄・近藤加代子訳『アダム・スミスの政治学――歴史方法論的改訂の試み』ミネルヴァ書房、一九八九（Donald Winch, "*Adam Smith's politics: an essay in historio-*

graphic revision", 1978)

第3章

リカード、羽鳥卓也・古澤芳樹訳『経済学および課税の原理』上・下、岩波書店（岩波文庫、原著第三版、一八二一九より訳出）、一九八七（David Ricardo, "*On the Principles of Political Economy, and Taxation*", 1817）

マルサス、永井義雄訳『人口論』中央公論新社（中公文庫）、一九七三（Thomas Robert Malthus, "*An Essay on the Principle of Population, as it Affects the Future Improvement of Society, with Remarks on the Speculations of Mr. Godwin, M. Condorcet, and Other Writers*", 1798）

——、小林時三郎訳『経済学原理』上・下、岩波書店（岩波文庫）、一九六八（"*Principles of Political Economy*", 1820）

第4章

五島茂・坂本慶一責任編集『オウエン　サン・シモン　フーリエ』中央公論新社（世界の名著）、一九七五

ミル、塩尻公明・木村健康訳『自由論』岩波書店（岩波文庫）、一九七一（John Stuart Mill, "*On Liberty*", 1859）

——、末永茂喜訳『経済学原理』全五巻、岩波書店（岩波文庫）、一九五九—六三（"*Principles of Political Economy*", 1848）

マルクス、向坂逸郎訳『資本論』全九巻、岩波書店（岩波文庫）、一九六九—七〇（Karl Marx,

“*Das Kapital*”, vol. 1, 1867; vol. 2, 1885; vol. 3, 1894)【本文中、DKと略記】

マルクス＝エンゲルス、古在由重訳『ドイツ・イデオロギー』岩波書店（岩波文庫）、一九五六（Karl Marx＝Friedrich Engels, “*Die deutsche Ideologie*”, 1845-46）

マルクス＝エンゲルス、大内兵衛・向坂逸郎訳『共産党宣言』岩波書店（岩波文庫）、一九七一（“*Das kommunistische Manifest*”, 1848）

マルクス、城塚登訳『ユダヤ人問題によせて　ヘーゲル法哲学批判序説』岩波書店（岩波文庫）、一九七四（“*Zur Kritik der Hegelschen Rechtsphilosophie*”, 1844）【本文中、ＫＨＲＥと略記】

馬渡尚憲『経済学のメソドロジー』日本評論社、一九九〇

第5章

マーシャル、永澤越郎訳『経済学原理』全四巻、岩波ブックセンター信山社、一九八五（Alfred Marshall, “*Principles of Economics*”, 1890）

井上義朗『市場経済学の源流——マーシャル・ケインズ・ヒックス』中央公論新社（中公新書）、一九九三

ケイン＝ホプキンズ、木畑洋一・旦祐介訳『ジェントルマン資本主義の帝国』Ⅱ、名古屋大学出版会、一九九七（P. J. Cain＝A. G. Hopkins, “*British Imperialism: Crisis and Deconstruction, 1914-1990*”, 1993）

ホブソン、矢内原忠雄訳『帝国主義論』上・下、岩波書店（岩波文庫）一九五一―五二（John Atkinson Hobson, “*Imperialism: A Study*”, 1902）

レーニン、瓜谷能夫訳『帝国主義論』青木書店（青木文庫）、一九七一（Vladimir Il'ich Lenin,

"Империализм", 1917)
メンガー、八木紀一郎・中村友太郎・中島芳郎訳『一般理論経済学』1・2、みすず書房、一九八二—八四（Carl Menger, "*Grundsätze der Volkswirtschaftslehre*", 1923)
ヒックス、安井琢磨・熊谷尚夫訳『価値と資本——経済理論の若干の基本原理に関する研究』Ⅰ・Ⅱ、岩波書店、一九六五（John Richard Hicks, "*Value and capital: an inquiry into some fundamental principles of economic theory*", 1939)

第6章

ワルラス、久武雅夫訳『純粋経済学要論』岩波書店、一九八三（Léon Walras, "*Éléments d'économie politique pure*", 1874-77)
ハイエク、田中真晴・田中秀夫編訳『市場・知識・自由』ミネルヴァ書房、一九八六
御崎加代子『フランス経済学史——ケネーからワルラスへ』昭和堂、二〇〇六
シュンペーター、中山伊知郎・東畑精一訳『資本主義・社会主義・民主主義』東洋経済新報社、一九九五（Joseph Alois Shumpeter, "*Capitalism, Socialism and Democracy*", 1942)
——、大野忠男他訳、『理論経済学の本質と主要内容』上・下、岩波書店（岩波文庫）、一九八三—八四（"*Das Wesen und der Hauptinhalt der theoretischen Nationalökonomie*", 1908)
——、塩野谷祐一・中山伊知郎・東畑精一訳『経済発展の理論——企業者利潤・資本・信用・利子および景気の回転に関する一研究』上・下、岩波書店（岩波文庫）、一九七七（"*Theorie der wirtschaftlichen Entwicklung*", 1912)
——、東畑精一訳『経済分析の歴史』全七巻、岩波書店、一九五五—六二（"*History of Eco-*

nomic Analysis", 1954)

第7章

ケインズ、塩野谷祐一訳『雇用・利子および貨幣の一般理論』東洋経済新報社、一九八三（ケインズ全集、第七巻）(John Maynard Keynes, "*The General Theory of Employment, Interest and Money*", 1936)【本文中、GTと略記】

——"*A Treatise on Probability*", 1921

——、早坂忠訳『平和の経済的帰結』東洋経済新報社、一九七七（全集第二巻）("*The Economic Consequences of the Peace*", 1919)

——、中内恒夫訳『貨幣改革論』東洋経済新報社（全集第四巻）、一九七八—八〇 ("*A Tract on Monetary Reform*", 1923)

——、小泉明他訳『貨幣論』Ⅰ・Ⅱ、東洋経済新報社（全集第五・六巻）、一九七九 ("*A Treatise on Money*", 1930)

スラッファ、菱山泉・山下博訳『商品による商品の生産』有斐閣、一九六二 (Piero Sraffa, "*Production of Commodities by Means of Commodities*", 1960)

バーリー＝ミーンズ、北島忠男訳『近代株式会社と私有財産』文雅堂銀行研究社、一九七九 (Adolf Augustus Berle = Gardiner Coit Means, "*The Modern Corporation and Private Property*", 1932)

サミュエルソン、都留重人訳『経済学』上・下、岩波書店、一九七四 (Paul Anthony Samuelson, "*Economics*", 1st ed. 1948, 9th ed. 1973)

フェルプス、平山朝治訳『マクロ経済思想』新世社、一九九一（Edmund S. Phelps, "*Seven schools of macroeconomic thought*", 1990）
岩本康志ほか『経済政策とマクロ経済学』日本経済新聞社、一九九九
ハロッド、塩野谷九十九訳『ケインズ伝〔改訳版〕』東洋経済新報社、一九六七（Roy Forbes Harrod, "*The Life of John Maynard Keynes*", 1951）
小野善康『不況の経済学』日本経済新聞社、一九九四

第8章

ヴェブレン、高哲男訳『有閑階級の理論』筑摩書房（ちくま学芸文庫）、一九九八（Thorstein Bunde Veblen, "*The Theory of the Leisure Class*", 1899）
ハイエク、矢島鈞次他訳『法と立法と自由Ⅰ～Ⅲ』西山千明他監修『ハイエク全集』春秋社（全集第八―一〇巻）、一九九八（"*Law, legislation and liberty: a new statement of the liberal principles of justice and political economy*", 1973-79）【本文中、LLLと略記】

第Ⅱ部　経済思想の現在

第1章

フィービー、浦上博逵・小島照男訳『経済学方法論の新展開』文化書房博文社、一九九一（John Pheby, "*Methodology and economics: a critical introduction*", 1988）
角村正博編著『経済学の方法論と基礎概念』日本経済評論社、一九九〇

Terence Wilmot Hutchison, "*The Significance and Basic Postulates of Economic Theory*", 1938

ポパー、大内義一・森博共訳『科学的発見の論理』上・下、恒星社厚生閣、一九七一（Karl Raimund Popper, "*The Logic of Scientific Discovery*", 1958）

――、藤本隆志他訳『推測と反駁』、法政大学出版局、一九八〇（"*Conjectures and Refutations*", 1963）

ラカトシュ＝マスグレーヴ編、森博監訳『批判と知識の成長』木鐸社、一九八五（Alan Musgrave＝Imre Lakatos (eds.), "*Criticism and the growth of knowledge*", 1970）

フリードマン、佐藤隆三・長谷川啓之訳『実証的経済学の方法と展開』富士書房、一九七七（Milton Friedman, "*Essays in Positive Economics*", 1953）

Paul Anthony Samuelson, "Problems of Methodology: Discussion", *American Economic Review*, May 1963

ハンソン、渡辺博・野家啓一ほか訳『知覚と発見――科学的探究の論理』上・下、紀伊國屋書店、一九八二（Norwood Russell Hanson, "*Perception and Discovery*", 1969）

ハイエク、佐藤茂行訳『科学による反革命』木鐸社、一九七九（"*The counter-revolution of science: studies on the abuse of reason*", 1952）

ミーゼス、村田稔雄訳『ヒューマン・アクション』春秋社、一九九一（Ludwig Von Mises, "*Human Action: A Treatise on Economics*", 1949）

クーン、中山茂訳『科学革命の構造』みすず書房、一九七一（Thomas Samuel Kuhn, "*The structure of scientific revolutions*", 1962）

鈴木正俊『経済予測』岩波書店（岩波新書）、一九九五
ギボンズ編著、小林信一監訳『現代社会と知の創造』丸善（丸善ライブラリー）、一九九七（Michael Gibbons, “*The new production of knowledge: the dynamics of science and research in contemporary societies*”, 1994）

第2章

エッゲルトソン、竹下公視訳『制度の経済学』上・下、晃洋書房、一九九六（Thráinn Eggertsson, “*Economic behavior and institutions*”, 1990）
コース、宮沢健一・後藤晃・藤垣芳文訳『企業・市場・法』東洋経済新報社、一九九二（Ronald Harry Coase, “*The Firm, The Market, and The Law*”, 1988）
ノース、中島正人訳『文明史の経済学』春秋社、一九八九（Douglass Cecil North, “*Structure and change in economic history*”, 1981）
荒井一博『文化の経済学』文藝春秋（文春新書）、二〇〇〇
小池和男『日本企業の人材形成』中央公論新社（中公新書）、一九九七
バルト、佐藤信夫訳『モードの体系——その言語表現による記号学的分析』みすず書房、一九七二（Roland Barthes, “*Système de la mode*”, 1967）
ルーマン、大庭健・正村俊之訳『信頼——社会的な複雑性の縮減メカニズム』勁草書房、一九九〇（Niklas Luhmann, “*Vertrauen: ein Mechanismus der Reduktion sozialer Komplexität*”, 1968）
フクヤマ、加藤寛訳『「信」無くば立たず』三笠書房、一九九六（Francis Fukuyama, “*Trust*”,

1995)
丸川知雄『市場発生のダイナミクス——移行期の中国経済』IDE-JETRO、一九九九
ハイエク『法と立法と自由』（前掲）
スティグリッツ、藪下史郎他訳『マクロ経済学』東洋経済新報社、一九九五（Joseph E Stiglitz, *"Economics"*, 1993)
ポランニー、吉沢英成他訳『大転換』東洋経済新報社、一九七五（Karl Polanyi, *"The Great Transformation"*, 1944)
盛山和夫『制度論の構図』創文社、一九九五
ホジソン、八木紀一郎他訳『現代制度派経済学宣言』名古屋大学出版会、一九九七（Geoffrey Martin Hodgson, *"Economics and institutions: a manifesto for a modern institutional economics"*, 1988)
植村博恭・磯谷明徳・海老塚明『社会経済システムの制度分析』名古屋大学出版会、一九九八

第3章

小野善康『不況の経済学』（前掲）
間宮陽介『市場社会の思想史』（前掲）
ニーハンス、石川経夫監訳『貨幣の理論』東京大学出版会、一九八二（Jürg Niehans, *"The Theory of Money"*, 1978)
メンガー『一般理論経済学』1・2（前掲）
ケインズ『雇用・利子および貨幣の一般理論』（前掲）

第4章

ロビンズ、辻六兵衛訳『経済学の本質と意義』東洋経済新報社、一九五七（Lionel Robbins, "*An Essay on the Nature and Significance of Economic Science*", 1932）

マンキュー、足立英之他訳『マクロ経済学』東洋経済新報社、一九九六（N. Gregory Mankiw, "*Macroeconomics*", 1992）

デューゼンベリー、大熊一郎訳『所得、貯蓄、消費者行為の理論』巌松堂書店、一九五五（James Stemble Duesenberry, "*Income, Saving, and the Theory of Consumer Behavior*", 1949）

ヴェブレン『有閑階級の理論』（前掲）

メイソン、鈴木信雄・高哲男・橋本努訳『顕示的消費の経済学』名古屋大学出版会、二〇〇〇（Roger S. Mason, "*The economics of conspicuous consumption : theory and thought since 1700*", 1998）

ジンメル、円子修平・大久保健治訳「流行」『文化の哲学』（ジンメル著作集7）白水社、一九七六（Georg Simmel, "*Fashion*", 1900）

ガルブレイス、鈴木哲太郎訳『ゆたかな社会』（第二版）岩波書店、一九七〇（John Kenneth Galbraith, "*The Affluent Society*", 1958）

ボードリヤール、今村仁司・塚原史訳『消費社会の神話と構造』紀伊國屋書店、一九七九（Jean Baudrillard, "*La Société de Consommation : ses mythes, ses structures*", 1970）

Kelvin Lancaster, "*Consumer Demand : A New Approach*", 1971

バルト、『モードの体系——その言語表現による記号学的分析』（前掲）

松原隆一郎『消費資本主義のゆくえ』筑摩書房（ちくま新書）、二〇〇〇

ヒューム、浜下昌宏訳「趣味の基準について」、『現代思想』一九八八・九月号（David Hume, "*Of the Standard of Taste*", 1756, http://www.utm.edu/research/hume/wri/essays/standard.htm）

フリードマン、宮川公男・今井賢一訳『消費の経済理論』巌松堂書店、一九六一（Milton Friedman, "*A Theory of Consumption Function*", 1957）

清水幾太郎『倫理学ノート』講談社（講談社学術文庫）、二〇〇〇

第5章

ウィリアムソン、浅沼萬里・岩崎晃訳『市場と企業組織』日本評論社、一九八〇（Oliver Eaton Williamson, "*Markets and Hierarchies*", 1975）

ヘバート＝リンク、池本正純・宮本光晴訳『企業者論の系譜』ホルト・サウンダース・ジャパン、一九八四（Robert F. Hébert＝Albert N. Link, "*The entrepreneur: mainstream views and radical critiques*", 1982）

宮本光晴『企業と組織の経済学』新世社（新経済学ライブラリ16）、一九九一

カンティロン、戸田正雄訳『商業論』日本評論社、一九四三（Richard Cantillon, "*Essai sur la nature du commerce en général*", 1755）

ナイト、奥隅榮喜訳『危険・不確実性および利潤』文雅堂書店、一九五九（Frank Hyneman Knight, "*Risk, uncertainty and profit*", 1921）

カーズナー、西岡幹雄・谷村智輝訳『企業家と市場とはなにか』日本経済評論社、二〇〇一（Israel M. Kirzner, “*How markets work?*”, 1997）
テーラー、上野陽一訳編『科学的管理法　新版』産業能率短期大学出版部、一九六九（Frederick Winslow Taylor, “*The principles of scientific management*”, 1911）
Tom Burns = George Macpherson Stalker, “*The management of innovation*”, 1961
ウッドワード、矢島鈞次・中村壽雄訳『新しい企業組織――原点回帰の経営学』日本能率協会、一九七〇（Joan Woodward, “*Industrial organization : theory and practice*”, 1965）
ローレンス＝ローシュ、吉田博訳『組織の条件適応理論――コンティンジェンシー・セオリー』産業能率短期大学出版部、一九七七（Paul R. Lawrence = Jay William Lorsch, “*Organizational structure and design*”, 1970）
高橋伸夫『経営の再生』有斐閣、一九九五
トンプソン、高宮晋監訳『オーガニゼーション・イン・アクション――管理理論の社会科学的基礎』同文舘出版、一九八七（James D. Thompson, “*Organization in action*”, 1967）
野中郁次郎・竹内弘高著、梅本勝博訳『知識創造企業』東洋経済新報社、一九九六
松原隆一郎「マルチメディア化が経済・社会に与える影響について」『国際政治』第一一三号、日本国際政治学会、一九九六―一一

第6章

ノージック、嶋津格訳『アナーキー・国家・ユートピア』木鐸社、一九八五（Robert Nozick, “*Anarchy, State, and Utopia*”, 1974）

ハイエク、篠塚慎吾訳『法と立法と自由Ⅱ――社会正義の幻想』（ハイエク全集9）春秋社、一九八七（"*Law, Legislation and Liberty*, VOLUME 2: The Mirage of Social Justice", 1976）
熊谷尚夫『厚生経済学』創文社、一九七八
ピグー、気賀健三他訳『ピグウ厚生経済学』東洋経済新報社、一九五三―五五（Arthur Cecil Pigou, "*The economics of welfare*", 1920）
ロビンズ『経済学の本質と意義』（前掲）
アロー、長名寛明訳『社会的選択と個人的評価』日本経済新聞社、一九七七（Kenneth Joseph Arrow, "*Social choice and individual values*", 1951）
サミュエルソン、佐藤隆三訳『経済分析の基礎』勁草書房、一九六七（Paul Anthony Samuelson, "*Foundations of economic analysis*", 1947）
ロールズ、矢島鈞次監訳『正義論』紀伊國屋書店、一九七九（John Rawls, "A *Theory of Justice*", 1971）
渡辺幹雄『ロールズ正義論の行方〈増補新装版〉』春秋社、二〇〇〇
今村仁司『交易する人間（ホモ・コムニカンス）――贈与と交換の人間学』講談社、二〇〇〇
セン、池本幸生・野上裕生・佐藤仁訳『不平等の再検討』岩波書店、一九九九（Amartya Kumar Sen, "*Inequality Reexamined*", 1992）

第7章

川勝平太『文明の海洋史観』中央公論新社（中公叢書）、一九九七
フランク、山下範久訳『リオリエント――アジア時代のグローバル・エコノミー』藤原書店、二

〇〇〇（Andre Gunder Frank, "*ReORIENT: global economy in the Asian age*", 1998）
スミス『国富論』（前掲）
リカード『経済学および課税の原理』（前掲）
リスト、小林昇訳『経済学の国民的体系』岩波書店、一九七〇（Friedrich List, "*Das nationale System der politischen Ökonomie*", 1841）
小宮隆太郎・天野明弘『国際経済学』岩波書店（現代経済学8）一九七二
鴨武彦・伊藤元重・石黒一憲編『相対化する国境Ⅰ』（リーディングス国際政治経済システム第二巻）有斐閣、一九九八
ストレンジ、櫻井公人・櫻井純理・高嶋正晴訳『マッド・マネー――世紀末のカジノ資本主義』岩波書店、一九九九（Susan Strange "*Mad Money*", 1998）
ソロス、大原進訳『グローバル資本主義の危機』日本経済新聞社、一九九九（George Soros, "*The crisis of global capitalism: open society endangered*", 1998）
鬼塚雄丞『国際金融』東洋経済新報社（スタンダード経済学シリーズ）、一九九五
大野健一『市場移行戦略』有斐閣、一九九六

第8章

松原隆一郎『消費資本主義のゆくえ』（前掲）
川北稔『洒落者たちのイギリス史――騎士の国から紳士の国へ』平凡社（平凡社ライブラリー8）、一九九三（原著一九八六）
ジンメル「流行」（前掲）

リースマン、加藤秀俊訳『孤独な群衆』みすず書房、一九六四（David Riesman, *"The lonely crowd: a study of the changing American character"*, 1950）
ガルブレイス『ゆたかな社会』（前掲）
ボードリヤール『消費社会の神話と構造』（前掲）
ヒューム、田中敏弘訳「技術における洗練について」『経済論集』東京大学出版会（初期イギリス経済学古典選集8）、一九六七（David Hume, *"Political discourses"*. 1752）

ちくま学芸文庫版あとがき

経済学は社会科学の女王だと言われる。「科学」とは、イデオロギーではないということであろう。そしてイデオロギーが特定の仮説への固執を意味するとすれば、科学たらんとする経済学はみずからの信念を常に疑うものでなければならない。

ところが経済思想やその歴史に対し、経済学はしばしば奇妙な姿勢を示す。経済思想史とは、最先端で争われている学説が現在のかたちをとるに至ったゆえんを訊ねる分野だとみなすのだ。マルクス派の原論においては、スミスやリカードはマルクス経済学が成立するまでの過渡期の思想家として位置づけられ、新古典派のテキストにおいても、学説史は効率と規範とからなるその分析道具がいかなるゆえんで成立するに至ったのかを顧みるにすぎない。

だが古典そのものを先入観なしにひもとくと、現在の経済学が切り捨てた部分にこそ読みどころがあると分かる。スミスは『国富論』において資本投下についての「自然の順序」に一章を割き、他の場所でもこの概念を何度も繰り返しているが、それを読み飛ばさない限りでスミスの経済学体系は新古典派のものとは相当に異なっている。またケインズは『雇用・利子および貨幣の一般理論』において賃金が現実に下方硬直的であるとしているが、しかし仮に賃金が下がったとした場合、所得と消費が減り有効需要が縮小するために、景気は悪化すると述べている。これは賃金が下方硬直的であることが景気低迷の原因とみなす理解とは逆である。

つまり彼らは現代の経済学とは異なる経済観を構想したのであり、それに触れることは現代の経済学を疑い相対化する視線を持つことを意味する。経済思想を学ぶとは、古典を現代に合わせて刈り込むのではなく、むしろどの部分も無視せずにその全体像を理解しようとすることにこそ醍醐味がある。それは他の社会科学を学ぶのと併せ、経済学を開かれたものとし、科学とするために必要な道であろう。今日、経済学が他の領域から自閉的に見えているとすれば、それはまずもって古典に学ぶ姿勢に問題があるからだと思われる。

＊

本書は『経済思想』の表題で二〇〇一年に新世社から出版され、東京大学教養学部総合科目「経済思想史」で参考書として用いてきたものである。毎年の講義で再考した点、また二〇〇九年にちくま新書『経済学の名著30』を執筆した際に得た知見をもとに、加筆した。

今回版元を替えて出版するに当たり、筑摩書房の増田健史氏からは大いなる励ましをいただいた。記して謝したい。

二〇一五年一二月二三日

松原隆一郎

ヤ　行

ラ　行

ナ　行

ハ　行

マ　行

タ 行

サ　行

カ　行

マ 行

ラ 行

ワ 行

事項索引

ア 行

タ　行

ナ　行

ハ　行

索　引

人名索引

ア　行

カ　行

サ　行

本書は二〇〇一年七月二五日、新世社より刊行された『経済思想』を
加筆訂正し、改題したものである。

呪われた部分　有用性の限界
ジョルジュ・バタイユ
中山元訳
『呪われた部分』草稿、アフォリズム、ノートなど15年にわたり書き残した断片。バタイユの思想体系の全体像と精髄を浮き彫りにする待望の新訳。

エロティシズム
ジョルジュ・バタイユ
酒井健訳
人間存在の根源的な謎を、鋭角で明晰な論理で解き明かす、バタイユ思想の核心。禁忌とは、侵犯とは何か？　待望久しかった新訳決定版。

純然たる幸福
ジョルジュ・バタイユ
酒井健編訳
著者の思想の核心をなす重要論考20篇を収録。文庫化にあたり「クレー」「ヘーゲル弁証法の基底への批判」「シャプサルによるインタビュー」を増補。

エロティシズムの歴史
ジョルジュ・バタイユ
湯浅博雄／中地義和訳
三部作として構想された『呪われた部分』の第二部。荒々しい力〈性〉の禁忌に迫り、エロティシズムの本質を暴く、バタイユの真骨頂たる一冊。（吉本隆明）

ニーチェ覚書
ジョルジュ・バタイユ編著
酒井健訳
バタイユが独自の視点で編んだニーチェ箴言集。ニーチェを深く読み直す営みから生まれた本書には二人の思想が相響きあっている。詳細な訳者解説付き。

入門経済思想史　世俗の思想家たち
R・L・ハイルブローナー
八木甫ほか訳
何が経済を動かしているのか。スミスからマルクス、ケインズ、シュンペーターまで、経済思想の巨人たちのヴィジョンを追う名著の最新版訳。

分析哲学を知るための
哲学の小さな学校
ジョン・パスモア
大島保彦／高橋久一郎訳
数々の名テキストで哲学ファンを魅了してきた分析哲学界の重鎮が、現代哲学を総ざらい！　思考や議論の技を磨きつつ、哲学史を学べる便利な一冊。

表現と介入
イアン・ハッキング
渡辺博訳
科学にとって「在る」とは何か？　科学は真理を捉えられるのか？　現代哲学の鬼才が20世紀を揺るがした問いの数々に鋭く切り込む！　（戸田山和久）

マクルーハン
W・テレンス・ゴードン
宮澤淳一訳
テクノロジーが社会に及ぼす影響を考察し、情報社会の新しい領域を開いたマクルーハンの思想をビジュアルに読み解く入門書。文献一覧と年譜付。

荘子 雑篇　福永光司・興膳宏 訳

荘子の思想をゆかいで痛快な言葉でつづった「雑篇」。日本でも古くから親しまれてきた「漁父篇」や「盗跖篇」など、娯楽度の高い長篇作品が収録されている。

墨子　森三樹三郎 訳

諸子百家の時代、儒家に比肩する勢力となった学団・墨家。全人を公平に愛し侵攻戦争を認めない独特な思想を読みやすさ抜群の名訳で読む。（湯浅邦弘）

孫臏兵法　金谷治 訳・注

『史記』『漢書』に記載されながら、二千年にわたって姿を隠していた幻の兵書の全訳。戦国時代を反映した、人間の生死を賭けた知恵と行動の原理。

「科学者の社会的責任」についての覚え書　唐木順三

核兵器・原子力発電という「絶対悪」を生み出した科学技術への無批判な信奉を、思想家の立場からきびしく問う、著者絶筆の警世の書。（島薗進）

古典との対話　串田孫一

やっぱり古典はすばらしい。デカルトも鴨長明もみんな友達。少年のころから読み続け、今もなお、何度も味わう。碩学が語る珠玉のエッセイ、読書論。

書国探検記　種村季弘

エンサイクロペディストによる痛快無比の書物・読書論。作家から思想家までの書物ワールドを自在に飛び回り、その迷宮の謎を解き明かす。（松田哲夫）

朝鮮民族を読み解く　古田博司

彼らに共通する思考行動様式とは何か。なぜ日本人はそれに違和感を覚えるのか。体験から説き明かす朝鮮文化理解のための入門書。（木村幹）

アレクサンドリア　E・M・フォースター　中野康司 訳

二三〇〇年の歴史を持つ古都アレクサンドリア。この町に魅せられた作家による、地中海世界の楽しい歴史入門書。（前田耕作）

天上大風　堀田善衛　紅野謙介 編

現代日本を代表する文学者が前世紀最後の十二年間を凝視し、自らの人生と言葉をめぐる経験と思索を注ぎ込んだ同時代評より、全七一篇を精選。

真珠湾収容所の捕虜たち　オーテス・ケーリ

流暢な日本語を駆使する著者の「人間主義」は、「戦陣訓」の日本兵をどう変えたか。戦前・戦後の日本および日本人の、もうひとつの真実。（前澤猛）

虜人日記　小松真一

一人の軍属が豊富な絵とともに克明に記したジャングルでの逃亡生活と収容所での捕虜体験。戦争の真実、人間の本性とは何なのか。（山本七平）

八月の砲声（上）　バーバラ・W・タックマン　山室まりや訳

一九一四年、ある暗殺が欧州に戦火を呼びこむ。情報の混乱、指導者たちの誤算と過信は予期せぬ世界大戦を惹起した。'63年ピュリッツァー賞受賞の名著。

八月の砲声（下）　バーバラ・W・タックマン　山室まりや訳

なぜ世界は戦争の泥沼に沈んだのか。政治と外交と軍事で何がどう決定され、また決定されなかったのかを克明に描く異色の戦争ノンフィクション。

震災画報　宮武外骨

混乱時のとんでもない人のふるまいや、同じ町内で生死を分けた原因等々を詳述する、外骨による関東大震災の記録。人間の生の姿がそこに。（吉野孝雄）

独裁体制から民主主義へ　ジーン・シャープ　瀧口範子訳

すべての民主化運動の傍らに本書が。独裁体制を研究しつくした著者が示す非暴力による権力打倒の実践的方法。「非暴力行動の198の方法」付き。本邦初訳。

アメリカ様　宮武外骨

占領という外圧によりもたらされた主体性のない言論の自由の脆弱さを、体を張って明らかにした、ジャーナリズムの記念碑的名著。（西谷修／吉野孝雄）

資本主義から市民主義へ　岩井克人　聞き手＝三浦雅士

来るべき市民主義とは何か。貨幣論に始まり、資本主義論、法人論、信任論、市民社会論、人間論まで、多方面にわたる岩井理論がこれ一冊でわかる！

資本論に学ぶ　宇野弘蔵

マルクスをいかに読み、そこから何を考えるべきか。『資本論』を批判的に継承し独自の理論を構築した泰斗がその精髄を平明に説き明かす。（白井聡）

満足の文化
J・K・ガルブレイス
中村達也訳
なぜ選挙で何も変わらないのか。それは政財官学が作り出した経済成長の物語に、多くの人がのっかっているからだ。先進資本主義社会の病巣に迫る。

経済政策を売り歩く人々
ポール・クルーグマン
伊藤隆敏監訳
北村行伸／妹尾美起訳
マスコミに華やかに登場するエコノミストたち。実はインチキ政策を売込むプロモーターだった！　危機に際し真に有効な経済政策がわかる必読書。

クルーグマン教授の経済入門
ポール・クルーグマン
山形浩生訳
経済にとって本当に大事な問題って何？　実は、生産性・所得分配・失業の3つだけ!?　楽しく読めてきちんと分かる、経済テキスト決定版！

自己組織化の経済学
ポール・クルーグマン
北村行伸／妹尾美起訳
複雑かつ自己組織化している経済というシステムに、複雑系の概念を応用すると何が見えるのか。不況発生の謎は解ける？　経済学に新地平を開く意欲作。

貨幣と欲望
佐伯啓思
無限に増殖する人間の欲望と貨幣を動かすものは何か。経済史、思想史的観点から多角的に迫り、グローバル資本主義を根源から考察する。（三浦雅士）

意思決定と合理性
ハーバート・A・サイモン
佐々木恒男
吉原正彦訳
限られた合理性しかもたない人間が、いかに最良の選択をなしうるか。組織論から行動科学までを総合しノーベル経済学賞に輝いた意思決定論の精髄。

シュタイナー経済学講座
ルドルフ・シュタイナー
西川隆範訳
利他主義、使用期限のある貨幣、文化への贈与等々。シュタイナーの経済理論は、私たちの世界をよりよくするヒントに満ちている！（福田邦夫）

発展する地域　衰退する地域
ジェイン・ジェイコブズ
中村達也訳
地方はなぜ衰退するのか？　日本をはじめ世界各地の地方都市を実例に真に有効な再生法を説く、地域経済論の先駆的名著！（片山善博／塩沢由典）

ポランニー・コレクション
経済と自由
カール・ポランニー
福田邦夫ほか訳
二度の大戦を引き起こした近代市場社会の問題点をえぐり出し、真の平和に寄与する社会科学の構築を目指す。ポランニー思想の全てが分かる論稿集。

ドーキンス vs. グールド
キム・ステルレルニー
狩野秀之 訳

「利己的な遺伝子」か「断続平衡説」か？ 両者の視点を公正かつ徹底的に検証して、生物進化における大論争に決着をつける。（新妻昭夫）

自己組織化と進化の論理
スチュアート・カウフマン
米沢富美子監訳
森弘之ほか訳

すべての秩序は自然発生的に生まれる、この「自己組織化」に則り、進化や生命のネットワーク、さらに経済や民主主義にいたるまで解明。

不思議の国の論理学
ルイス・キャロル
柳瀬尚紀編訳

アナグラム、暗号、初等幾何や論理ゲームなど、キャロルの諸作品から精選したパズル集。華麗な〝本や苦〟離れ技をご堪能あれ。（佐倉統）

私の植物散歩
木村陽二郎

日本の四季を彩る樹木や草木。本書は、植物学者がそれら一つ一つを、故事を織り交ぜつつ書き綴った随筆集である。美麗な植物画を多数収録。（坂崎重盛）

デカルトの誤り
アントニオ・R・ダマシオ
田中三彦 訳

脳と身体は強く関わり合っている。脳の障害がもたらす情動の変化を検証し「我思う、ゆえに我あり」というデカルトの心身二元論に挑戦する。

動物と人間の世界認識
日高敏隆

人間含め動物の世界認識は、固有の主体をもって客観的世界から抽出・抽象した主観的なものである。動物行動学からの認識論。（村上陽一郎）

人間はどういう動物か
日高敏隆

動物行動学の見地から見た人間の「生き方」と「論理」とは。身近な問題から、人を紛争へ駆りたてる「美学」まで、やさしく深く読み解く。（絲山秋子）

心の仕組み（上）
スティーブン・ピンカー
椋田直子 訳

心とは自然淘汰を経て設計されたニューラル・コンピュータだ！ 鬼才ピンカーが言語、認識、情動、恋愛や芸術など、心と脳の謎に鋭く切り込む！

心の仕組み（下）
スティーブン・ピンカー
山下篤子 訳

人はなぜ、どうやって世界を認識し、言語を使い、愛を育み、宗教や芸術など精神活動をするのか？ 進化心理学の立場から、心の謎の極地に迫る！

プラトンに関する十一章
アラン
森進一訳
『幸福論』が広く静かに読み継がれているモラリスト、アラン。卓越した哲学教師でもあった彼が平易かつ明快にプラトン哲学の精髄を説いた名著。

コンヴィヴィアリティのための道具
イヴァン・イリイチ
渡辺京二／渡辺梨佐訳
破滅に向かう現代文明の大転換はまだ可能だ！ 人間本来の自由と創造性が最大限活かされる社会をどう作るか。イリイチが遺した不朽のマニフェスト。

重力と恩寵
シモーヌ・ヴェイユ
田辺保訳
「重力」に似たものから、どのようにして免れればよいのか……ただ「恩寵」によって。苛烈な自己無化への意志に貫れた、独自の思索の断想集。ティボン編。

ヴェーユの哲学講義
シモーヌ・ヴェーユ
渡辺一民／川村孝則訳
心理学にはじまり意識・国家・身体を考察するリセ最高学年哲学学級で一年にわたり行われた独創的かつ自由な講義の記録。ヴェーユの思想の原点。

工場日記
シモーヌ・ヴェイユ
田辺保訳
人間のありのままの姿を知り、愛し、そこで生きたい――女工となった哲学者が、極限の状況で自己犠牲と献身について考え抜き、克明に綴った、魂の記録。

論理哲学論考
L・ウィトゲンシュタイン
中平浩司訳
世界を思考の限界にまで分析し、伝統的な哲学問題すべてを解消する――二〇世紀哲学を決定づけた著者の野心作。生前刊行した唯一の哲学書。新訳。

青色本
L・ウィトゲンシュタイン
大森荘蔵訳
「語の意味とは何か」。端的な問いかけで始まるこのコンパクトな書は、初めて読むウィトゲンシュタインとして最適な一冊。
（野矢茂樹）

法の概念〔第3版〕
H・L・A・ハート
長谷部恭男訳
法とは何か。ルールの秩序という観念でこの難問に立ち向かい、法哲学の新たな地平を拓いた名著。批判に応える「後記」を含め、平明な新訳でおくる。

解釈としての社会批判
マイケル・ウォルツァー
大川正彦／川本隆史訳
社会の不正を糺すのに、普遍的な道徳を振りかざすだけでは有効でない。暮らしに根ざしながら同時にラディカルな批判が必要だ。その可能性を探究する。

マラルメ論
ジャン＝ポール・サルトル
渡辺守章／平井啓之訳
思考の極北で〈存在〉そのものを問い直す形而上学的〈劇〉を生きた詩人マラルメ——固有の方法的批判により文学の存立の根拠をも問う白熱の論考。

存在と無（全3巻）
ジャン＝ポール・サルトル
松浪信三郎訳
人間の意識の在り方（実存）をきわめて詳細に分析し、存在と無の弁証法を問い究め、実存主義を確立した不朽の名著。現代思想の原点。

存在と無 I
ジャン＝ポール・サルトル
松浪信三郎訳
I巻は、「即自」と「対自」が峻別される緒論「存在の探求」から、「対自」としての意識の基本的在り方が論じられる第二部「対自存在」まで収録。

存在と無 II
ジャン＝ポール・サルトル
松浪信三郎訳
II巻は、第三部「対他存在」を収録。私と他者との相剋関係を論じた「まなざし」論をはじめ、愛、憎悪、マゾヒズム、サディズムなど具体的な他者論を展開。

存在と無 III
ジャン＝ポール・サルトル
松浪信三郎訳
III巻は、第四部「持つ」「為す」「ある」を収録。この三つの基本的カテゴリーとの関連で人間の行動を分析し、絶対的自由を提唱。　（北村晋）

公共哲学
マイケル・サンデル
鬼澤忍訳
経済格差、安楽死の幇助、市場の役割など、私達が現代の問題を考えるのに必要な思想とは？　ハーバード大講義で話題のサンデル教授の主著、初邦訳。

パルチザンの理論
カール・シュミット
新田邦夫訳
二〇世紀の戦争を特徴づける「絶対的な敵」殲滅思想の端緒を、レーニン・毛沢東らの《パルチザン》戦争という形態のなかに見出した画期的論考。

政治思想論集
カール・シュミット
服部平治／宮本盛太郎訳
現代新たな角度で脚光をあびる政治哲学の巨人が、その思想の核を明かしたテクストを精選して収録。権力の源泉や限界といった基礎もわかる名論文集。

神秘学概論
ルドルフ・シュタイナー
高橋巖訳
宇宙論、人間論、進化の法則と意識の発達史を綴り、シュタイナー思想の根幹を展開する——四大主著の一冊、渾身の訳し下し。　（笠井叡）

ヴェニスの商人の資本論　岩井克人

〈資本主義〉のシステムやその根底にある〈貨幣〉の逆説とは何か。その怪物めいた謎をめぐって、明晰な論理と軽妙な洒脱さで展開する諸考察。

資本主義を語る　岩井克人

人類の歴史とともにあった資本主義的なるもの、結局は資本主義を認めざるをえなかったマルクスの逆説。人と貨幣をめぐるスリリングな論考。

現代思想の教科書　石田英敬

今日我々を取りまく〈知〉は、4つの「ポスト状況」から発生した。言語、メディア、国家等、最重要論点のすべてを一から読む！　決定版入門書。

プラグマティズムの思想　魚津郁夫

アメリカ思想の多元主義的な伝統は、九・一一事件以降変貌してしまったのか。「独立宣言」から現代のローティまで、その思想の展開をたどる。

恋愛の不可能性について　大澤真幸

愛という他者との関係における神秘に言語学的な方法論で光を当てる表題作ほか、現代思想を駆使し社会の諸相を読み解く力作。（永井均）

増補　虚構の時代の果て　大澤真幸

オウム事件は、社会の断末魔の叫びだった。衝撃的事件から時代の転換点を読み解き、現代社会と対峙する意欲的論考。（見田宗介）

言葉と戦車を見すえて　加藤周一　小森陽一／成田龍一編

知の巨人・加藤周一が、日本と世界の情勢について、何を考え何を発言しつづけてきたのかが俯瞰できる論考群を一冊に集成。（小森・成田）

敗戦後論　加藤典洋

なぜ今も「戦後」は終わらないのか。敗戦がもたらした「ねじれ」を、どう克服すべきなのか。戦後問題の核心を問い抜いた基本書。（内田樹＋伊東祐吏）

増補　広告都市・東京　北田暁大

都市そのものを広告化してきた80年代消費社会。その戦略と、90年代のメディアの構造転換は現代を生きる我々に何をもたらしたか、鋭く切り込む。

ちくま学芸文庫

経済《けいざい》思想《しそう》入門《にゅうもん》

二〇一六年二月十日　第一刷発行

著者　松原隆一郎（まつばら・りゅういちろう）

発行者　山野浩一

発行所　株式会社　筑摩書房
東京都台東区蔵前二―五―三　〒一一一―八七五五
振替〇〇一六〇―八―四一二三

装幀者　安野光雅

印刷所　株式会社精興社

製本所　株式会社積信堂

乱丁・落丁本の場合は、左記宛にご送付下さい。
送料小社負担でお取り替えいたします。
ご注文・お問い合わせも左記へお願いします。
筑摩書房サービスセンター
埼玉県さいたま市北区櫛引町二―六〇四　〒三三一―八五〇七
電話番号　〇四八―六五一―〇〇五三

ISBN978-4-480-09707-1 C0133